Töchterland

DIANA NASHER

Töchterland

Die Geschichte meiner deutsch-afghanischen Familie

HEYNE

MIX
Papier aus verantwortungsvollen Quellen
FSC® C014496

Verlagsgruppe Random House FSC-DEU-0100
Das für dieses Buch verwendete
FSC®-zertifizierte Papier *EOS*
liefert Salzer Papier, St. Pölten, Austria.

Redaktion: Ulrike Nikel
Umschlaggestaltung: Nele Schütz Design, München
Umschlagfoto: © privat
Karte im Innenteil: GeoKarta, Altensteig-Wart
Herstellung: Helga Schörnig
Satz: Leingärtner, Nabburg
Litho: Helio, München
Druck und Bindung: GGP Media GmbH, Pößneck
Printed in Germany 2011

ISBN 978-3-453-18562-3

www.heyne.de

Inhalt

Rückkehr in die Vergangenheit 9

1 ELISABETH
Der Traum vom Morgenland 15

Ein Mädchen vom Rhein 17

Das Verlobungsintermezzo 23

Jahre des Wartens 28

Flitterwochen vor der Hochzeit 35

Schatten über dem Paradies 40

Ankunft in der Wirklichkeit 49

Ein Geschenk des Himmels 58

Unter Arrest 66

Vom Regen in die Traufe 78

Berliner Kriegsalltag 84

Charly und das Lager 91

Das Ende einer Liebe 99

2 MARIAM
Zwischen Orient und Okzident 109

Afghanische Hochzeit 111

Karawanenführer und Khans 119

Der Herrscher von Kunduz 128

Ein schwieriger Anfang 134

Elisabeth und ihr neues Glück 150

Frischer Wind am Hindukusch 162

Vater, Kinder und zwei Mütter 169

Frühlingsträume in der Steppe 176

Schulalltag in Afghanistan 182

Hoher Besuch 189

Ferientage in Paghman 196

3 DIANA
Eine versinkende Welt 203

Unterwegs mit Elisabeth 205

Koranschule und Christkind 216

Im Bann von Kino und Rock'n'Roll 222

Als Studentin in Prag 231

Der Sommer des Putsches 238

Isolationshaft und Schauprozess 246

Der Anfang vom Ende 253

Ein schwerer Neubeginn 264

Sehnsucht nach Afghanistan 273

Epilog: Hier und heute 289

Dank 295

Historische Zeittafel 296

Familienchronik 301

Karte 303

Bildnachweis 304

Meiner lieben Mutter Mariam gewidmet,
der ich so viel zu verdanken habe.

Rückkehr in die Vergangenheit

Ich war wieder in Kabul, im Juni 2003. Zum ersten Mal nach mehr als zwanzig Jahren – seit meine Familie Afghanistan verlassen musste.

Während des Fluges hatten mich die Bilder und Berichte aus Afghanistan verfolgt, die nun schon seit Jahren fester Bestandteil jeder Nachrichtensendung waren. Was würde mich erwarten? Ich machte mir keine Illusionen, noch viel Vertrautes vorzufinden und die Orte und Plätze wiederzuerkennen, an die ich in meinen Träumen so oft zurückkehre, an die Erinnerungen anknüpfen zu können, die mich wie ein unlösbares Band mit Afghanistan verbinden.

Schon beim Anflug auf Kabul waren die Spuren zu sehen, welche die Kampfhandlungen der vergangenen Jahre hinterlassen hatten. Kaum ein Gebäude schien intakt, viele Häuser hatten keine Dächer, überall ragten zerfallene Mauern in den Himmel, die Straßen waren von Bombenkratern übersät. Was war aus den schönen, breiten Boulevards geworden, auf denen früher fröhliche Menschen flanierten oder ihren Geschäften nachgingen? Das Kabul, das ich einst kannte, als Kind, als Studentin, schien ausgelöscht. Früher hatte die Stadt knapp eine halbe Million Einwohner, jetzt waren es drei oder vier Millionen, genau wusste es niemand. In der Hoffnung auf Hilfsgüter, auf Arbeit, auf irgendeine menschenwürdige Zukunft strömten täglich tausende Flüchtlinge in die Hauptstadt. Kabul war hoffnungslos übervölkert, überall zwischen den Ruinen lebten Menschen, behelfsmäßig, unter freiem Himmel, unter Planen oder selbst gebastelten Verschlägen, und auf den geborstenen Mauern liefen Kinder herum, so dass mir mehrmals der Atem stockte, weil ich fürchtete, jeden Augenblick könnte eines von ihnen zusammen mit ein paar lockeren Ziegelsteinen in die Tiefe stürzen. Sogar in den Trümmern unseres alten Hauses in Kabul hatten Menschen ihr Zelt aufgespannt und nebenan hatte jemand in ungelenken Lettern »Fitnesscenter« an die Wand geschrieben. Dort konnte man nun zwischen zusammengestürzten Mauern boxen lernen.

Ich war nicht zuletzt deshalb hierhergekommen, weil ich hoffte, als Ärztin helfen zu können. Um mir einen Eindruck von der medizinischen Versorgung zu verschaffen, besuchte ich das alte Krankenhaus in Kabul, das ich noch von früher kannte und dessen gynäkologische Abteilung jetzt »Laura-Bush-Hospital« hieß. Trotz des großen Namens fehlte es hier an allem: an Betten, an Medikamenten, an medizinischen Geräten. Angesichts dieses katastrophalen Mangels nahmen sich meine Mitbringsel, die zahlreichen Medikamente, Blutdruckmesser und Stethoskope, geradezu erbärmlich aus. Und meine afghanischen Kollegen sahen Einsätze wie den meinen eher kritisch. Sie hielten wenig von europäischen Ärzten, die für ein paar Wochen oder auch Monate in ihr Land kamen, sie mit Unmengen von Medikamenten, gut gemeinten Tipps und Ratschlägen versorgten, nur um dann wieder in ihre komfortablen Krankenhäuser und Praxen im Westen zurückzukehren und sie mit allem Elend und allen Unzulänglichkeiten allein zurückzulassen. Doch so schnell ließ ich mich nicht entmutigen. Spontan beschloss ich, in unserem alten

Haus eine provisorische Praxis einzurichten. Die Nachricht verbreitete sich wie ein Lauffeuer, und es dauerte nur wenige Stunden, bis sich einer nach dem anderen dort einfand. Ich untersuchte alle, behandelte, was ich behandeln konnte, verteilte Medikamente gegen Bluthochdruck, Magenbeschwerden und Fieber. Allerdings musste ich bald erkennen, dass ich auf verlorenem Posten kämpfte – gegen eine Übermacht aus Leiden, Krankheit und mangelnder Versorgung ebenso wie gegen die viel zu hohen Erwartungen, die die Menschen an mich und meine Arbeit hatten.

Auf dem Rückflug nach Frankfurt war ich noch immer wie benommen von den Eindrücken in einem Land, in dem die Menschen ums Überleben kämpften. Ich konnte meine Erlebnisse nicht einfach abschütteln wie einen bösen Traum, denn immerhin war es trotz allem mein Land – das Land, in dem ich verwurzelt bin. Und so versuchte ich, hoch über den Wolken und irgendwo zwischen den Kontinenten, eine Verbindung herzustellen zwischen dem Gestern und dem Heute, ließ meine Gedanken auf eine lange Reise gehen. Zurück in das verlorene Land meiner Kindheit, zurück in die Heimat, die auf einmal so wenig vertraut wirkte, zurück zu meiner Familie.

Ich wuchs auf in Kunduz, im Norden Afghanistans, damals eine aufstrebende, blühende Provinzstadt. Maßgeblich beteiligt an dem wirtschaftlichen und sozialen Aufstieg der Stadt war zu Beginn des 20. Jahrhunderts der Provinzgouverneur Sher Khan, mein Stiefgroßvater und seinerzeit einer der bedeutendsten Stammesführer. Energisch leitete er die Modernisierung der ganzen Region ein – ein Projekt, das mein Vater in den Fünfzigerjahren weiterführte.

In unserer Familie waren wir in zwei Kulturen zu Hause, denn meine Mutter war halb deutsch und mein Vater sehr aufgeschlossen gegenüber westlichen Gepflogenheiten. Seine modernen Ansichten und Interessen vertrugen sich weitgehend gut mit der traditionellen Lebensweise des Landes. Er war mit zwei Frauen verheiratet, und wir Kinder wuchsen inmitten einer großen Geschwisterschar mit zwei Müttern auf. Eine für mich damals ganz alltägliche Situation, zumal die beiden von der Herkunft so unterschiedlichen Frauen freundschaftlich miteinander umgingen.

Wenn ich heute an mein Leben in Afghanistan zurückdenke, so steigen Erinnerungen in mir auf, die nach Rosen und Pfirsichen duften, nach heißer Sommerluft und frisch gefallenem Schnee im Winter. Ich träume mich zurück unter einen Himmel, der am Tag dieses besondere Licht spiegelte, wie ich es sonst nirgendwo erlebte, und sich am Abend in ein unendlich weites Sternenmeer verwandelte. Und ich sehne mich zurück zu den Tagen, an denen wir zwischen hohen Gräsern und bunten Blüten in der Frühlingssteppe lagen, dem leisen Rauschen des Windes lauschten und eine Ruhe und einen vollkommenen Frieden empfanden, wie ich es später nie mehr erfahren sollte.

Es war eine privilegierte und sehr behütete Kindheit unter dem allmächtigen Schutz meines Vaters, der keinen Schatten in diesem Paradies duldete – und keinen Gedanken, dass es vielleicht nicht ewig so weitergehen würde.

Wer hätte ahnen können, dass meine Welt schon wenige Jahre später zusammenstürzen sollte wie ein Kartenhaus?

Doch um diese Geschichte zu erzählen, meine eigene und die einer Familie zwischen zwei Welten, muss ich weit zurückgehen und mit der Frau beginnen, die vor nicht ganz hundert Jahren gegen alle Widerstände den Stein ins Rollen brachte: meine deutsche Großmutter Elisabeth.

1

ELISABETH

Der Traum vom Morgenland

Ein Mädchen vom Rhein

Sie sah ihn bei einem Tennismatch, und es war um sie geschehen. Auf der Stelle wusste Elisabeth, dass ihr Traumprinz vor ihr stand. Groß gewachsen, schlank und elegant sah der Mann mit den tiefschwarzen Haaren aus, der aus dem sagenumwobenen Reich der Paschtunen stammte, wie man das Land am Hindukusch ursprünglich nannte – und ungleich faszinierender als die blassen Wormser Bürgersöhne. Omar, so hieß der Tennispartner aus dem Orient, erinnerte sie überdies daran, dass sie schon immer von unbekannten, exotischen Gegenden geträumt und sich als kleines Mädchen sogar eingebildet hatte, in einem früheren Leben in China gewesen zu sein. Sie habe immer ein Bild mit sich herumgetragen, erzählte sie später, von dem sie nicht zu sagen wusste, woher es kam. Ein üppig grünender Garten voll bunter Blumen, durch den sich ein Bächlein schlängelte, überspannt von einer zierlich geschwungenen roten Brücke. »Ich hatte stets die Gewissheit, dass es sich um eine Szene aus China handelte.« Ferne, geheimnisvolle Länder wurden zum Gegenstand ihrer Sehnsucht, aber immer nur Asien und der Orient – niemals etwa Amerika oder Afrika. Und nun tauchte dieser junge Mann auf, der all dies zu personifizieren schien.

Es waren nicht gerade typische Schwärmereien für eine höhere Tochter aus dem Großbürgertum. Elisabeths Vater, Hermann Wolff, entstammte einer angesehenen Wormser Familie. Seine Vorfahren waren Apotheker, Hotel- und

Brauereibesitzer gewesen, er selbst hatte nach einem Chemiestudium eine Lack- und Farbenfabrik gegründet, doch fehlte ihm der Sinn fürs Geschäftliche. Viel lieber verbrachte er seine Zeit am Flügel, um sich in schier endlosen Klaviersolos zu verlieren – vergleichbar seiner heranwachsenden Tochter, die sich in ihre orientalischen Wachträume wie in einen Kokon einspann.

Beides war vielleicht eine Flucht aus der allgegenwärtigen Tristesse, denn in Deutschland ging es nach dem verlorenen Ersten Weltkrieg angesichts der hohen Reparationszahlungen ständig bergab. Arbeitslosigkeit, Inflation, soziales Elend und eine weltweite Wirtschaftskrise. Auch das bis dahin gut situierte Bürgertum blieb davon nicht verschont. Vater Wolff vermochte den gewohnten Lebensstandard, zu dem selbstverständlich Skiurlaube und Sommerfrische in noblen Orten wie Cortina d'Ampezzo, Garmisch oder Meran gehörten, nicht mehr aufrechtzuerhalten. Das gesamte Vermögen war längst dahingeschmolzen, ausgehöhlt durch Misswirtschaft und Inflation. Geblieben war nichts als eine repräsentative Fassade, doch über Geld gesprochen wurde bei den Wolffs erst, als keines mehr da war.

Elisabeth hatte nicht immer in Worms gelebt, denn die Eltern ließen sich schon bald nach ihrer Geburt im Jahr 1906 scheiden, und so verbrachte sie die ersten Lebensjahre mit ihrer Mutter in Hamburg, wo die Großeltern hochherrschaftlich in einer schönen Villa residierten. Ein hellblau ausgeschlagenes Kinderbett mit weißem Tüllhimmel zählte zu ihren frühesten Erinnerungen. Sie wurde überwiegend von den Großeltern aufgezogen, weil ihre Mutter ständig unterwegs war. Sie begleitete ihren neuen Ehemann, einen Direktor der Hamburg-Amerikanischen-

Packetfahrt-Actiengesellschaft (HAPAG-Reederei), auf seinen ausgedehnten Reisen in alle Welt. Wer weiß, vielleicht wurde auch dadurch die Sehnsucht der kleinen Elisabeth nach fernen Ländern geweckt.

Als meine Großmutter 1917 in Worms ihren Vater besuchte, der sich jahrelang gegen die Scheidung von seiner Frau gesträubt hatte, weigerte sie sich, nach Hamburg zurückzukehren. Anders als die Mutter kümmerte sich Hermann Wolff rührend um seine kleine Tochter, und Elisabeth war glücklich, in Worms in der Villa mit den Louis-Seize-Möbeln bleiben zu dürfen, wo niemand mit ihr schimpfte, wenn sie mit ihren neuen Rollschuhen über das reich verzierte Parkett stürmte. Gemäß seinen eigenen musikalischen Neigungen schickte Hermann Wolff die musisch begabte Tochter an das Mannheimer Konservatorium, damit sie dort Klavierunterricht nahm.

Prägend für ihr weiteres Leben mag in diesem Zusammenhang der Besuch eines Singspiels von Franz Lehár mit dem Titel *Die gelbe Jacke* gewesen sein, das 1923 erstmals aufgeführt wurde und später als *Land des Lächelns* Weltruhm erlangte.

Die Handlung wirkte wie eine Regieanweisung für ihr eigenes Leben: In dem Stück verliebt sich die verwöhnte Tochter eines Grafen in einen chinesischen Prinzen, von dessen exotischer Aura und edlem Benehmen das junge Mädchen fasziniert ist. So sehr, dass sie ihm in seine Heimat folgt. Ein spannender Lebensentwurf für Elisabeth, der ihr sicher im Kopf herumspukte, als zwei Jahre später der junge Afghane vor ihr stand. Dass sich die Charaktere von Lehárs Liebenden und die kulturellen Bindungen als unvereinbar erwiesen, nahm sie zwar zur Kenntnis, doch es blieb ohne Einfluss auf ihre exotischen Träumereien.

Meine Großmutter war seit jeher eine sehr mutige, willensstarke Frau. Sie hatte nicht nur die Spanische Grippe überstanden, die zwischen 1918 und 1920 weltweit zig Millionen Menschen das Leben kostete, sondern zeigte sich immer dann entschlossen, wenn es darum ging, ihr Schicksal selbst in die Hand zu nehmen oder ihm etwas abzutrotzen. Nicht nur was Liebe betraf. Als sie in ganzer Tragweite erkannte, wie es tatsächlich um die wirtschaftliche Situation der Familie bestellt war, meldete sie sich kurz entschlossen bei einer Handelsschule an und besuchte nebenbei Kurse für Nähen und Kinderkrankenpflege, um zur Not auf eigenen Füßen stehen zu können. Einen richtigen Beruf erlernte sie allerdings nicht. Vermutlich war ihr Vater der altmodischen Meinung, das sei nichts für Töchter aus gutem Hause. Diese lernten sich zu benehmen, verstanden zu repräsentieren und spielten Klavier. Und irgendwo würde sich schon ein junger Mann aus den entsprechenden Kreisen finden. Vielleicht sogar beim Tennis, seinerzeit noch ein sehr exklusiver Zirkel, der sich ebenfalls als Gelegenheit zur Eheanbahnung empfahl. Dass sie ausgerechnet dort ihr Herz an einen jungen Mann aus dem fernen Afghanistan verlor, das war für den Vater nicht vorhersehbar. An den einzigen Ausländer überhaupt im noblen Wormser Tennisclub.

Nein, Vater Wolff hoffte auf einen grundsoliden Kaufmann oder Naturwissenschaftler, der ihm helfen konnte, seine marode Firma wieder flottzumachen. Was sollte er da mit einem Orientalen? Zumindest war er vorurteilsfrei genug, den neuen Tennispartner, der seine Tochter nach den recht dilettantischen Matches nach Hause begleitete, dann und wann in seinen Salon zu bitten. Er zeigte sich sogar sehr angetan von dessen angenehmer Art, der offenkundigen Bildung und Gewandtheit des jungen Gastes, der überdies mit seiner Sprachbegabung brillierte und sich als ein begnadeter Geschichtenerzähler erwies. Ganz in der morgenländischen Tradition, mag Hermann Wolff gedacht haben, und zweifellos imponierte ihm der Afghane. Hinzu kam, dass sie gewissermaßen vom gleichen Fach waren, denn Omar studierte in Berlin Chemie – genauer Gerbereichemie, die in seiner Heimat als aussichtsreiche Branche galt – und absolvierte gerade in einer Wormser Lederfabrik ein Praktikum.

Mehr als diesen gesellschaftlich-geselligen Kontakt dürfte Elisabeths Vater jedoch nie in Betracht gezogen haben, und vermutlich tat selbst meine Großmutter das zu diesem frühen Zeitpunkt noch nicht, Träume hin, Träume her. Selbst wenn sie an seinen Lippen hing und ihn anhimmelte - noch war sie zu jung, um daraus Konsequenzen zu ziehen. Trotzdem nährte Omars Auftauchen in ihr die Sehnsucht, der bürgerlichen Enge der kleinen, beschaulichen Stadt am Rhein zu entfliehen.

Und Omar? Auch für ihn dürfte es eine völlig neue Welt gewesen sein, die sich ihm da eröffnete. Stammte er doch aus einem Land, in dem sich Frauen außerhalb der eigenen vier Wände nur verschleiert zeigen durften und Kontakte zwischen nicht miteinander verwandten Männern und Frauen so gut wie nie stattfanden. Und jetzt ein großes blondes Mädchen in einem kurzen weißen Tenniskleid! Dennoch hätte er nie unschickliche Annäherungen gewagt, wie er sie bei deutschen Männern beobachtete. Für ihn stand vermutlich, ähnlich wie bei meiner Großmutter, nie außer Frage, dass eine solche Beziehung in eine Ehe münden oder aber im Nichts verlaufen würde.

Das war der Stand der Dinge, als Mohammed Omar nach Abschluss seines Studiums widerwillig seine Sachen packte, um ins heimische Herat im westlichen Afghanistan zurückzukehren, wo er sich mit seinem in Deutschland erworbenen Fachwissen eine Existenz aufbauen wollte. Ob sich die beiden beim Abschied bereits Versprechen für eine gemeinsame Zukunft gaben? Ich weiß es nicht. Jedenfalls entspann sich in der Folgezeit ein reger Briefwechsel, der – sehr zum Missfallen der Eltern – nicht einschlief, sondern sich mit den Jahren immer intensiver gestaltete. Elisabeth war nicht gewillt, sich in ihre Herzensangelegenheiten hineinreden zu lassen, von niemandem. Sie schrieb seitenlange Briefe und erhielt ebensolche zurück. Meist überkreuzten sich die Briefe, denn keiner von beiden wollte monatelang auf eine Antwort warten. So befanden sich stets ein paar Briefe der beiden gleichzeitig auf dem Weg zwischen dem Orient und Europa. Mit den Jahren bildeten diese eine Art unsichtbare Brücke zwischen den Kontinenten, auf der die Gedanken und Gefühle von Elisabeth und Omar so oft hin und herreisten, bis zwischen den zwei Menschen etwas entstand, das ihre Herzen Liebe zu nennen wagten. Eine romantische Liebe allerdings, die zunächst nur aus Träumen und sehnsuchtsvollen Briefen bestand.

Das Verlobungsintermezzo

Natürlich war die ganze Familie dagegen – in dieser Hinsicht legten sogar Elisabeths ansonsten zerstrittene Eltern Eintracht an den Tag. »Mein Vater, meine Mutter, ja, meine ganze Familie war strikt dagegen, dass ich diesen Kontakt zu Omar weiterverfolgte«, berichtete meine Großmutter als Neunzigjährige anlässlich eines Radiointerviews, in dem ihr bewegtes Leben porträtiert werden sollte. »Mein Vater wollte einen Mann fürs Geschäft und keinen Unbekannten aus Afghanistan. Mir war klar, was von mir gefordert wurde, aber ich ließ mir nichts sagen. Ich wusste genau, was ich wollte, und ich entschied mich für die Stimme meines Herzens.« Wenn man sich die Tonbandaufzeichnung anhört, merkt man ihrer Stimme an, dass sie bei diesen Worten zufrieden lächelte.

Beinahe allerdings hätte die Familie doch erreicht, was sie wollte, denn nach drei Jahren der Trennung begann der Briefwechsel zu erlahmen, verlor an Intensität und Begeisterung. Meine Großmutter, nunmehr eine erwachsene junge Frau von zweiundzwanzig Jahren, empfand diese Liebe auf Papier zunehmend als wenig erfüllend. Erste Zweifel beschlichen sie, ob es sich lohne, all ihre Gefühle und Wünsche auf jemanden zu projizieren, der ihr bisweilen so weit entfernt schien wie der sprichwörtliche Mann im Mond. Mit der Zeit wurden die Briefe seltener.

Elisabeth grübelte immer öfter darüber nach, ob ihre afghanischen Träume überhaupt noch eine Chance hatten.

Und je mehr sie das verneinte, desto stärker öffnete sie sich für die Argumente des Vaters, der inzwischen glaubte, einen geeigneten Ehekandidaten für sie gefunden zu haben: den Spross einer Münchner Adelsfamilie, kultiviert und wohlhabend dazu. Nett, fand Elisabeth, als sie einander vorgestellt wurden. Natürlich nicht so schillernd, so fantasievoll, so brillant und galant wie der entschwundene Omar, aber immerhin. Und er war da, war präsent. Ihr Realitätssinn, über den sie trotz ihrer romantischen Sehnsüchte in hohem Maße verfügte, riet ihr zu dieser vom Vater arrangierten Verbindung. Aber was war mit Liebe? Sollte sie künftig ganz darauf verzichten?

Nächtelang wälzte sich Elisabeth schlaflos in ihrem Bett, das Für und Wider überdenkend. Quälte sich einerseits mit Selbstvorwürfen, nicht entschlossen genug an ihrer fernen Liebe festzuhalten. Malte sich andererseits schlimmste Szenarien aus, dass sie vielleicht ihr Leben lang vergeblich auf den erlösenden Antrag aus Afghanistan warten und schließlich als alte Jungfer sterben würde. Es geschah, was geschehen musste: Die ratlose junge Frau entschied sich für den bayerischen Adeligen und gab, wenngleich mit leichtem Zögern, die Zustimmung zur Verlobung. Fürs Erste jedenfalls, denn diese Mitteilung schickte sie nicht an ihren fernen Omar.

Sie besuchte München und war sichtlich beeindruckt. Nicht nur vom eleganten Lebensstil ihrer zukünftigen Schwiegerfamilie, sondern auch von der bohemehaften Atmosphäre der Stadt, die neben Berlin in jener Zeit ihresgleichen suchte. Allerdings sah sie auch die Kehrseite des schönen Scheins: die im Straßenbild nicht zu übersehende Armut, das hoffnungslose Heer der Arbeitslosen, die wachsende Schar der Unzufriedenen, die sich um einen ehemaligen Weltkriegsgefreiten aus Österreich scharten, der ihnen ein besseres Leben versprach.

Gemeinsam mit ihrem Verlobten besuchte Elisabeth eine Versammlung der aufstrebenden nationalsozialistischen Partei im Bürgerbräukeller, bei der hunderte begeisterter Anhänger dem neuen Volkstribun zujubelten. Hitler sprach von der Krise, von der deutschen Nation, vom Weltjudentum, das es zu bekämpfen galt. Nach dem Vortrag stürmten die meisten nach vorne, um dem Redner die Hand zu schütteln, darunter auch meine Großmutter. »Ich habe Hitler die Hand gegeben und ihm in die Augen geguckt«, schrieb Elisabeth nach Worms. »Ich werde nie mehr einen Juden anschauen.« Postwendend kam die Antwort. »Du bist wohl verrückt!«, schimpfte Hermann Wolff und beklagte, dass auch schon in seinem Freundeskreis solche Torheiten die Runde machten. Zudem erinnerte er seine Tochter daran, dass viele seiner guten Freunde Juden seien. Ob nun die väterliche Ermahnung tatsächlich der Auslöser war – Elisabeth zeigte fortan jedenfalls kein sonderliches Interesse mehr für die nationalsozialistische Bewegung.

Außerdem war sie damals mit den Gedanken sicherlich ganz woanders. Bei den Vorbereitungen für ihre bevorstehende Eheschließung etwa, bei Geschenke- und Gästelisten, wie es eine große Hochzeit in diesen Kreisen mit sich brachte. Vielleicht saß sie auch nur stunden-, ja tagelang müßig da und hing trüben Gedanken an ihre verlorene Liebe nach, die sie nie wirklich begraben hatte. Tief in ihrem Herzen flackerte immer noch ein schwacher Hoffnungsschimmer, es könnte ein Brief von ihm kommen – eine Mitteilung, dass alles bereit sei für ihre Ankunft: die Formalitäten geregelt, ein Haus gekauft und eingerichtet.

Ihre romantischen Träume erhielten neue Nahrung, als ein leibhaftiger König aus Omars Heimat 1928 mit seiner Gemahlin in Berlin zu einem Staatsbesuch eintraf. Die Zeitungen überschlugen sich mit Berichten über den exotischen »Märchenkönig«, der in einer mit Orden übersäten, goldbetressten Uniform und mit turmhoher Federkrone auf dem Kopf auf einem Schimmel durch die Straßen der Hauptstadt ritt. Die Berliner, die lange schon keinen leibhaftigen Monarchen mehr zu Gesicht bekommen hatten, waren außer sich vor Begeisterung. Es wurden Gassenhauer gereimt mit Texten wie: »Das geht dich afghanischt an, das nehm ich mit nach Hause und Belutsch-es-dan.« Dass sein Gepäck, es sollen zweihundert Koffer gewesen sein, auf drei Lastwagen herangeschafft werden musste, erhöhte noch die Faszination. Elisabeth sog alle Nachrichten über die denkwürdigen Besucher gierig auf, betrachtete die Bilder von König Amanullah im Gehrock und seiner Königin Soraya in Abendkleid und Pelzmantel und sah sich durch diese Mischung von orientalischer Pracht und westlicher Eleganz einmal mehr in ihrer alten Sehnsucht nach dem geheimnisumwitterten Fernen und Exotischen bestätigt.

Und dann kam Omar wirklich. Schon als sein Brief eintraf, der seinen Besuch ankündigte, war alles andere vergessen. Offenbar hatte der junge Mann im fernen Herat gespürt, dass er etwas unternehmen musste, wenn er seine deutsche Liebe nicht aus den Augen verlieren wollte. Elisabeth konnte ihr Glück kaum fassen – ihm endlich wieder in die Augen zu sehen, seine Stimme zu hören, seine Nähe zu spüren. Schlagartig vergessen war der Münchner Verlobte, und niemand zählte mehr außer ihm, dem einen: Omar.

Kurzerhand sagte sie Ja, als er um ihre Hand bat, und versprach, ihm in das ferne Afghanistan zu folgen, sobald er dort einen gemeinsamen Hausstand vorbereitet hatte - ein gewisses Maß an Sicherheit war ihr bei aller Abenteuerlust wichtig. Hermann Wolff erfuhr erst von Elisabeths Plänen, als der unerwünschte und ganz und gar nicht mehr eingeplante Schwiegersohn bereits wieder abgereist war. Er verstand die Welt nicht mehr. Jetzt, wo doch die Münchner Verheiratung bereits unter Dach und Fach war! Nie hätte er zu diesem Zeitpunkt mit einer solchen Entwicklung gerechnet. Er bat und flehte, schimpfte und tobte, redete ihr ins Gewissen, doch nichts half. Da entzog er der renitenten Tochter die finanzielle Unterstützung. Ohne Geld konnte sie das Land schließlich nicht verlassen.

Vater Wolff hatte seine Tochter gründlich unterschätzt, denn Elisabeth sollte einen Weg finden, auch wenn sie erneut einige Jahre warten musste.

Jahre des Wartens

Als Mohammad Omar nach einer beschwerlichen Reise mit Eisenbahn, Dampfschiff und auf der Pritsche offener Lastwagen wieder in seiner Heimat eintraf, war ihm klar, dass er handeln musste, wenn er die fremde deutsche Frau zu sich nach Afghanistan holen wollte – und dazu war er fest entschlossen. Die wichtigste Frage brannte ihm wie Feuer unter den Nägeln: Woher nur sollte er ein Haus für die Familie besorgen, die er mit Elisabeth gründen wollte? Seiner Verlobten gegenüber hatte er nicht durchblicken lassen, dass es finanziell um ihn nicht zum Besten stand. Omars Vater arbeitete als Schuldirektor und lebte gemeinsam mit seiner Frau in einem Häuschen auf einem kleinen Stückchen Land in Herat. Die Ersparnisse von Omars Eltern waren für die Erziehung und das Studium des Sohnes sowie dessen Reisen nach Europa draufgegangen.

Ursprünglich war die Familie, die zum paschtunischen Stamm der Alizei gehörte, durchaus wohlhabend gewesen. Doch gegen Ende des 19. Jahrhunderts hatte Emir Abdur Rahman Khan mit eiserner Hand unter den eigenmächtigen Khanen, den Stammesfürsten, aufgeräumt, um die verschiedenen Volksgruppen und Stämme besser kontrollieren zu können. Viele Betroffene verließen damals das Land. Omars Familie flüchtete ins indische Rawalpindi, bis der nächste Herrscher, der den Ausgleich mit den Stämmen suchte, den Geflohenen die Heimkehr ermöglichte, allerdings ohne ihnen ihre verlorenen Besitztümer in vollem Umfang zurückzugeben. So kam Omar, der im Exil geboren wurde, als kleiner Junge in recht bescheidene Verhältnisse zurück.

Dennoch verfügte er über Beziehungen, die ihm jetzt weiterhalfen und ihm einen Posten in der staatlichen Verwaltung verschafften. Hilfreich waren nicht nur seine guten Sprachkenntnisse – sein Deutsch war hervorragend, sein Englisch immerhin passabel –, sondern auch seine Auslandserfahrungen, denn junge Männer wie ihn konnte man gebrauchen im Afghanistan des reformfreudigen Amanullah, dessen glanzvolles Auftreten in Berlin meine Großmutter so beeindruckt und ihr vielleicht zudem ein falsches Bild von der afghanischen Realität vermittelt hatte. Im Land selbst allerdings löste sein Auftritt alles andere als Begeisterung aus. Im Gegenteil: An der einjährigen Weltreise des Monarchen fand man mehr zu tadeln als zu loben. Nicht nur, dass seine Frau Soraya unverschleiert in Erscheinung getreten war – als geradezu skandalös betrachtete man ihr offenherziges Dekolleté. Und hinter vorgehaltener Hand munkelte man in den politischen Zirkeln Kabuls, Amanullah habe sogar Schweinefleisch gegessen und Alkohol getrunken.

Tatsache ist indes, dass dieser König, entsprechend seinem Selbstverständnis als aufgeklärter Monarch, sich für eine Trennung von Staat und Religion einsetzte – ein Vorhaben, das damals wie heute in Afghanistan zum Scheitern verurteilt sein musste. Das Maß für die konservativen, in strengen islamischen Traditionen verwurzelten Untertanen war voll, als er die Tschaderi, den Ganzkörperschleier, ebenso verbieten ließ wie die Polygamie und für seine Staatsbediensteten die traditionelle afghanische Männerkleidung abschaffte. Auch die Einführung der Schulpflicht für beide Geschlechter stieß auf keine Gegenliebe. Im ganzen Land brachen Revolten aus.

Amanullah, der sein Land so gerne in die Moderne geführt hätte, musste sich dem Druck von innen, sprich den mächtigen Khanen beugen, auch wenn einige, wie etwa die Familie meines Vaters, von der noch die Rede sein wird, sich an seine Seite stellten. Doch die Mehrheit im Land wollte es anders: Der Reformkönig wurde 1929 von seinem Thron geputscht, und ein ungebildeter Exsoldat aus einfachsten Verhältnissen namens Habibullah Kalakani, den man im Land geringschätzig nur den »Sohn des Wasserträgers« nannte, proklamierte sich zum neuen Herrscher – in Rückbesinnung auf die alten Traditionen zum »Emir von Afghanistan« und zum »Befehlshaber der Gläubigen«. Auch wenn er sich nicht lange halten konnte, genügte die Zeit, sämtliche Reformen seines Vorgängers vollständig zurückzunehmen, was für die Bevölkerung damals eine Rückkehr ins Mittelalter bedeutete: Frauen mussten wieder die Tschaderi tragen und wurden von der Bildung erneut ausgeschlossen, denn Habibullah ließ alle Mädchenschulen schließen. Aber auch er lebte gefährlich, und kein Jahr nach seiner Thronbesteigung wurde der Usurpator aus Kabul vertrieben. Nadir Khan, ein Verwandter und Gefolgsmann von Exkönig Amanullah, steuerte zwar erneut vorsichtig in die Gegenrichtung, um das Land gegenüber dem Westen zu öffnen, doch angesichts des ständigen Hin und Her blieb die politische Situation unklar, die Umsetzung der Reformpläne verlief stockend.

Auf Elisabeth wartete also ein in jeder Hinsicht zutiefst gespaltenes Land, das mit westlichen Lebensformen kaum etwas zu tun hatte – und mit ihren mädchenhaften Träumen vom Orient leider auch nur wenig. Doch bevor sie überhaupt anreisen konnte, irrte Omar noch immer zwischen der Haupt- und der Provinzstadt umher, um eine gut bezahlte Arbeit und ein Haus für seine deutsche Verlobte in Kabul zu finden. Herat, das war ihm klar, wäre eindeutig zu abgeschieden für Elisabeths Ansprüche.

Jahre vergingen. Meine Großmutter war inzwischen sechsundzwanzig, nach damaligen Maßstäben also höchste Zeit, dass sie unter die Haube kam. Fand zumindest die Familie, die die Hoffnung auf einen Kandidaten nach ihrem Geschmack noch nicht aufgegeben hatte. Was aber dachte Elisabeth? Inzwischen kannte sie Omar seit sieben Jahren, drei davon war sie mit ihm verlobt, und nach wie vor lebten sie über tausende Kilometer getrennt auf verschiedenen Kontinenten. Und es gab keine Anzeichen, dass sich das so bald ändern würde. Trotz ihres Willens, an dieser Liebe festzuhalten, beschlichen sie erneut immer häufiger Zweifel.

Doch plötzlich geschah das Wunder: Aus Afghanistan traf ein Brief ein mit der erlösenden Nachricht, dass endlich alles geregelt sei. Omar schrieb, sie solle eine Schiffspassage ins indische Bombay buchen, wo er sie abholen und mit ihr auf dem Landweg nach Kabul reisen werde. Sie müsse nur telegrafieren, wann und mit welchem Schiff sie dort ankommen könne, dann werde er zur Stelle sein und sich um alles Weitere kümmern.

Elisabeth war außer sich vor Freude und begann auf der Stelle, ihre Abreise zu planen. Ihr Vater war entsetzt, hatte er doch felsenfest daran geglaubt, dass diese afghanische Geschichte trotz des misslungenen Intermezzos mit der Münchner Verlobung irgendwann im Sande verlaufen werde. Hermann Wolff bot sogar den mit ihm befreundeten Wormser Polizeipräsidenten auf, der seine Autorität in die Waagschale warf und der jungen Frau die Gefährlichkeit dieser Reise in ein dermaßen unsicheres und rückständiges

Land in den schwärzesten Farben ausmalte und ihr Onkel riet dem Vater sogar, sie mit der Reitpeitsche durchzuprügeln. Doch alles führte nur dazu, dass sie noch entschlossener an ihrem Plan festhielt. »Jetzt«, sagte sie, »mache ich es erst recht!«

Weil die Familie sich nach wie vor weigerte, die abenteuerliche Unternehmung zu finanzieren, verkaufte Elisabeth ihr wertvollstes Stück, den prächtigen Steinwayflügel aus heller Birke, ein Geschenk aus besseren Zeiten, und erstand im Gegenzug nicht nur eine Schiffspassage nach Bombay, sondern auch stabile Kisten, in denen sie ihre Habseligkeiten einschließlich ihrer Aussteuer verstaute: Bett- und Tischwäsche, Geschirr und Besteck – alles, was ein Mädchen aus gutem Hause für den eigenen großbürgerlichen Haushalt brauchte. Was davon in dem fremden Land überhaupt von Nutzen sein würde, davon hatte sie freilich nicht die geringste Ahnung.

Der Abschied verlief kurz, aber schmerzlich. Schließlich wussten weder Vater noch Tochter, ob sie einander jemals wiedersehen sollten. Elisabeth bestieg erst einmal den Zug nach Hamburg, um sich von ihrer Mutter zu verabschieden, und fuhr dann zurück Richtung Süden, wo sie sich in Genua auf der *Victoria* einschiffte, einem brandneuen Dampfer unter italienischer Flagge, dessen Jungfernfahrt nach Bombay führte. Bevor dieser das Mittelmeer verließ, um durch den Suezkanal zu fahren und Kurs auf asiatische Gewässer zu nehmen, erhielt meine Großmutter Gelegenheit, im ägyptischen Port Said an Land zu gehen und dort erstmals orientalisches Flair zu schnuppern. Sie war begeistert, genoss den Rummel, das Geschrei und Geschiebe. Wanderte durch den Basar und staunte über das exotische Angebot, bis sie voller Entzücken sogar Vertrautes zu entdecken meinte. »Rosinenbrot, wie bei uns«, rief sie aus, bis sie feststellte, dass es sich bei den vermeintlichen Rosinen auf dem Brot um Fliegen handelte. Vermutlich beschlich sie in diesem Moment eine erste Ahnung, dass sie in ihrem neuen Leben im Orient noch die eine oder andere Überraschung werde verkraften müssen. Dabei war das Königreich Ägypten angesichts der langen Kolonialherrschaft ein weitaus westlicher geprägtes Land als Afghanistan etwa, wo die Briten, anders als auf dem indischen Subkontinent einschließlich des heutigen Pakistan, nie wirklich hatten Fuß fassen können.

Aber noch sah Elisabeth allem Neuen erwartungs- und hoffnungsvoll entgegen. Natürlich vor allem dem Wiedersehen mit Omar und ihrer Verheiratung, die endlich das lange Warten beenden sollte. War es diese Vorfreude oder einfach ihre robuste Natur, die verhinderte, dass sie nicht wie ein Großteil der Passagiere auf dem unruhigen Meer seekrank wurde? Während andere sterbenskrank in ihren Kojen lagen, saß meine Großmutter vergnügt im Speisesaal, manchmal allein, und genoss ihr Essen, als befände sie sich im heimischen Wohnzimmer. Dass sie ständig darum kämpfen musste, auf dem schlingernden Schiff mit dem Stuhl nicht wegzurutschen und überdies die Speisen auf den Tellern zu halten, beeinträchtigte weder ihren Appetit noch ihr Hochgefühl.

Alles war äußerst spannend. So lernte sie in dem ziemlich leeren Speisesaal einen Maharadscha kennen, der ihr vorkam wie eine Gestalt aus Tausendundeiner Nacht, sowie einen sympathischen Engländer, der ihr schon nach wenigen Tagen einen Heiratsantrag machte und sie wohl gerne vor ihrer afghanischen Ehe bewahren wollte. Denn nachdem sie lachend Nein gesagt hatte, überreichte er ihr seine

Karte und beteuerte mit dringlichem Unterton, sie könne jederzeit zu ihm kommen, falls sich ihre Träume als unrealistisch erweisen sollten. Zweifelnd sah Elisabeth erst auf die Visitenkarte, richtete dann ihren Blick auf den Engländer: Warum, dachte sie, sollte sich noch etwas zerschlagen? Was um Himmels willen konnte bei einem gründlich geplanten Arrangement wie diesem schiefgehen? Fragen, die ihr später so naiv vorkamen, dass sie kaum glauben mochte, dass sie und die junge Frau auf der *Victoria* ein und dieselbe Person waren.

Flitterwochen vor der Hochzeit

Im unvorstellbar heißen Juli 1932 glitt die *Victoria* in den Hafen von Bombay. Gebannt beobachtete Elisabeth vom Deck des Schiffes aus das bunte Treiben, das alle ihre Erwartungen übertraf. Es wimmelte nur so von Schiffen und Booten, die zudem überladen waren mit Menschentrauben. Nicht anders sah es auf den Kais aus, wo, wie es ihr schien, tausende Menschen ein buntes, lautes Gewirr bildeten, durch das sich Fuhrwerke, Autos, Rad- und Rikschafahrer ihren Weg zu bahnen versuchten. Meine Großmutter konnte sich kaum vorstellen, wie ein Mensch hier den Überblick bewahren und eine Ordnung erkennen sollte. Völlig chaotisch, dachte sie. Wie, um Himmels willen, sollte sie in diesem Getümmel bloß Omar finden?

Angestrengt ließ Elisabeth ihre Augen über die fremdartigen Gesichter der Menschen am Kai gleiten, die immer größer wurden, je weiter das Schiff sich seinem Liegeplatz näherte, doch sie konnte Omar nicht entdecken. Stattdessen blieb ihr Blick an einem hochgewachsenen Mann hängen, der sie breit anlachte und die Arme aufgeregt in die Höhe warf. War etwa sie gemeint, fragte sich Elisabeth verwundert, bis es ihr endlich wie Schuppen von den Augen fiel: Der junge Mann, der ihr da heftig zuwinkte, war kein anderer als Omar, der sich allerdings zwischenzeitlich einen Schnurrbart hatte stehen lassen. Die junge Frau seufzte auf vor Erleichterung und vor erwartungsvoller Freude – ihr schmerzlich und sehnsüchtig vermisster Verlobter stand wirklich wartend am Kai. Alle Zweifel, die ihr gelegentlich gekommen sein mochten, waren vergessen. Ebenso die drei langen Jahre seit ihrer letzten Begegnung. Jetzt war es vorbei, und enthusiastisch warf auch sie ihre Arme in die Höhe, schickte ihm gehauchte Küsse und winkte.

Omar hatte ein Zimmer im renommierten *Taj Mahal* reserviert, einem mit Stuck überladenen Luxushotel, das Elisabeth an Urlaube in ihrer Kindheit erinnerte: Alles war schwer, dunkel und voller Ornamente. Die Ventilatoren an den Zimmerdecken mussten von Dienern per Hand über Stricke im Flur bedient werden, das Wasser im Bad floss aus antik anmutenden Armaturen. Die Stadt selbst erschien ihr überwältigend prachtvoll in ihrer architektonischen Mischung aus Kolonialstil und Rückgriffen auf altindische Bautraditionen. Aber es war heiß, sehr heiß – und dampfigfeucht überdies, denn es herrschte gerade Monsunzeit, und die mehrmals täglich wiederkehrenden Regengüsse verwandelten die Stadt in ein Treibhaus. Jede geringste Bewegung schien schweißtreibend und ließ die Kleidung am Körper kleben. Doch Elisabeth genoss alles – das exotische Treiben in den Straßen, die farbenprächtigen, glitzernden Saris der indischen Frauen, deren Fußnägel in kräftigen Farben lackiert waren, und daneben die exquisite Garderobe englischer Damen, denen das Leben in den Kolonien einen beträchtlichen Luxus ermöglichte, der in den meisten Fällen weit über das hinausging, was sich Verwaltungsangestellte und Militärangehörige in der Heimat leisten konnten.

Elisabeth kam aus dem Staunen nicht heraus. So viel Eleganz hatte sie noch nie zu Gesicht bekommen, weder in Hamburg noch in München – aber auch nicht solch himmelschreiendes Elend, obwohl man ja im Deutschland der Nachkriegszeit so manches erleben musste. Allerdings nicht in diesem Ausmaß. Sie sah ausgemergelte Leprakranke, sich auf behelfsmäßigen Krücken bewegende Bettler und verwahrloste, ausgehungerte Straßenkinder, die abends vor den Hotels herumlungerten, um von den reichen Gästen ein paar Münzen als Almosen hingeworfen zu bekommen. Manche von ihnen lagen apathisch wie zum Sterben da.

Sie planten, ein paar Tage in der riesigen Stadt zu bleiben, damit meine Großmutter sich an das ungewohnte Klima ein wenig anpassen konnte, bevor man weiterreiste. Sie genossen die Zeit: endlich wieder zusammen und zum ersten Mal auf engstem Raum wie ein Ehepaar lebend, nur ohne Trauschein. Die Zeit hier erschien ihnen wie vorgezogene Flitterwochen. Wo aber sollte die Hochzeit stattfinden? Sie diskutierten immer wieder darüber, bislang ergebnislos. Bis sie einmal durch Bombay schlenderten und Omar seiner Verlobten die englische Inschrift auf einem Schild zu erklären versuchte, was diese jedoch nicht verstand. Im Eifer des Gefechts wurden die Stimmen immer lauter – unüberhörbar für andere Passanten –, und plötzlich bot ihnen ein distinguiert wirkender Inder seine Dienste als Dolmetscher an.

Man kam ins Gespräch, und das junge Paar erfuhr, dass der freundliche Helfer aus einer der reichsten Familien des Landes stammte, die maßgeblich an der industriellen Erschließung des Subkontinents beteiligt war. Außerdem gehörte ihr das *Taj Mahal*, wenngleich man damals ansonsten auf dem Hotelsektor keine Geschäfte trieb. Das sei lediglich auf die Laune eines Vorfahren zurückzuführen, erfuhren sie. Nachdem ihm als dunkelhäutigem Inder der Zutritt zu einem britischen Luxushotel verwehrt worden war, fasste er kurzerhand den Entschluss, ein noch größeres, schöneres und exklusiveres Haus bauen zu lassen.

Mr. Tata, seines Zeichens Direktor der National Bank of India, erwies sich als ausgesprochen freundlicher Mensch und schloss Omar und Elisabeth sofort ins Herz. Seine Familie gehörte zu den Parsen und war somit Anhänger der zoroastrischen Religion, deren Begründer Zarathustra die Wichtigkeit guter Gedanken, guter Worte und guter Taten gepredigt hatte. Und vielleicht stand dem Parsen genau dieser dreifache Leitsatz vor Augen, als er das merkwürdige junge Paar traf. Oder er dachte an die Geschichte seines eigenen, oft verfolgten Volkes, das vor mehr als tausend Jahren aus Persien nach Indien geflohen war und ebenfalls freundlicher Hilfe bedurft hatte. Wie auch immer, jedenfalls lud er die beiden in sein Haus zum Tee ein, und Elisabeth erlebte nun wirklich ein Märchen, wie es Scheherazade nicht besser hätte schildern können. Sie kamen nicht in ein Haus, sondern in einen regelrechten Palast, in dem Diener mit roten Schärpen und Turbanen ihnen den Tee auf schwarzen Mahagonitischchen servierten. Ihr parsischer Gastgeber erwies sich als sehr einfühlsam, erkundigte sich angelegentlich nach ihren Plänen – und löste das leidige Problem, wo die Hochzeit stattfinden sollte.

Sie sollten doch bitte seine Einladung annehmen und in seinem Haus heiraten. Elisabeth blieb die Sprache weg, während Omar aus purer Höflichkeit allerlei Gründe vorbrachte, die gegen ein solches Arrangement sprachen. Schließlich gab er sich geschlagen und nahm ebenfalls dankbar an. In aller Eile ließ Mr. Tata ein wundervolles Fest ausrichten, und für Elisabeth ging wirklich ihr Mädchentraum in Erfüllung. Als sie bei dieser Gelegenheit die französische Frau des Parsen mit den gemeinsamen Kindern kennenlernte, sah sie sich in ihrer Überzeugung bestätigt, dass Menschen aus verschiedenen Kulturen sehr wohl glücklich miteinander sein konnten.

Die Trauung wurde nach islamischem Ritus durch einen Mullah mit beeindruckendem weißen Rauschebart vollzogen, der sie fragte, ob sie bei dieser Gelegenheit nicht gleich Muslima werden wolle. Meine Großmutter dachte kurz nach und erwiderte dann in aller Offenheit und ohne jede Scheu: »Nein, zuvor muss ich erst einmal den Koran lesen …« Der freundliche alte Geistliche nahm die Antwort gelassen hin. »Meine Tochter«, sagte er in seinem feierlichen, altmodischen Englisch, »der Islam zwingt niemanden, Muslima zu werden.« Dann nahm er die Trauung vor, und Elisabeth schien am Ziel ihrer Wünsche. So ähnlich wie hier, dachte sie, werde es in Afghanistan auch sein, mit Ausnahme des Palasts. Mit diesem Gedanken trat sie glücklich und beschwingt in einen neuen Lebensabschnitt.

Schatten über dem Paradies

Die nächsten vier Tage verbrachten Elisabeth und Omar in einem Zug, der *Frontier Mail* hieß und von Bombay nach Peschawar fuhr. Draußen hing eine brütende, feuchte Hitze, denn unablässig gingen heftige warme Regengüsse nieder. Entsprechend stickig war es auch in dem holzgetäfelten Waggon, doch noch war Elisabeth bester Dinge. Noch schien der Himmel voller Geigen zu hängen – noch kam ihr alles sehr luxuriös vor. Schließlich hatte ihr frischgebackener Ehemann sich nicht lumpen lassen und für seine junge Frau ein Abteil der besten Kategorie gemietet, das über ein privates Duschkabinett sowie allerlei andere Annehmlichkeiten verfügte. Dazu gehörte auch, dass ihnen alle paar Stunden Speisen serviert wurden, auf edlem Geschirr und mit silbernem Besteck. Die Küche selbst allerdings war für Elisabeth mehr als gewöhnungsbedürftig – so scharf, dass in ihrem Mund ein Höllenfeuer entfacht wurde, oder so süß die Desserts, dass der Löffel in ihrem Mund zu kleben schien.

Einen ungetrübten Genuss hingegen stellte für sie der Blick aus dem Fenster dar. Sie bewunderte die Landschaft mit den exotischen Pflanzen und Bäumen, und alles schien ihr so wunderbar neu und aufregend. In den Dörfern und Städten, die der Zug passierte, sah sie Menschen in weiten, wallenden Gewändern, die riesige schwarze Schirme aufspannten, wenn es gerade regnete. Besonders schön war das Bild, sobald der Himmel seine Schleusen schloss und die

Sonne herauskam, deren Strahlen die nasse Erde golden leuchten ließen. Elisabeth sog alles in sich auf: die bunten Gewänder, die tropische Vegetation, dazwischen Hütten und unzählige Rinder, die in Indien als heilig gelten, und fühlte sich wie eine Reisende im Paradies.

Dann erreichten sie Peschawar am Ausgang des Khaiberpasses, damals eine indische Stadt unter britischer Verwaltung. Auch hier war es brütend heiß und schwül, und es goss in Strömen. Elisabeth stockte der Atem nicht nur wegen der Hitze, sondern angesichts des Lärms und des Gestanks in dieser Stadt, angesichts des unvorstellbaren Gedränges. Das Straßenbild von Bombay kam ihr dagegen fast schon beschaulich vor. Vor allem aber sauberer, gepflegter – fast wie ein Schmuckkästchen. Zwar fanden sich auch in Peschawar prächtige Bauten, doch die gingen unter in dem schmuddeligen Chaos. Auffallend war außerdem, dass kaum noch europäisch gekleidete Passanten zu entdecken waren, denn alle Menschen schienen einheitliche weiße Kaftane zu tragen. Und vor allem – Elisabeth stellte es mit plötzlichem Erstaunen fest – sah man im Straßenbild nur Männer. »Wo sind denn die Frauen?«, fragte sie verwundert, doch Omar schaute sie verständnislos an. »Die Frauen?«, fragte er zurück. »Sie werden zu Hause sein. Aber zu diesem Thema muss ich dir ohnehin noch etwas sagen«, fuhr er ein wenig unsicher fort. »Du erinnerst dich doch, dass du mir versprochen hast, den Schleier zu tragen, wenn wir nach Afghanistan kommen.« Wieder sah Elisabeth ihren Mann an. »Natürlich weiß ich das noch«, sagte sie schnell, »das ist doch kein Problem.« Worauf Omar erleichtert nickte.

Elisabeth erinnerte sich in der Tat, denn mehrfach hatte Omar sie bei seinen Aufenthalten in Worms gefragt, ob sie als seine Frau auch bereit sei, den Schleier zu tragen. Warum nicht, dachte sie damals und nickte zustimmend. Sie stellte sich darunter winzige durchsichtig-bunte Tüchlein vor, wie sie die Tänzerinnen in Lehárs Operette trugen, kokett einen kleinen Teil des Gesichts umspielend, und gegen solch dekorativen Zierat wusste sie weiß Gott nichts einzuwenden. Umso erstaunter war sie, als ihr Mann von einem Einkauf in der Stadt ins Hotel zurückkam und ihr stolz ein großes Paket überreichte. Als sie es öffnete, quollen daraus meterweise Lagen aus plissiertem dunkelblauem Stoff hervor. »Das ist dein neuer Schleier«, sagte Omar, doch Elisabeth starrte nur entgeistert auf dieses dunkle Ungetüm. »Das soll ein Schleier sein?«, fragte sie tonlos. Wie konnte ihr Mann so etwas von ihr verlangen.

»Probier ihn an«, forderte er sie auf, und als sie keine Anstalten machte, zeigte er ihr, wie das überhaupt funktionierte. Er half ihr, den Stoff über Kopf und Gesicht zu ziehen und führte sie zu einem Spiegel. Die Tschaderi, wie dieses seltsame Gewand hieß, war nach allen Seiten hin geschlossen und wurde am Kopf durch eine feste Kappe gehalten – den einzigen Kontakt zur Außenwelt konnte sie über ein kleines Stoffgitter im Bereich der Augen herstellen, doch hatte sie das Gefühl, als tanzten lauter verschwommene schwarze Punkte in ihrem Blickfeld. Meine Großmutter erstarrte vor lauter Entsetzen. Panik überfiel sie, zumal sie unter dieser Verhüllung keine Luft mehr zu bekommen glaubte.

»Das soll ich tragen?«, rief sie ebenso empört wie ungläubig aus. »Das ist nicht dein Ernst!«

»Das ist so Sitte bei uns«, belehrte ihr Mann sie. »Die Tschaderi tragen in Afghanistan alle Frauen. Der Stoff ist sechzehn Meter lang«, fügte er stolz hinzu.

Elisabeth schüttelte nur den Kopf und riss sich das Kleidungsstück so schnell herunter, wie sie es nur vermochte.

»Natürlich musst du es zu Hause nicht tragen«, sagte Omar begütigend, »sondern nur auf der Straße. Probier es morgen aus, und du wirst sehen, dass es gar nicht so schlimm ist.« Dann erklärte er ihr, dass dieses Kleidungsstück auf die Zeiten der Anglo-Afghanischen Kriege im 19. Jahrhundert zurückgehe, als die Briten, allerdings ohne nachhaltigen Erfolg, versuchten, nicht nur ihre Einflusssphäre, sondern auch ihr Empire bis an den Amadurya auszudehnen. Damals sollte der Ganzkörperschleier junge Frauen und Mädchen vor Übergriffen nordindischer Soldaten schützen, die in der britischen Kolonialarmee kämpften.

Aber es stünden doch keine feindlichen Soldaten mehr in Afghanistan, argumentierte Elisabeth und fügte trotzig hinzu, dass sie außerdem vor so etwas keine Angst habe. Doch ihr angebeteter, idealisierter Omar kannte in diesem Punkt kein Pardon, und dunkle Ahnungen überkamen sie. Es waren die ersten Schatten, die sich auf ihr junges Gluck legten und die sich durch keine noch so prächtige orientalische Szene, die sie zu sehen bekam, wegwischen ließen.

Nach ein paar Tagen setzten sie ihre Reise in Richtung der afghanischen Grenze fort, den Khaiberpasss hinauf in eine kahle, aber trotz der Höhe heiße Gebirgslandschaft, die immer trockener wurde. Es war, als hätte der Monsun keine Kraft mehr gehabt, seine Regenwolken bis in diese unwirtliche Gegend voller Fels und Geröll hinaufzuschicken. Die fünfzig Kilometer lange, schmale und kurven-reiche Passstrasse war schon im Altertum ein wichtiger Verbindungs- und Handelsweg zwischen Zentralasien und dem indischen Subkontinent, über den schon Alexander der Große bei seinen Eroberungskriegen zog. Interessant, fand Elisabeth und wollte gerne mehr hören über die Geschichte des Landes, das künftig ihre Heimat werden sollte.

Afghanistan sei wegen seiner strategisch bedeutenden Lage schon immer das Ziel von Eroberern gewesen, erklärte Omar ihr, und außerdem hätten sich dort die alten Handelswege gekreuzt, darunter die legendäre Seidenstraße. Kein Wunder also, dass diese Drehscheibe zwischen Europa und Asien mit ihren Bodenschätzen und reichen Handelsplätzen immer wieder begehrliche Blicke auf sich zog. Außer Alexander dem Großen waren das vor allem die Araber, die der Region im 7. Jahrhundert den Islam brachten, und im Mittelalter die mongolischen Reiterhorden Dschingis Khans und Tamerlans, die durch das Land fegten und eine Spur der Verwüstung hinterließen. Aber niemand, erklärte Omar stolz, habe den afghanischen Stämmen eine Fremdherrschaft aufzwingen können. Auch nicht später die Russen und Engländer, die das Land ebenfalls gerne kontrolliert hätten. Doch nicht nur potenzielle Eroberer hinterließen ihre Spuren, fügte er hinzu, sondern auch allerlei Reisende, vor allem Händler und Künstler aus aller Herren Länder, die hier durchzogen und zur kulturellen Vielfalt beitrugen.

Elisabeth hätte ihrem Mann ewig zuhören können, während sie sich über die hohen Berge quälten. Seine Geschichten lenkten sie zumindest ein wenig ab von der Rumpelei auf der unebenen Straße. Vorbei war es mit Bequemlichkeit und Komfort, mit Essen von kostbarem Geschirr und Duschkabinen. Sie hockten in einem »Lorry«, wie man die zur Personenbeförderung umfunktionierten Lastwagen nannte, die meist mit Blumen, Vögeln oder grellbunten Ornamenten bemalt waren. Sie saßen zwar auf den einzigen normalen Sitzplätzen in der Fahrerkabine, aber bequem war es nicht. Immerhin besser jedoch, als sich wie der Rest der Fahrgäste auf der Ladefläche zwischen prall gefüllten Säcken, hin und her rutschenden Kisten und Käfigen mit Federvieh drängen zu müssen. Trotzdem fürchtete Elisabeth, an die Grenzen des Erträglichen zu kommen. Sie fühlte sich körperlich am Ende und psychisch völlig überreizt, wozu nicht zuletzt die ihr aufgezwungene Tschaderi beitrug. Eingezwängt zwischen Fahrer und Ehemann versuchte sie vergeblich, durch die geöffneten Fenster zumindest ein wenig Fahrtwind zu erhaschen, doch nicht der leiseste Hauch drang durch den monströsen Stoff zu ihr durch. Mehr als einmal war sie einer Ohnmacht nahe.

Erst gegen Abend, als die unbarmherzige Sonne endlich hinter den Bergen verschwand, spürte sie, dass die Temperaturen sanken. Elisabeth hätte niemals geglaubt, dass sie, die Sonnenanbeterin, sich einmal dermaßen über Dunkelheit und Kühle freuen konnte wie an jenem Abend auf dem Pass. Sie atmete auf, als sie sich neben ihrem Mann etwas abseits von den anderen zur nächtlichen Ruhe ausstreckte. Über ihr wölbte sich ein gigantischer Sternenhimmel, den sie bis ans Ende ihrer Tage nie vergessen würde. Wie Millionen Diamanten auf einem unendlichen Tuch aus schwarzem Samt, so kam er ihr vor. Nie zuvor hatte sie eine solche Pracht gesehen, eine solche Weite des Firmaments. Als sich endlich auch die Sichel des Mondes über die kaum zu erahnenden Bergkämme schob, war Elisabeth wie elektrisiert, denn der zunehmende Mond stand hier nicht aufrecht wie in Europa, sondern schien auf dem Rücken zu liegen, als habe er sich dort oben zur Ruhe begeben. Ein Schauspiel, von dem sie nicht die Augen wenden konnte. Stunde um Stunde lag sie wach, während Omar neben ihr längst schon tief und friedlich schlummerte. Erst als der schwarze Himmel sich langsam heller zu verfärben begann, fielen auch ihr die Augen zu.

Aber nicht für lange Zeit, denn die Sonne war noch nicht ganz aufgegangen, als lautes Rufen und Herumeilen das Ende des Nachtlagers und den baldigen Aufbruch ankündigten. Verschlafen streckte Elisabeth ihre Glieder und merkte, dass sie steif vor Kälte waren. »Wie kann es hier nachts so kalt sein, wenn tagsüber eine unvorstellbare Hitze herrscht?«, wunderte sie sich, aber Omar lächelte nur. »Bald sind wir zu Hause«, sagte er, doch der Sinn dieser Worte blieb Elisabeth verborgen. Was wollte er damit andeuten? Dass dort alles anders war? Sie konnte jedoch nicht länger darüber nachdenken, denn schon drängte der Fahrer zum Aufbruch, damit man vor Einbruch der Dunkelheit Dschalalabad erreichte, die erste große Stadt auf afghanischem Boden.

So saßen sie bald wieder in dem rumpelnden Gefährt. Omar plauderte mit dem Fahrer, während Elisabeth benommen in die Landschaft starrte. Da war nichts, was ihr Auge erfreut, ihr Gemüt aufgeheitert hätte. Weit und breit nichts als fahle graubraune Berge und Täler, die selbst die gleißende Sonne nicht in ein versöhnliches Licht zu tauchen vermochte. Vielmehr hatte sie auch die letzten Reste von Vegetation längst verbrannt. Meine Großmutter fragte sich, wann es hier zum letzten Mal geregnet haben mochte. Falls sie noch gehofft hatte, die Landschaft würde sich verändern und freundlicher werden, so sah sie sich bitter enttäuscht, denn je mehr sie sich Afghanistan näherten, desto unwirtlicher wurde die Gegend – höher die Berge, schroffer die Felsen.

Dann die Grenze, wo sie stundenlang in der Gluthitze warten mussten, bis sich gelangweilte und schwer bewaffnete Beamte erbarmten, den Schlagbaum für sie zu öffnen. Geschafft, dachte Elisabeth. Wenigstens waren sie in Afghanistan. Was auf indisch-britischer Seite als Schotterfahrbahn erkennbar gewesen war, verlor sich immer mehr zur kaum wahrnehmbaren Piste, auf der nur Reifenspuren und die Hufabdrücke von Reittieren den Weg wiesen.

Es dunkelte bereits, als sie Dschalalabad erreichten, das sich als fahlgrüne Oase aus der staubgrauen Landschaft erhob. Elisabeth war zu erschöpft und wohl auch zu frustriert, um sich noch in den Straßen und auf dem Basar umzusehen. Sie zog es vor, in ihrem kargen Hotelzimmer darauf zu warten, dass Omar ihr etwas zu essen brachte. Vor allem war sie froh, endlich diese grauenvolle Verschleierung ablegen zu können. Wenigstens für diesen einen Abend, diese Nacht, denn am nächsten Morgen, das wusste sie, würde sie sie wieder anlegen müssen. Morgen und übermorgen und in den nächsten Wochen, Monaten und Jahren … So war das mit afghanischen Frauen, und sie selbst gehörte nun durch ihre Heirat dazu. Eine bittere Wahrheit für meine Großmutter.

Je weiter sie in das Heimatland ihres Mannes, in das Herz Afghanistans vordrangen, desto beklemmender wurde ihr zumute. Es war heiß, trocken und staubig. Erst am Abend entdeckte sie wieder ein paar Bäume – in dem winzigen Marktflecken Nimla, wo sie die Nacht verbringen wollten. Aber die standen in der Gartenanlage eines Moguls aus dem 17. Jahrhundert, waren angepflanzt worden und wurden künstlich bewässert. Der Rest war Gebirge, so weit das Auge reichte. Der nächste Tag brachte noch eine Steigerung all dieser Strapazen, die sie gleichermaßen körperlich wie seelisch an den Rand des Zusammenbruchs trieben. Sehnsüchtig rief sie sich die liebliche Rheinlandschaft ins

Gedächtnis, Worms mit seinen grünen Gärten und Parks, doch die Erinnerung war nicht tröstlich, sondern trieb sie in die Verzweiflung. »Wie konnte ich nur …«, dachte sie immer wieder, ohne es jedoch wirklich ernst zu meinen, denn noch hielt sie trotz allem an ihrer Liebe fest. Aber mit bangem Herzen sah sie der Zukunft entgegen und fragte sich, ob sich ihr Traum vom Morgenland nicht in einen Alptraum verkehren würde.

Ein Gewirr von Schotterpisten, staubigen Lehmhäusern und behelfsmäßigen Hütten verriet ihr, dass sie sich erneut einer großen Stadt näherten: Kabul. Sie war müde, apathisch und nur froh, endgültig dem holprigen Lastwagen zu entkommen. »Nun bist du tatsächlich auf dem Mond angekommen«, dachte sie resigniert, bevor sie ihren Schleier ordnete und vom Wagen stieg, um ihre künftige Heimat in Augenschein zu nehmen. »Wir sind in Kabul«, flüsterte ihr Omar stolz ins Ohr, doch sie war schon zu müde, um ihr Entsetzen zu zeigen. Unter den Stoffbahnen und hinter dem Sichtgitter begann es jedoch in ihr zu brodeln.

Ankunft in der Wirklichkeit

Was Elisabeth in ihren ersten Tagen in Kabul durch das Gitter ihrer Tschaderi erspähen konnte, war keineswegs dazu angetan, sie zu besänftigen. Sie sah nichts als Staub und Steine, graue Lehmhütten und braune Lehmwände, schmutzige Kittel und mit dunklen Tüchern verhüllte Gestalten, die wie sie selbst atemlos über holprige Straßen stolperten. Dazu eine glühende Hitze, die nicht durch den leisesten Lufthauch gemildert wurde. Von den offenen Abwässerkanälen, die Schwärme von Fliegen anlockten, stiegen üble Gerüche auf. Die ganze Stadt kam ihr wie eine armselige, mittelalterliche Siedlung vor, in der die Frauen den elendigsten Part spielen mussten. Trotz einiger prächtiger Villen mit gepflegten Gärten, die es auch gab, erschien ihr der Traum vom Orient, den sie so zielstrebig verfolgt hatte, mit einem Mal unendlich fern. Wie ein Märchen, das niemals wahr würde. Sehnsüchtig dachte sie in diesen ersten Tagen an die ein wenig spießige, ein wenig enge, aber gemütliche, saubere und gepflegte Gutbürgerlichkeit ihrer Heimatstadt Worms.

Wie konnte sie hier in Kabul noch träumen! Alle Illusionen waren spätestens dahin, als Omar sie in ihre künftige Bleibe führte. In eines der schlichten, gesichtslosen und fast fensterlosen Häuser, wie sie die Straßen säumten. Ein Provisorium versprach Omar, nicht gekauft, sondern nur für den Anfang gemietet. Aber trotzdem: Wie sollte sie hier leben? Die drei Räume bestanden aus nichts anderem als nackten Lehmwänden und Böden, darin ein paar Schränke, Stühle und ein Tisch. Letzterer sollte wohl ein Zugeständnis an ihre europäischen Gewohnheiten darstellen, denn in Afghanistan pflegte man auf dem Boden zu sitzen. In einem anderen Raum standen harte, unbequeme Betten. Ferner gab es ein Kämmerchen, das als Badezimmer bezeichnet wurde, weil sich dort ein Abfluss befand, über dem man sich mit Wasser übergoss, das eine Zugehfrau vom nahen Brunnen mehrmals täglich herbeischleppte. Die Toilette war nichts anderes als eine stinkende Latrine, die Myriaden von Fliegen umschwärmten, und die Küche ein dunkles Loch mit einem winzigen, niedrigen Herd und offenem Feuer, auf dem man bestenfalls im Hocken kochen konnte. Rundherum eine einzige Katastrophe.

Welch eine Närrin war sie doch gewesen, den Orient mit unvorstellbarem Luxus gleichzusetzen. Da half es auch nichts, dass Omar ihr beteuerte, die Besitzerin dieser elenden Behausung sei königlichen Geblüts, nämlich die Schwester des eleganten, inzwischen davongejagten Amanullah. Etwas versöhnlich vermochten sie nur der Innenhof mit einem Schatten spendenden Vordach sowie der Garten hinter dem Haus zu stimmen. Hier würde sie Gemüse ziehen, dachte sie, und natürlich jede Menge Blumen. Doch was wuchs überhaupt in Afghanistan? Welche Pflanzen konnten den Sandstürmen standhalten, die alle paar Wochen über Kabul fegten, und der bitteren Kälte im Winter?

Omar hatte sich binnen kürzester Zeit dramatisch verändert, fand sie. Wenig schien ihr geblieben von dem galanten, geistreichen Plauderer von einst. Er konzentrierte sich darauf, seiner Frau Verhaltensmaßregeln für das Leben in Kabul beizubringen, und dazu gehörte in erster Linie: nicht zu aufdringlich, nicht zu laut und nicht zu ausgelassen. Sie solle weniger sprechen, mahnte er, vor allem in der Öffentlichkeit und schon gar nicht, wenn fremde Männer zugegen seien. Sie müsse lernen, mit dem Schleier umzugehen. Elisabeth kam aus ihrer Verwunderung nicht heraus – über diese fremde Lebensart und über den Mann, der ihr ebenfalls oft sehr fremd vorkam. Und vor allem darüber, dass dies alles wirklich für sie jetzt gelten sollte.

Ein großes Problem stellte für sie das Essen dar. Obwohl die Lebensverhältnisse nach ihren Maßstäben mehr als bescheiden waren, gab es eine Zugehfrau, die sich um die Küche kümmerte und mit der sie ihre liebe Not hatte. Nicht nur weil sie mürrisch und schmutzig war, sondern auch weil ihr das Essen nicht schmeckte. Nichts von dem, was diese Frau auftischte. Eigentlich gab es immer nur Reis – Reis mit Fleisch, Reis mit Bohnen, Reis mit Tomaten, Reis mit Kartoffeln, Reis mit allem Möglichen. Reis, der doch immer wieder gleich schmeckte und zu allem Überfluss mit den Fingern gegessen werden sollte. Die Früchte, die sie vorgesetzt bekam und die in Europa unbekannt waren, fand sie ungenießbar: Granatäpfel, die aus lauter Kernen zu bestehen schienen, Feigen, deren pelzige Haut klebte. Pistazien und Pinienkerne, die sie auf den ersten Blick für Vogelfutter hielt.

Elisabeth lebte auf, wenn Einladungen von westlichen Freunden kamen wie etwa von »Tante Thea«, einer Deutschen mit knallroten Haaren, die schon viele Jahre in Kabul lebte und mit einem afghanischen Professor verheiratet war. Das waren Lichtblicke in ihrem ansonsten eher ereignisarmen Leben. Eine besondere kulinarische Überraschung erlebte sie allerdings bei einheimischen Freunden Omars, als sie Wiener Schnitzel und Palatschinken vorgesetzt bekam. Lächelnd wurde sie über die Hintergründe aufgeklärt. Während des Ersten Weltkriegs war einigen Österreichern, im Zivilberuf Köche, die Flucht aus russischer Kriegsgefangenschaft nach Kabul gelungen. Dort hatten sie sich die lange Wartezeit bis zu ihrer Heimkehr damit vertrieben, ihre Rezepte an afghanische Kollegen weiterzugeben, die bei europäischen Diplomaten und Geschäftsleuten arbeiteten. Sie konnten nicht ahnen, wie dankbar ihnen noch mehr als ein Jahrzehnt später eine junge Frau aus Worms sein sollte.

Elisabeth beschloss, nachdem sie den ersten Schock überwunden hatte, auch in ihrem Haushalt einiges zu ändern, selbst wenn noch der ganze Hausrat fehlte. Vor allem wollte sie ihre arbeitsscheue Haushälterin loswerden samt Kind und Mann, einem stets finster dreinblickenden Soldaten. Weil sie künftig selbst kochen wolle, erklärte sie Omar, sei eine Frau für die Küche überflüssig. Also wurde nur noch ein junger Mann für Haus und Hof eingestellt, der nach Ansicht meiner Großmutter wie ein Mongole oder Chinese aussah, aber zum Volk der Hazara gehörte, nach Paschtunen und Tadschiken die drittgrößte Bevölkerungsgruppe Afghanistans. Omar erklärte ihr, der Name leite sich vom persischen Begriff *hazar* für die Zahl tausend her, weil die Hazara vor vielen hundert Jahren unter Dschingis Kahn als Tausendschaft der mongolischen Armee ins Land gekommen seien, aber seitens der anderen Bevölkerungsgruppen unterdrückt würden.

Künftig übernahm Elisabeth also das Einkaufen selbst und ging in Omars Begleitung zum Basar, den sie täglich mehr liebte, denn so vieles gab es hier zu bestaunen. Sie genoss die kleinen gegrillten Fleischspieße, die köstlich dufteten, auch wenn Fliegenschwärme sie umsummten. Sie mochte die knusprigen Fladenbrote, die überall in einfachen Lehmöfen gebacken wurden, meist direkt auf der Glut. Sie entdeckte unbekannte Obstsorten, die ihr sogar schmeckten, und zahlreiche Gemüsesorten, die sie nie zuvor gesehen hatte. Und natürlich unzählige unbekannte Gewürze.

Das alles sei nichts gegen die Pracht des *Tschar-Tschatta*, des »Vier-Dächer-Basars«, wie der alte Markt von Kabul geheißen habe, erzählte Omar ihr. Bereits in der Antike gegründet, lag er am Schnittpunkt verschiedener Karawanenstraßen und entwickelte sich im 18. Jahrhundert zum wichtigsten Warenumschlagplatz Zentralasiens, bis er 1842 am Ende des ersten Anglo-Afghanischen Krieges ebenso wie die über zweitausend Jahre alte Kabuler Altstadt vollständig zerstört wurde. Es war eine Strafexpedition der Briten, die ihr militärisches Ziel einer Kontrolle Afghanistans nicht erreicht hatten. Erst wurden Brände gelegt und Ladenbesitzer wie Einwohner niedergestochen, dann Sprengsätze gezündet. Nichts sollte mehr an die prächtigen Gewölbe, Wasserbecken und Wandmalereien erinnern. Doch die Aktion verkehrte sich am Ende ins Gegenteil, denn die Einheiten der Kolonialarmee wurden auf dem Rückmarsch völlig aufgerieben. »Mit dreizehntausend der Zug begann, einer kam heim aus Afghanistan«, dichtete der Preuße Theodor Fontane. Omar wusste schaurige Geschichten zu erzählen, und gebannt hörte Elisabeth zu, dabei fasziniert das bunte ethnische Gemisch auf dem neuen, zwar nicht prachtvollen, aber lebhaften Markt beobachtend. Tadschiken, Paschtunen, Usbeken, Hazaras, Turkmenen, Sikhs und Hindus schienen hier friedlich zusammenzuleben – und Männer gingen Hand in Hand. Meiner Großmutter fielen fast die Augen aus dem Kopf, bis Omar ihr erklärte, das sei nicht das, was sie denke, sondern einfach üblich in Afghanistan.

Ihre ausgedehnten Basarbesuche fanden für einige Wochen ein Ende, als Elisabeth an Malaria erkrankte, die fast keinen Europäer verschonte. Schweißüberströmt und dennoch von Kälteschauern geplagt, lag sie auf ihrem nass geschwitzten Lager bei spätsommerlichen Temperaturen von fast fünfunddreißig Grad, zähneklappernd und im Halbschlaf halluzinierend. An Medikamenten standen nur ein paar Hausmittelchen und Chinin zur Verfügung, dessen Wirkung erst nach quälend langer Zeit zu greifen begann.

Als sich endlich Besserung einstellte, brannte sie darauf, ihr stickiges Zimmer zu verlassen, denn in ihrem Haus fühlte sie sich ohne Gesellschaft sehr allein. Omar, der inzwischen für eine Bank arbeitete, war den ganzen Tag über weg, und eine Unterhaltung mit dem jungen Hausangestellten war kaum möglich, weil sie nur ein paar Worte Dari verstand, neben Paschtu die Landessprache Afghanistans, die sich aus der persischen Hochsprache entwickelte und mit dem iranischen Persisch weitgehend identisch ist. Dari leitet sich ab vom *Farsi Darbari*, was so viel heißt wie »Sprache des königlichen Hofes«. Es handelt sich hier um das klassische Persisch, im Mittelalter die Gelehrtensprache der östlich islamischen Welt.

Blieb also nur als Abwechslung der Basar, wenngleich sie umsichtig wirtschaften musste, denn Omars Ersparnisse waren für ihre Übersiedlung und den luxuriösen Aufenthalt in Bombay draufgegangen. Ein Ärgernis stellte nach wie vor diese dunkelblaue Vermummung dar. Ständig stolperte sie über den Stoff, wenn sie Stufen oder Bodenunebenheiten bewältigen musste. Und als sie einmal der Länge nach hinschlug, weil das schwarze Gitter ihr die Sicht auf ein herannahendes Pferdefuhrwerk versperrte und sie erst im letzten Moment dem Gespann ausweichen konnte, kam es gar zu einer unerfreulichen Szene. Der zufällig vorbeikommende Ordnungshüter hielt das Unfallopfer nämlich angesichts der großen, festen Sportschuhe, die unter dem Schleier hervorlugten, für einen Mann. Noch überraschter war er, als sich meine Großmutter zu ihrer vollen Länge aufrappelte, denn mit ihrem Gardemaß überragte sie die meisten Afghanen. »Du bist ein Mann«, schrie sie der Polizist an, »runter mit der Tschaderi! Du führst Böses im Schilde!«

Rasch bildete sich ein Kreis von Neugierigen um die beiden. In meiner Großmutter stieg Panik auf, doch zu ihrem Glück kam gerade Omar und konnte den aufgebrachten Polizisten mühsam besänftigen, indem er ihm erklärte, dass die Gestalt unter dem Schleier seine große deutsche Frau sei. Natürlich war keine Rede mehr davon, dass sie den Schleier lüften musste, doch Elisabeth betrachtete den Vorfall als neuerlichen Grund zur Auflehnung, dem ihr Mann jedoch keinerlei Verständnis entgegenbrachte. »Alle Frauen tragen die Tschaderi«, sagte er nur, »auch alle Ausländerinnen. Warum willst ausgerechnet du das nicht tun?«

Eine Weile kämpfte sie noch mit den Tücken des ungeliebten Gewands, bis sie sich eigenmächtig zumindest eine geringfügige Erleichterung genehmigte. Sie nahm eine Schere zur Hand und schnitt das Gitterfenster aus ihrer Tschaderi. Es war nur ein kleiner Schritt, aber von großer Wirkung. Endlich konnte sie etwas sehen, konnte erkennen, wer von links kam und von rechts, musste nicht mehr nach Luft schnappen und sah sogar den Himmel über sich und den Staub und die Steine zu ihren Füßen. Doch bereits beim ersten Ausgang trat eine verschleierte Gestalt wild gestikulierend auf sie zu, und an der Stimme erkannte sie eine ihr bekannte Engländerin. »Mrs. Omar«, flüsterte die

Frau verschwörerisch, »Sie können so nicht auf der Straße herumlaufen! Das ist viel zu gefährlich! Man wird über Sie herfallen oder Sie gar verhaften! Gehen Sie schnell nach Hause!«

Elisabeth war konsterniert. Zwar befolgte sie den dringenden Rat der anderen, die schließlich schon lange im Land lebte und eigentlich wissen sollte, wovon sie sprach, doch noch bevor sie daheim ankam, bereute sie ihren Rückzieher und schwor sich, nie wieder die Tschaderi überziehen zu wollen. Nie wieder. »Was habe ich denn verbrochen«, dachte sie, »dass ich mich vor den anderen Menschen bis zur Unkenntlichkeit verhüllen soll!«

Als Omar abends von der Arbeit nach Hause kam, musste sie ihm nichts mehr erzählen. Solch unerhörte Ereignisse verbreiteten sich in Kabul wie ein Lauffeuer. »Was hast du getan?«, schrie er seiner Frau entgegen, doch es war bloß eine rhetorische Frage. »Du machst mich schlecht, befleckst meinen Namen!!« Aber Elisabeth war gewappnet, eingestellt auf ein langes Wortgefecht, auf einen ausufernden Streit, eine dauerhafte Verstimmung. Was auch immer geschehen mochte – sie würde unter keinen Umständen klein beigeben. Lieber wollte sie reumütig nach Deutschland zurückkehren, als ihr weiteres Leben hinter schwarzem Stoff zu verbringen. Omar schien diese Entschlossenheit zu spüren – spürte wohl, dass er sie verlor, wenn er nicht einlenkte. »Zieh das Ding aus und zieh es niemals mehr an«, sagte er resignierend, »aber bedeck deinen Kopf mit einem Hut oder einem Tuch und trag Kleider mit langen Ärmeln und darunter eine Hose oder dicke Strümpfe.«

Verblüfft schaute Elisabeth ihn an: Das sollte alles gewesen sein? So einfach war das, ihn umzustimmen? Und wenn schon: Hauptsache, sie hatte sich durchgesetzt. Sie atmete erleichtert auf, räumte die Tschaderi fort und zog sie nie wieder an. Mit einer Ausnahme allerdings, von der noch zu berichten sein wird. Was allerdings dazu führte, dass ihr die Männer häufig nachstarrten – ob wegen ihrer ungewöhnlichen Kleidung oder ihrer ungewöhnlichen Größe, das vermochte sie nicht zu sagen. Aber das war ihr auch herzlich gleichgültig.

Ein Geschenk des Himmels

Der Herbst ging ins Land, der Winter brach herein, Wind kam auf, und die Jungen der Stadt ließen ihre bunten Drachen steigen. Schnee fiel. Es wurde entsetzlich kalt. Elisabeth wusste nicht, was schlimmer zu ertragen war: die erstickende Hitze des Sommers oder diese klirrende Kälte, die durch alle Ritzen drang. Sie fror entsetzlich, denn in ihrem Haus gab es nur einen beheizten Raum, nämlich die Küche. Seit mehr als vier Monaten lebte sie nun schon in Kabul. Schwere Zeiten lagen hinter ihr, die sie immer wieder auf die Probe stellten und auch den Rest ihrer Träume zerplatzen ließen.

Doch sie war eine willensstarke Person und entschlossen, das Beste aus der Situation zu machen - glücklich indes war sie wohl nicht. Bis es ihr eines Tages schlagartig bewusst wurde, was es mit ihrer Appetitlosigkeit, ihrem häufigen Unwohlsein in den letzten Wochen auf sich hatte. Das lag keineswegs allein an der ungewohnten Kost, die ihr nicht sonderlich schmeckte. Freudestrahlend lief sie Omar am Abend bei seiner Heimkehr entgegen, um ihm die überwältigende Neuigkeit mitzuteilen: Sie war schwanger. Hoffnung keimte auf, dass sie und ihr Mann durch ein Kind zurückfinden könnten zu der einstigen Verbundenheit und Zuneigung. Schließlich hatten sie so lange allen Widerständen zum Trotz daran festhalten und mussten jetzt mit ansehen, wie ihre Liebe durch die wachsenden Gegensätze sowie durch die Unzulänglichkeiten des Alltags mehr und mehr aufgerieben wurde. Auch Omar dürfte sich das Leben mit einer deutschen Ehefrau in seiner Heimat einfacher vorgestellt haben.

Jetzt aber war er erst einmal außer sich vor Freude, redete von nichts anderem als dem Sohn, den er bald haben würde, und überlegte sich sofort einen Namen nach dem anderen. Elisabeth konnte nur über die Sicherheit staunen, mit der ihr Mann einen männlichen Nachfahren erwartete und betete im Stillen, dass seine Hoffnungen auf einen Stammhalter nicht enttäuscht wurden. Söhne zu bekommen, das erfüllt die meisten Afghanen nicht nur mit Stolz, sondern bedeutet gleichzeitig eine Sicherheitsgarantie für das Alter: Töchter ziehen stets zu ihrem Mann, Söhne bleiben im Haus und kümmern sich später um ihre betagten Eltern. So setzte Omar unverzüglich seine enge und auch die weitläufige Familie von der Schwangerschaft in Kenntnis. Er überlegte sogar, nach Herat zu reisen, um die freudige Nachricht persönlich zu überbringen, doch schien das Unternehmen bei näherer Betrachtung zu riskant und strapaziös für Elisabeth, denn das ungeborene Kind durfte unter keinen Umständen gefährdet werden.

Ihr war es nur recht, verspürte sie doch ohnehin nur geringe Lust, seine Familie kennenzulernen, der sie als Ausländerin vielleicht nicht sonderlich willkommen war. Außerdem schreckte sie die Vorstellung, erneut hunderte von Kilometern mit Lastwagen über holprige Straßen zu fahren. Die Erinnerungen an die letzte »Reise« reichten ihr. Erstaunlicherweise ließ auch Omar schnell von dem Vorhaben ab und verzichtete sogar darauf, sich alleine auf den Weg nach Herat zu machen. Meine Großmutter vermutete später, es sei ihm irgendwie peinlich gewesen, seiner Familie gegenüberzutreten, ohne mit beruflichem Erfolg aufwarten zu können. Wahrscheinlich wusste er sehr genau, dass er die hohen Erwartungen seiner Familie nicht erfüllt hatte und wahrscheinlich nie würde erfüllen werden. Immerhin hatten die Eltern große Opfer für sein Studium aufgebracht und mussten jetzt erleben, wie er sich mit eher untergeordneten Positionen mühsam durchschlug.

Sie blieben also in Kabul, doch in die erwartungsvolle Freude der werdenden Mutter mischten sich zunehmend Ängste. Wie würde es sein, in diesem Land, wo die medizinische Versorgung keineswegs westlichen Maßstäben genügte, ein Kind zur Welt zu bringen? Es tat ihr auch nicht gut, wenn sie mit Informationen über die hohe Säuglingssterblichkeit konfrontiert wurde: Nahezu die Hälfte aller Neugeborenen verstarb damals in den ersten Lebenstagen. Omars Eltern verloren ebenfalls ihre ersten Söhne auf diese Weise. Keine schönen Gedanken für eine Schwangere. In eine Klinik zu gehen, kam jedoch nicht infrage, denn eine Geburt wurde nicht als Krankheit betrachtet. Allerdings war es seinerzeit auch in Europa noch weitgehend üblich, zu Hause zu entbinden.

Neue Sorgen kamen hinzu, als sie schweres Fieber bekam – diesmal durch einen von Sandfliegen übertragenen Erreger. Während die Einheimischen dagegen weitgehend immun zu sein schienen, erkrankten fast alle in Kabul lebenden Ausländer daran. Bei Elisabeth verlief die Erkrankung heftiger als normal. Neben den üblichen Beschwerden wie Gliederschmerzen und Übelkeit litt sie zusätzlich unter heftigem Durchfall, sodass ihr Schwangerschaftsbauch nicht dicker, sondern dünner wurde. Die werdenden Eltern machten sich ernsthafte Sorgen, und obwohl Omar alles tat, seiner Frau zu helfen und ihr Mut zu machen, wollte und wollte keine ernsthafte Besserung eintreten.

Vielleicht nicht zuletzt deshalb, weil meine Großmutter seelisch am Ende war.

Nach eigenem Bekunden besserte sich ihr Befinden nämlich plötzlich, als endlich die bereits verloren geglaubten Kisten aus Deutschland mit ihren persönlichen Dingen und der Aussteuer eintrafen. Sie hatten fast die gleiche Route genommen wie sie damals, waren laut Frachtpapieren über die Schweiz nach Italien gereist, dann mit einem Dampfer nach Karatschi geschippert und von dort mit der Bahn, später mit dem Lastauto bis Kabul getuckert. Wo sie monatelang herumgelegen hatten, das ließ sich später nicht nachvollziehen. Elisabeth jedenfalls war überglücklich und machte sich sogleich mit neuem Schwung ans Werk. Überglücklich packte sie ihre Wäsche aus, ihre Kleider, die Bilder und Bücher, den Hausrat – all die vertrauten Sachen, die ihr jetzt vorkamen wie eine Flaschenpost aus einer verlorenen Welt. Endlich konnte sie dieses schmucklose, karge Haus etwas gemütlicher gestalten, endlich würde sie nicht mehr nur von fremden, sondern auch von ihren eigenen Dingen umgeben sein. Es sollte ein richtiges Heim für ihr Kind werden.

Während Omar sich inzwischen auf den Namen Abdullah, »Diener Gottes«, für seinen erwarteten Sohn festgelegt hatte, dachte Elisabeth mehr und mehr über eine Tochter nach. Einen Namen gab es bereits, und zwar seit den Tagen, als sie noch sehnsüchtig in Worms auf Nachrichten ihres Geliebten aus dem fernen Afghanistan wartete und sich ein gemeinsames Leben ausmalte. Damals war ihr Mariam als sehr passend erschienen. Als Symbol eines Lebens zwischen den Kulturen und den Religionen, zwischen Orient und Okzident, zwischen Christentum und Islam. Mariam, Miriam, Maria – ein Name, der im Arabischen ebenso zu Hause war wie in der jüdischen Tradition, von wo aus er später auch ins christliche Abendland gelangte. Mariam ist überdies die einzige weibliche Heilige, die im Koran vorkommt, und wird verehrt als Mutter von Isa ibn Maryam, dem biblischen Jesus von Nazareth, den die Christen für den Sohn Gottes halten, die Muslime hingegen für den letzten großen Propheten vor Mohammed.

Am 12. April 1933 war es endlich so weit. Fast auf den Tag genau neun Monate nach der Hochzeit des Paares in Bombay setzten die Wehen ein, die sich über viele Stunden hinzogen. Ohne Schmerzmittel, lokale Betäubung oder Wehentropf – hier ließ man der Natur freien Lauf. Was die türkische Hebamme die ganze Zeit über tat, wusste Elisabeth später nicht mehr genau zu sagen. Ihr ist nur bildhaft in Erinnerung geblieben, dass sich die Frau durch stundenlanges Schmerzgebrüll nicht aus ihrem Gleichgewicht bringen ließ, mit gekreuzten Beinen neben ihr auf dem Bett saß und eine Zigarette nach der anderen rauchte. Sechsunddreißig Stunden ging das so, bis endlich die ersehnte Tochter da war – offensichtlich gesund, lebhaft strampelnd und lautstark schreiend. Selbst Omar war nicht allzu enttäuscht, als er statt des sicher erwarteten Abdullah eine kleine Mariam in den Arm gelegt bekam.

Mit der Geburt des Kindes waren die Sorgen jedoch keineswegs vorbei, denn die Kleine, ohnehin ein Leichtgewicht, wollte einfach nicht zunehmen. Als sie zwei Monate alt war, stand es nach Einschätzung der Hebamme, die sich nach wie vor um Mutter und Kind kümmerte, sogar ausgesprochen schlecht um sie. Die Kleine werde ihr nicht bleiben, sagte sie unverblümt meiner entsetzten Großmutter ins Gesicht, doch die mobilisierte nach dem ersten Schock einmal wieder alle Energien. Obwohl durch die schwere

Entbindung sehr mitgenommen, zudem erneut von heftigen Durchfällen geplagt und dadurch zum Skelett abgemagert, zwang sie ihren ausgelaugten Körper dazu, ihr Kind weiterhin intensiv zu stillen. Was sie ein Jahr lang durchhielt, bis Mariam, die allergisch auf Kuhmilch reagierte, feste Nahrung vertrug. Egal, was es für ihre Gesundheit bedeutete – Elisabeth hielt mit zähem Willen und unbedingter Hingabe ihre Tochter am Leben.

Aber die junge Familie war nicht mit Glück gesegnet. Omar verlor seine Anstellung, nachdem er bei erneuten politischen Unruhen im Land, die sich wieder einmal am Thema Reformen entzündeten, zwischen die Fronten geriet. Den Traditionalisten ging der Reformwille des Königs Nadir Schah zu weit, die prowestlichen Kräfte dagegen forderten noch mehr Mut. Darüber wurde in Kabul vor allem unter jungen Akademikern mit Auslandserfahrung heftig diskutiert, doch die Gruppe geriet wegen angeblich staatsfeindlicher Umtriebe ins Visier der Polizei. Weiter geschah vorerst allerdings nichts.

Aber es war schlimm genug, denn er konnte nicht einmal mehr die Miete für das kleine, schäbige Haus zahlen. So blieb ihnen nichts anderes übrig, als das Angebot eines Freundes anzunehmen, der ihnen in seinem Haus Unterschlupf gewährte. Die junge Familie zog in das Haus eines Freundes in den Kabuler Stadtteil *Deh Mazang*, von dem aus man einen wunderbaren Ausblick auf die ganze Stadt hatte. Doch sie waren nur Gäste, und insbesondere Elisabeth vermisste ihre eigene Umgebung mit den Dingen, die sie an zu Hause erinnerten. Wochen vergingen, ohne dass sich die Aussichten auf eine Änderung ihrer Situation verbesserten. Da Omar zudem nur wenig Geld mit seinen Gelegenheitsjobs verdiente, blieben sie auf die Unterstützung des Freundes angewiesen, der sie nicht nur beherbergte, sondern auch verköstigte. Eine zunehmend unerträgliche Lage für das junge Ehepaar, das dem freundlichen Gastgeber nicht dauerhaft auf der Tasche liegen mochte.

Schließlich bot ihnen ein anderer Freund für den Übergang sein leer stehendes Landhaus im Schweizer Chaletstil an – außerhalb Kabuls nahe Bagh Babur gelegen, einer prächtigen Gartenanlage mit hohen Bäumen, Terrassen und einem Bach, benannt nach dem Begründer des indischen Mogulreichs, das zwischen dem 16. und 19. Jahrhundert bestand. Elisabeth mochte zwar diesen Ort, der wesentlich grüner war als Kabul und wo sich Baburs Grabstätte befindet, doch gab es auch Nachteile. Für alle größeren Einkäufe musste man in die Hauptstadt, was zeitaufwändig und teuer war. Über eine Stunde lang wurde man für viel Geld in einer der typischen, einachsigen Pferdekutschen auf holprigen Schotterstraßen durchgerüttelt. Billiger waren die üblichen Lastwagen, doch die kamen wegen ihrer notorischen Überfüllung für eine Mutter mit Säugling nicht infrage.

Omar nutzte die Ausflüge nach Kabul vor allem, um Freunde zu treffen. Unter den ehemaligen Studienkollegen hatte sich trotz aller Repressalien so etwas wie ein Netzwerk gebildet, in dessen Rahmen man einander zu helfen versuchte, so gut man konnte. Omar besuchte mehrere Male in Elisabeths Begleitung Azim, einen Fantasten, Trinker, Drogensüchtigen und leidenschaftlichen Anhänger des gestürzten, im Asyl lebenden Königs Amanullah, der mit einer Schwedin verheiratet war. Diese Ehe ging jedoch in die Brüche, die Frau verließ das Land und veröffentlichte im *Berliner Tageblatt* einen Aufsatz über Ungereimtheiten und Ungerechtigkeiten im damaligen Afghanistan. Dieser Artikel gelangte nach Kabul, wo er unter den »deutschen Afghanen« wie Omar allerlei Aufregung verursachte: Die ehemaligen Studenten waren entsetzt, weil die Freundin von einst kritische Gedanken und Gespräche des Diskussionszirkels veröffentlicht und die Gruppe auf diese Weise in unmittelbare Gefahr gebracht hatte. Zumindest gerieten die Mitglieder beim König in Misskredit und wurden von hohen Verwaltungsposten ausgeschlossen.

Unter Arrest

»Mohammed Omar! Mohammed Omar! Kommen Sie mit!« Die barsche Stimme zerriss die Stille der Nacht zu einer Zeit, da sich normalerweise nichts regte in dem abgelegenen Gartenstädtchen. Mit Ausnahme von Katzen vielleicht, die einander Kämpfe lieferten, oder von Schakalen, die draußen auf den steinigen Hängen den Mond anheulten. »Mohammed Omar! Los jetzt!« Elisabeth schreckte aus ihrem leichten Schlaf hoch - seit sie das Kind hatte, wachte sie bereits bei dem kleinsten Geräusch auf. Was sollte das, dachte sie. Vor allem um diese Zeit und mit so barscher Stimme. Eilig stand sie auf, um nachzuschauen. Auch Omar erhob sich voller Sorge, denn zunehmend fühlte er sich nicht mehr sicher, fürchtete um seine Familie. Seit Mohammed Aziz, der ältere Bruder des Königs und Gesandte in Berlin im Juni 1933 von einem afghanischen Studenten erschossen worden war, verschärften sich die politischen Spannungen noch mehr.

Meine Großmutter sollte diese Nacht nie vergessen. Es war in den ersten Stunden des 17. September 1933, als uniformierte Männer vor ihrem Haus standen, die ihren Ehemann, mit dem sie kaum mehr als ein Jahr verheiratet war, und den Vater ihrer erst fünf Monate alten Tochter abführen wollten. Widerstand, Flucht waren ihre ersten Gedanken, doch das schien sinnlos. Hinter dem Haus warteten schon weitere Uniformierte, ihre Waffen im Anschlag. Omar blieb nichts anderes übrig, als sich anzuziehen und sich in das Unvermeidliche zu fügen. »Ich komme mit«, sagte Elisabeth laut und bestimmt, zuerst auf Englisch, dann auch, so gut sie es vermochte, auf Dari. »Ich gehe mit meinem Mann«, wiederholte sie und raffte eilig ein paar Dinge zusammen, nahm Mariam auf den Arm. Dann saß sie mit Omar und einigen Polizisten in einem fensterlosen, stockdunklen Lastwagen, der mit hoher Geschwindigkeit in Richtung Kabul ratterte.

Im Hof der Kommandantur angekommen, dämmerte ihr langsam, dass sie dieses Mal nichts ausrichten, nichts erzwingen konnte. All ihr Weinen und Flehen, all ihre Beteuerungen und Vorhaltungen blieben vergebens: Omar würde nicht als freier Mann mit ihr nach Hause gehen. Man empfahl ihr noch, ihrem Mann Bettzeug und Decken zu schicken, bevor sich die Tore der Kommandantur hinter ihm schlossen und meine Großmutter tränenüberströmt, den schlafenden Säugling fest an sich gedrückt, mutterseelenallein mitten im nächtlichen Kabul stand. Irgendwie gelang es ihr, ein Gefährt für den Rückweg aufzutreiben, und irgendwie schaffte sie es, am nächsten Tag mit der Hilfe von Freunden erneut in die Hauptstadt zu fahren, um Omar neben Decken und Laken auch etwas Essbares zu bringen. All das nahm ihr einer der Beamten zwar ab, schlug ihr danach jedoch umgehend die Tür vor der Nase zu, so lautstark Elisabeth dagegen protestierte.

Aus Tagen wurden Wochen, ohne dass sie Näheres erfuhr. Sicher schien lediglich, dass Omar nicht so bald freikommen würde. Es half alles nichts: Sie musste eine neue Bleibe finden, näher bei ihrem Mann. Sie tat sich mit Frau Singh zusammen, einer Ungarin, die vor dem gleichen Problem stand wie sie, denn ihr indischer Mann war etwa gleichzeitig mit Omar inhaftiert worden. Das Ehepaar, das schon hier und dort gelebt hatte, war vor geraumer Zeit in Kabul hängengeblieben, weil sich die beiden gute Geschäfte in der Stadt versprachen. Sie eröffneten ein kleines Café, in dem sich regelmäßig die »deutschen Afghanen« trafen – junge Männer, die wie Omar in Deutschland studiert oder gearbeitet hatten und sich gerne allzu offen und allzu kritisch über die Verhältnisse im Land äußerten. Viele waren daraufhin in den letzten Wochen verhaftet worden. Besonders der Bruder des Königs, Hashim Khan, der seit 1929, seit der Krönung seines Bruders, auf dem Sessel des Premierministers saß, tat sich bei der Verfolgung tatsächlicher und auch mutmaßlicher Regimegegner immer wieder durch besondere Unerbittlichkeit hervor.

Solche Schicksalsschläge verbanden, und so beschlossen meine Großmutter und Frau Singh, samt Kindern zusammenzuziehen. Sie schienen Glück zu haben, als ihnen gute Bekannte ein leer stehendes Haus zur Verfügung stellten, denn kein Fremder war in der damaligen Situation bereit, zwei ausländische Frauen mit drei kleinen Kindern, deren Väter als Staatsfeinde im Gefängnis saßen, aufzunehmen. Nach einigen Tagen jedoch war es vorbei mit dem Glück. Nachdem ihr Gastgeber ungebetenen Besuch bekommen hatte, wusste er, was er tun musste, um nicht selbst in Schwierigkeiten zu geraten. Er setzte die Frauen kurzerhand vor die Tür – einen Kündigungsschutz gab es für sie nicht. Es blieb kein Einzelfall, und so befanden sich die beiden fortwährend auf Wohnungssuche. Wohlmeinende afghanische Freunde und Bekannte rieten ihnen dringend, das Land zu verlassen, doch sowohl Elisabeth als auch ihre neue Freundin wehrten sich vehement gegen eine Ausreise. Keine der beiden wollte ihren Mann alleine zurücklassen. In ihrer Verzweiflung wandte sie sich sogar brieflich an

Omars Familie in Herat, ohne dass von dort eine Antwort gekommen wäre. Der Vater war vor kurzem verstorben, die Mutter schien überfordert. Oder hatte sie vielleicht ebenfalls Angst, fragte sich Elisabeth.

Sie beschloss, sich an den König direkt zu wenden und ihm eine Bittschrift zu überreichen. Nachdem sie von den nachmittäglichen Spazierfahrten des Herrschers erfahren hatte, wartete sie stundenlang vor dem prächtigen Palast, bis dessen gewaltige Tore sich öffneten und die Wagenkolonne des Königs in Sicht kam. Mit der kleinen Mariam auf dem Arm stürzte meine Großmutter dem ersten Auto entgegen, einem riesigen grauen Cabriolet, das von vier Motorrädern mit weißbehelmten Fahrern flankiert wurde. Vergeblich versuchten Palastwachen sie zurückzuhalten, aber Elisabeth war schneller und hatte den Wagen fast erreicht, als Nadir Schah mit einem Winken zu verstehen gab, dass die Kolonne anhalten solle.

Elisabeth war dermaßen aufgeregt, dass sie sofort in Tränen ausbrach und der König sie beruhigen musste. Weil Nadir Schah sie so freundlich behandelte, fasste sie sich ein Herz, trat an den offenen Wagen heran und setzte dem verdutzten Monarchen kurzerhand ihre Tochter Mariam auf den Schoß und erklärte ihm ihre Geschichte: »Mein Mann ist unschuldig, Sie können ihn nicht einfach einsperren«, sagte sie in ihrem deutsch klingenden Schulenglisch, so laut es ging, »in meinem Land gibt es Behörden, wo man sich darüber beschweren kann. Aber hier sind Sie dafür zuständig!«

Der König hörte sich all das an, reichte ihr daraufhin lächelnd ihre Tochter aus seinem Auto zurück und empfahl ihr wohlwollend, sie solle jetzt nach Hause gehen, ihr Mann werde in wenigen Tagen freikommen. Elisabeth sagte ihm daraufhin, dass sie nicht einmal ein Dach über dem Kopf habe und nichts zu essen, worauf ihr der König versicherte, dafür Sorge zu tragen. Meine Großmutter war überglücklich, bedankte sich mehrere Male und ging zum ersten Mal seit Wochen freudestrahlend und voller Hoffnung nach Hause, wo sie auch Frau Singh mit ihrer guten Laune ansteckte. Beide glaubten in diesem Moment, dass endlich alles wieder gut werde.

Als am nächsten Morgen Soldaten an die Tür klopften, dachten die beiden schon, es sei so weit mit dem versprochenen Wiedersehen, doch es sollte anders kommen. Die beiden Frauen wurden mit ihren Kindern nach *Chendawol*, einem ziemlich übervölkerten Stadtviertel im Westen Kabuls zu einem Haus gebracht, in dem noch zwei Russinnen lebten, deren Männer ebenfalls im Untersuchungsgefängnis saßen. Elisabeth in ihrer Euphorie glaubte schon, man habe ihr in Anbetracht ihrer Wohnungsmisere, über die sie sich beim König beklagt hatte, eine staatliche Bleibe zugewiesen, doch stellte sich bald heraus, dass es sich dramatisch anders verhielt. Meine Großmutter und ihre Freundin standen, wie alle in dieser Unterkunft, unter Hausarrest, durften das Anwesen nicht verlassen. Ohne Angabe von Gründen und ohne zu wissen, für wie lange.

Konnte es überhaupt noch schlechter kommen, fragten die beiden sich? Doch, es konnte, denn nur wenige Tage später, am 8. November 1933, starb der erst fünfzigjährige König, der seine Gegner zwar ins Gefängnis werfen ließ, gleichzeitig aber Elisabeth so freundlich angehört hatte, eines gewaltsamen Todes – ermordet in der deutschen Nedjat-Schule in Kabul während einer Feier durch einen Schüler, der die vermeintlich ungerechte Behandlung seines Stammes rächen wollte. Als er durch die Reihen der

Absolventen ging, feierlich jedem sein Diplom mit »Das ist für dich!« überreichte, antwortete sein Mörder »Und das ist für dich!« und erschoss Nadir Shah. Elisabeth sollte nie mit Gewissheit in Erfahrung bringen, ob der König ihr und Omar wirklich geholfen hätte. Allerdings erfuhr sie später von einer Regierungsstelle, Nadir Schah habe sich Omars Fall tatsächlich persönlich annehmen wollen. Warum dann aber der Hausarrest, fragte sich Elisabeth. Oder handelten vielleicht in der damaligen Situation viel zu viele auf eigene Faust und ohne Absprache?

Auf verschlungenen Wegen hörten die Frauen, dass ihre Männer seit dem Attentat im berüchtigten *Deh-Mazang*-Gefängnis unter verschärften Haftbedingungen stünden. Von nun an lebten sie in Einzelzellen, mussten Tag und Nacht Fußketten tragen und wurden immer wieder stundenweise in Eisen gelegt. Welch andere Arten von Folter es außerdem geben mochte, das wagten sie sich gar nicht auszudenken. Ansonsten blieb ihnen nichts anderes übrig, als sich zu arrangieren und ihren Alltag unter Hausarrest zu organisieren. Sie erhielten ein kleines Taschengeld, von dem sie sich Lebensmittel bringen ließen, die wiederum zu einem Teil ins Gefängnis geschickt wurden, denn die Häftlinge wären ohne Unterstützung der Angehörigen dem Hungertod näher gewesen als ihrer Entlassung.

Als einmal sämtliches Geld aufgebraucht war, fiel Elisabeth ein Konto ein, das Omar als Reserve für schlechte Zeiten eingerichtet hatte. Diese schienen ihr gekommen zu sein, doch wie sollte sie an das Geld kommen? Sie beschloss, den Hausarrest zu unterlaufen, kramte ihre Tschaderi, die sie eigentlich nie mehr hatte anziehen wollen, hervor, streifte sie über und beobachtete durchs Fenster die Wachen, die vor dem Haus patrouillierten. Sobald sie die

Luft für rein hielt, schlüpfte sie durch die nur einen Spalt geöffnete Tür auf die belebte Straße. Sie kam nur ein paar Schritte weit, da hörte sie hinter sich schon gellende Rufe: »Die große Frau ist draußen! Haltet die große Frau fest!« Es war der Kohlenhändler von nebenan, der da schrie, und Elisabeth sollte nie erfahren, ob er als Hilfspolizist Geld für seine Dienste erhielt oder aus eigenem Antrieb handelte. Sie kehrte rasch um, bevor ein Handgemenge entstand, und das Geld blieb auf der Bank.

Die Haft schweißte die vier Frauen immer stärker zusammen. Sie kümmerten sich gemeinsam um die Kinder, zauberten abwechselnd mit den wenigen Zutaten, die ihnen zur Verfügung standen, ansehnliche Mahlzeiten auf den Tisch und hielten mit vereinten Kräften das Haus in Schuss. Elisabeth lernte von den beiden Russinnen, die die Landessprache beherrschten, endlich auch einigermaßen Dari, konnte allerdings mit Mariams Fortschritten nicht mithalten. Sie selbst unterrichtete die beiden indischen Mädchen, die einige Jahre älter waren als ihre Tochter und keine Schule besuchen durften, im Lesen, Schreiben und Rechnen.

So verging die Zeit, ohne dass sich die Situation grundlegend änderte. Die Männer saßen weiterhin ohne Prozess und Verurteilung im Gefängnis, die Frauen blieben im Haus weggesperrt. Im Krankheitsfall wurde ein Militärarzt geschickt. Nur wenn ein Zahnarztbesuch nötig wurde, hatten sie »Ausgang«, und folglich häuften sich die Zahnschmerzen in der kleinen Zwangsgemeinschaft auf unerklärliche Weise. Und zwar in einem solchen Maße, dass Mariam, die bei den damit verbundenen Basarbesuchen ihre Sprachkenntnisse erweiterte, innerhalb recht kurzer Zeit für ihre weniger sprachbegabte Mutter schon ganz gut dolmetschen konnte.

Außerdem wurde es irgendwann den Kindern erlaubt, ihre inhaftierten Väter zu besuchen. Jeden Freitag, dem muslimischen Feiertag, ging Mariam an der Hand des *Baba*, ihres Wärters, ins Gefängnis, um ihrem Vater fertig zubereitetes Essen, Tee, Zucker oder Früchte zu bringen – und einmal im Monat eine neue *tumban*, eine der weiten afghanischen Hosen. Die Ketten, die Omar tragen musste, führten nämlich dazu, dass die Stoffe innerhalb kürzester Zeit in Fetzen gerissen wurden. Nach ein paar Monaten fanden diese Besuche allerdings schon wieder ein jähes Ende. Ohne Angabe von Gründen. Die Wachen holten Mariam einfach nicht mehr ab, und so sehr Elisabeth auch protestierte, es blieb dabei. Sie erfuhr nicht einmal, warum. Mehr noch als zuvor bedrückte sie jetzt die Kontaktsperre, denn sie würde es vielleicht nie erfahren, wenn ihrem Mann in der Haft etwas zustieß.

Ihr selbst gelang es dagegen immer besser, sich mit dem Hausarrest zu arrangieren. Sie schaffte es, auf verschlungenen Wegen durch Bekannte Kontakte zur deutschen Botschaft in Kabul zu knüpfen, deren Mitarbeiter ihr im Rahmen ihrer bescheidenen Möglichkeiten halfen. Sie erhielt Socken zum Stopfen und Wäsche- und Kleidungsstücke zum Ausbessern. Diener brachten ihr die seidenen Abendkleider der Diplomatengattinnen vorbei, um sie tags darauf sorgfältig gebügelt wieder abholen zu lassen. Eigentlich hasste sie solche Arbeiten und hätte das zu Hause strikt abgelehnt, aber hier war es besser, als nichts zu tun. Trotzdem vergoss sie viele Tränen, weil sie sich dauernd in den Finger stach und die Stoffe sich nur schwer und unter tausendfachem Besprühen in Form bringen ließen. Irgendwann begann sie darüber nachzudenken, ob es nicht andere Möglichkeiten gab, sich das bitter notwendige Zubrot zu verdienen. Elisabeth besann sich auf die ihren Handarbeitsunterricht in Worms. War ihr nicht Stricken ganz flott von den Hand gegangen? Sie probierte es aus und hatte schon nach wenigen Tagen ihren ersten Pullover fertig. Ihre knallbunten Kreationen fanden Anklang in den Ausländerkreisen und machten bald die Runde.

Elisabeth strickte und strickte, bis ihr Arme und Rücken schmerzten, bis sie keine Zeit mehr für ihre Tochter hatte und keine Wolle mehr sehen konnte. Als sie erkannte, dass es so auf Dauer nicht weiterging, beschloss sie, das Geldverdienen professioneller anzupacken: Bei einem ihrer Zahnarztgänge kaufte sie im Basar meterweise russisches Leinen, das sie mithilfe der im Schneidern sehr geschickten indisch-ungarischen Freundin zu Decken, Kissenbezügen, Blusen und Kleidern verarbeiten wollte. Zwei afghanische Frauen, die sie bei diesem Ausflug gleich anheuerte, sollten die fertigen Teile dann im landestypischen Stil besticken. Wie zuvor ihre Pullover entwickelte sich auch diese Produktion zum Renner bei den in Kabul lebenden Europäerinnen, und bald überstieg die Nachfrage deutlich das Angebot, sodass sie neue Mitarbeiterinnen anheuern musste. Meine Großmutter klagte jetzt ständig über Zahnschmerzen, und zum Glück machten die Bewacher, obgleich sie ihr Spiel durchschauten, für ein paar Geldscheine mit, brachten sie zwar zum Zahnarzt, ließen sie dort aber unbeaufsichtigt ihrer Wege gehen – zum Basar, um neue Stoffe, Garne und Nadeln einzukaufen. Bald arbeiteten dreißig Frauen für diese merkwürdige kleine Firma, manche außerhalb, andere sogar in dem bewachten Haus. Auch das war nur möglich, weil die Wachmänner gegen regelmäßige kleine Gefälligkeiten hier ebenso wegschauten wie bei den Zahnarztbesuchen. Kurioserweise stand Elisabeths Manufaktur bei den Einheimischen in hohem Ansehen, weil sie zum einen überhaupt Verdienstmöglichkeiten für Frauen bereitstellte, die damals noch sehr dünn gesät waren, und zum anderen, weil sie gut bezahlte, besser als sonst in Kabul üblich.

Dieses kleine Wirtschaftswunder konnte allerdings nicht darüber hinwegtäuschen, dass die Lage ausgesprochen misslich aussah. Sie und Mariam waren letztlich ebenso Gefangene wie Omar, wurden auf Befehl eines Regimes willkürlich festgehalten. Seit der Ermordung Nadir Schahs hatte nämlich ein Despot im Land das Sagen, Hashim Khan, ein Onkel des noch sehr jungen neuen Königs. Elisabeth fürchtete schon, dass ihre Tochter in einem Gefängnis aufwachsen müsste – ohne Schule und ohne Kontakte zur Außenwelt. Und sie selbst? Wenn sie schon von ihrem Mann getrennt wurde, dann wollte sie zumindest heimkehren dürfen in den vertrauten Kreis ihrer Familie und ihrer Kultur. Solche Gedanken trieben sie schier in den Wahnsinn, ließen in ihr den Drang erwachen, zu schreien und mit ihrem Kind einfach davonzulaufen. Doch wo sollte sie hin? Wem konnte sie sich anvertrauen? Wer wäre in der Lage, ihr zu helfen? Nächtelang grübelte sie über solche Fragen nach, drehte Runden durch das dunkle Haus, im Innenhof oder auf dem flachen Dach, bevor sie erschöpft ins Bett sank, um nach kurzer Zeit erneut ihre rastlosen Wanderungen aufzunehmen. Wenn sie in den unendlichen Sternenhimmel schaute, fiel ihr wieder jene erste Nacht auf afghanischem Boden ein, als das glitzernde Firmament in seiner überwältigenden Schönheit sie mit tiefer Ehrfurcht erfüllt hatte. Jetzt konnte sie keinen Trost mehr daraus ziehen – Elisabeth empfand nur noch Angst.

Zu den psychischen Problemen kamen körperliche hinzu: Die Krampfadern an den Beinen, die ihr schon seit Jahren Schwierigkeiten bereiteten, brachen immer häufiger auf und verursachten heftige Schmerzen. Der herbeigerufene Militärarzt dokterte ziemlich hilflos herum, mal mit Salben, dann mit Tabletten, wusste aber letztlich keinen Rat, wie er dem Leiden beikommen sollte. In ihrer Not wandte meine Großmutter sich an ihren Vater in Worms. Es fiel ihr schwer, ihn mit ihren Problemen zu behelligen, denn schließlich hatte alle daheim sie gewarnt – und jetzt kam sie sich irgendwie wie eine Bittstellerin vor. Doch Hermann Wolff überhäufte sie weder mit Vorwürfen, noch kam er ihr mit rechthaberischen Vorhaltungen. Er schrieb einen anteilnehmend besorgten Brief zurück, schlug vor, Tickets für eine Schiffspassage an die deutsche Botschaft in Kabul zu schicken, damit sie und ihre Tochter nach Hause kommen könnten.

Elisabeth war hin und her gerissen: Natürlich war sie heilfroh über das Angebot, zumal ihr Botschaftsangehörige die Nachricht zukommen ließen, die afghanischen Behörden würden ihr keine Steine in den Weg legen. Im Gegenteil: Sie seien froh über jeden unliebsamen Ausländer, der das Land verlassen wolle. Der Hausarrest werde in diesem Fall sofort aufgehoben. Ein verlockender Gedanke. Doch andererseits fühlte sie sich verpflichtet, in der Nähe ihres gefangenen Mannes auszuharren und ihm weiterhin nach Kräften mit Lebensmittelzuwendungen zu helfen. Eine Weile schwankte Elisabeth, was sie tun sollte, sagte zwar im Prinzip zu, verschob jedoch die Abreise immer wieder. Bis ein neuerlicher Brief aus Worms den Ausschlag gab. Darin drängte sie der Vater, endlich heimzukommen, da sein gesundheitlicher Zustand sich rapide verschlechtert habe und er sie wiedersehen und seine Enkelin kennenlernen möchte.

Die Monate des Zauderns waren vorbei. Übermächtig überfiel meine Großmutter die Sehnsucht nach ihrer Heimat, nach Sicherheit und Geborgenheit. Fünf Jahre dieses Lebens unter Arrest reichten – mehr konnte sie nicht ertragen, länger sollte Mariam nicht so aufwachsen müssen. Zudem bestand nach wie vor keine erkennbare Chance auf eine Freilassung Omars. Vor ihrer Abreise durfte sie ihn das erste und letzte Mal besuchen. Was sie sah, überstieg ihre Vorstellungskraft. Vor ihr stand zwar ihr Mann, aber er war nurmehr ein Schatten seiner selbst. Nichts mehr war übrig von dem weltgewandten Charmeur, in den sie sich einst verliebt hatte. Sie sah einen Häftling mit kreidebleicher und von Narben übersäter Haut, vor Schmutz starrend, den die unmenschlichen Haftbedingungen sichtlich gebrochen hatten. Reglos und apathisch schaute er sie mit trüben Augen an, seine Stimme klang schleppend. Aber er hörte sich ihre Reisepläne an, nickte immer wieder und bestätigte sie darin, dass es das Beste sei, nicht zuletzt für Mariam. Traurig und tief bewegt verabschiedete sich Elisabeth von ihrem Mann, drückte ihm noch eine größere Geldsumme zur Aufbesserung seiner Verpflegung in die Hand, dann ging sie, betäubt und schockiert von dem soeben Geschenen. »Was haben diese grausamen Menschen hier nur aus meinem stolzen Omar gemacht«, musste sie immer wieder denken. Und brach in Tränen aus.

Vom Regen in die Traufe

Wie kleine, boshafte Springteufel schossen die Gedanken durch Elisabeths Kopf, als sie im Juli 1938 im Hafen von Bombay mit ihrer fünfjährigen Tochter über die Gangway an Bord des imposanten italienischen Dampfers *Conte Biancamano* schritt, der in wenigen Stunden Richtung Genua in See stechen sollte. »Freu dich doch endlich«, sagte sie sich immer wieder. Endlich in Sicherheit, endlich auf dem Weg in die schmerzlich vermisste Heimat, ihr wohl geratenes, kluges Kind neben sich. Auch lag der strapaziöse Teil der Reise in Lastwagen über Schotterpisten und das Gebirge sowie durch die tropische Hitze Indiens hinter ihnen, und sie würde bald ihre Familie wiedersehen, schöne Kleider tragen, ein richtiges Bad nehmen und ein Glas Wein trinken. Aber sie konnte sich trotz dieser Aussichten nicht uneingeschränkt freuen, brachte es einfach nicht fertig, denn tief in ihr bohrte ein noch nicht zu benennender Schmerz. Nicht nur die Trauer über ihren in Kabul zurückgebliebenen Ehemann, über ihr Scheitern, das sie gerade in dieser Stadt, wo sie vor sechs Jahren voll hochgestimmter Erwartungen angekommen war, besonders bedrückend empfand. Nein, da war mehr: Im Augenblick der Abreise empfand sie plötzlich einen leisen Schmerz, dass sie das Land verließ.

Die Erkenntnis verwirrte und bestürzte Elisabeth. Wie konnte das sein? Nach all den schrecklichen Erlebnissen, nach all den Entbehrungen, Enttäuschungen und Schwierigkeiten. Nach dem Unrecht, unter dem Omar dort noch immer litt. Und sie verspürte mit einem Mal so etwas wie Heimweh. Obwohl sie dieses unwirtliche, düstere Afghanistan bislang nie als Heimat betrachtet hatte? Sie tat ihre Empfindungen als albern und widersinnig ab. Das hatte nur mit Omar zu tun, mit dem Schmerz, den sie über ihre Trennung empfand, sagte sie sich und blickte hinüber zu den Kais, auf denen sich wie damals eine bunte Menschenmenge drängte. Alles schien unverändert – nur sie selbst nicht. Sie hatte ihre Träume, ihre Hoffnungen, ihre Liebe verloren. Und Omar zurückgelassen – und damit einen Teil von sich selbst. Das war es vermutlich. Aber es gab, mahnte sie sich entschlossen, jetzt Wichtigeres, als über trübe Erinnerungen nachzugrübeln. Die Zukunft allein zählte. »Dein erstes Leben fand in Worms statt, dein zweites in Kabul, und jetzt beginnt dein drittes Leben«, machte sie sich Mut.

Sie nahm Mariam, die aus dem Staunen nicht herauskam über die vielen neuen Eindrücke, bei der Hand und machte sich auf die Suche nach ihrer Kabine, irrte über unzählige Decks und scheinbar kilometerlange Flure, bis sie das winzige Kämmerchen fand, in dem sie während der nächsten Wochen einen großen Teil ihrer Zeit verbringen würden. Anders als bei der Herfahrt musste sie diesmal mit der dritten Klasse vorliebnehmen, denn für ein besseres Ticket hatten die Finanzen des Vaters nicht mehr gereicht. Außerdem schien die *Conte Biancamano* ihre besten Tage schon hinter sich zu haben, denn bei näherem Hinschauen sah alles etwas abgenutzt aus. Meine Großmutter war nur froh, dass sie zumindest nicht mit Mariam in den lichtlosen Schlafsälen der vierten Klasse in den unteren Decks hausen musste.

Wider alle Erwartungen wurde es eine angenehme Reise. Mutter und Tochter blühten nach den Jahren unter Arrest förmlich auf – besonders Mariam genoss es, fremde Menschen anzusprechen. Auf Deutsch oder auf Dari, wie es ihr gerade einfiel. Was meine Großmutter betraf, so stellte sie erstaunt fest, dass sie bewundernde Blicke auf sich zog. Mit ihren zweiunddreißig Jahren war sie eine äußerst attraktive junge Frau, die Aufmerksamkeit erregte: durch ihre ungewöhnliche Körpergröße und ihre eleganten Manieren, aber auch dadurch, dass sie mit ihrem Kind ohne männliche Begleitung reiste. Elisabeth genoss die Schmeicheleien, hatte sie doch in Afghanistan beinahe vergessen, wie es ist, hofiert zu werden. Erfreute sich daran wie an den ersten Strahlen der Frühlingssonne nach einem langen, kalten Winter. Aber mehr hatte sie nicht im Sinn – es war, als wäre ihr Herz in Kabul zurückgeblieben.

Während der langen Schiffsreise erfuhr Elisabeth auch Näheres über die Situation in Deutschland, das sich jetzt fest in der Hand der Nationalsozialisten befand. Es sei ein Würgegriff, hörte sie, auch wenn viele in Deutschland das noch nicht begreifen würden und ihrem »Führer« kritiklos zujubelten. Meine Großmutter konnte dazu nicht viel sagen. Sie hatte zwar das frühe Erstarken der nationalsozialistischen Bewegung mitbekommen, doch war Hitler, als sie das Land verließ, noch nicht an der Macht, und ins entlegene Afghanistan drangen die Neuigkeiten eher spärlich und mit Verzögerung. Außerdem hatte sie sich dort mit anderen Sorgen herumschlagen müssen. Und was sie gelegentlich in deutschen Zeitungen nachlesen konnte oder von Angehörigen der deutschen Botschaft hörte, entsprach der üblichen Propaganda. Hinzu kam, dass Nazideutschland enge freundschaftliche Beziehungen zu Afghanistan pflegte und Berater an den Hindukusch schickte, die bei der wirtschaftlichen und kulturellen Entwicklung des Landes sowie bei der Ausbildung des Militärs halfen. Kritische Äußerungen waren da nicht angebracht, und so kannte Elisabeth nur stolze Parolen, nicht aber die Kehrseite des angeblich so schönen Scheins: die Entfernung der jüdischen Bevölkerung aus dem öffentlichen Leben, die Kriegstreiberei und die Annektionspläne. Darüber hörte sie jetzt an Bord dieses Dampfers von englischen Passagieren. Ab diesem Moment verstand sie auch das reservierte Verhalten, das viele Ausländer den Deutschen gegenüber an den Tag legten. Schließlich wusste man ja nicht, wer von denen ein Nationalsozialist war.

Mariam hingegen betrieb Völkerverständigung auf ihre Art. Sie freundete sich ungeniert mit englischen Kindern an, und dank ihrer ungewöhnlichen Sprachbegabung vermochte sie sich gegen Ende der Reise schon recht passabel auf Englisch zu unterhalten. Sie empfand auch keinerlei Scheu, an Deck auf Erwachsene zuzugehen, sie anzusprechen und dabei ganz beiläufig um eine Limonade zu bitten.

Niemand konnte dem hübschen Mädchen mit dem einnehmenden Wesen böse sein, und so erreichte sie fast immer ihr Ziel. Mehr noch: Sobald die Leute ihr den Wunsch erfüllten, fügte Mariam mit einem Lächeln hinzu, dass ihre Mama sich ebenfalls über eine Limonade freuen würde. Meine Großmutter empfand diese Unverblümtheit ihrer Tochter eher als peinlich, doch immerhin bahnte Mariam auf diese kindlich unbekümmerte Art für Elisabeth so manch interessante Reisebekanntschaft an.

Dann waren sie zurück in Europa, fuhren von Genua das letzte Stück mit dem Zug. Bereits auf der Fahrt stellte Elisabeth bei einem Blick aus dem Fenster fest, dass das Land sich verändert hatte. Überall wehten Hakenkreuzflaggen, ein ganzes Fahnenmeer. Das begann schon in Österreich, das im Frühjahr an Nazideutschland angeschlossen worden war. Seitdem sprach man offiziell vom Großdeutschen Reich. Auf den Bahnhöfen und in den Städten sah sie viele Uniformen. Neben denen der normalen Polizei viel braun und schwarz, die Farben der Partei und der SS. Alles kam ihr plötzlich fremd vor. Was war bloß aus dem Land geworden, nach dem sie sich zurückgesehnt hatte, fragte sie sich und dachte schaudernd an die eindringlichen Erzählungen ihrer englischen Mitreisenden. Mit den Menschen im Zug kam sie nicht oder kaum ins Gespräch – sie schienen ihr sehr vorsichtig und misstrauisch zu sein. Später sollte sie feststellen, dass dies inzwischen gang und gäbe war in diesem Land, in dem Spitzel und Gestapo bedrohlich allgegenwärtig schienen.

Auch Worms, ihre einst beschauliche, behagliche Heimatstadt, bildete da keine Ausnahme. Immerhin aber wartete dort ihr Vater auf sie, und das Wiedersehen mit ihm überwältigte sie. Allerdings merkte sie schon bald, wie sehr er sich verändert hatte. Nicht nur stark gealtert, sondern auch krank und gebrechlich, befand er sich auf der Verliererseite, denn ihm hatten die neuen, glorreichen Zeiten kein Glück gebracht. Seine Fabrik war geschlossen worden, weil niemand sie angesichts der immensen Schulden kaufen wollte, andere Geschäftsideen wie ein Steinbruch und eine Schweinezucht scheiterten ebenfalls. Nach wie vor fehlte Hermann Wolff das notwendige kaufmännische Gespür.

Elisabeth merkte, dass sie einander in den Jahren ihrer Abwesenheit, als sie in völlig gegensätzlichen und doch gleichermaßen problematischen Welten lebten, fremd geworden waren. Des Vaters Gedanken kreisten um die verhängnisvolle politische Entwicklung in Deutschland, deren Gefährlichkeit er deutlich erkannte, ferner um seine desolate finanzielle Situation, um die Krankheit seiner zweiten Frau, die er zwischenzeitlich geheiratet hatte und die kurz nach Elisabeths Rückkehr starb. Sie selbst redete von nichts anderem als Kabul. Wenn ihr das Herz überging und sie voller Eifer von den afghanischen Erlebnissen berichtete, von all den Katastrophen, Gemeinheiten und Ungerechtigkeiten, aber auch von dem wundervollen Sternenhimmel, von den liebenswürdigen Menschen in den Basaren, von hilfsbereiten Freunden, die sie in Zeiten der Not trotz eigener Gefährdung unterstützten, und von der Gemeinschaft der Frauen in der Zeit des Arrests – immer dann überkam Elisabeth das Gefühl, als sähe ihr Vater sie nur verständnislos an, als könne er nicht glauben, was seine Tochter da erzählte. Am liebsten wäre meine Großmutter baldmöglichst weitergereist nach Berlin, wo sie zum einen bei der afghanischen Botschaft wegen Omar vorstellig werden wollte und wo sie sich zum anderen bessere Verdienstmöglichkeiten versprach, doch sie brachte es nicht über sich, den Vater allein zu lassen, und so blieb sie in Worms, bis Hermann Wolff 1940 starb. Elisabeth betrauerte ihren Vater, trug ihn zu Grabe und verließ mit ihrer Tochter die Stadt. Zu dieser Zeit stand Deutschland bereits im Krieg, und Soldaten der Wehrmacht machten sich planvoll daran, den Kontinent zu erobern.

Berliner Kriegsalltag

Nach einem kurzen Zwischenstopp in Hamburg, wo sie ihre Mutter und ihre beiden jüngeren Halbgeschwister besuchte, reiste Elisabeth weiter in die deutsche Hauptstadt. Sie fand eine kleine Wohnung für sich und Mariam, arbeitete kurzfristig für die Frau des afghanischen Botschafters als Dolmetscherin, fand dann eine Stelle in einem Kunst- und Antiquitätengeschäft. Sie war froh darüber, sich zur Abwechslung einmal mit schönen Dingen beschäftigen zu dürfen. Zu ihren Kunden gehörte viel Prominenz, darunter auch zahlreiche Nazigrößen, die es sich trotz der schlechter werdenden Zeiten noch leisten konnten, eine wertvolle Skulptur oder ein altes Möbelstück zu erstehen. Eine dieser Damen war es dann auch, die der offenen, kontaktfreudigen jungen Frau eine lukrativere Stelle anbot, und zwar in einer Nachrichtenagentur. Es schien Elisabeth nicht in den Sinn zu kommen, dass dies im gleichgeschalteten Deutschland ein keineswegs unpolitischer Posten war.

Sie konnte das Geld gut gebrauchen – das allein zählte wohl, denn mit der Ausweitung des Krieges wurde die Versorgungslage vor allem in den Städten schlechter. Dabei war Mariam ohnehin zu dünn, wuchs zu schnell und mochte nicht essen. Sie warf ihre Pausenbrote entweder heimlich weg oder tauschte sie in der Schule gegen Granatsplitter, welche die Kinder nach den Luftangriffen sammelten. Inzwischen begann nämlich der von Hitler entfesselte Krieg auf Deutschland zurückzuschlagen, und immer häufiger mussten auch Elisabeth und ihre Tochter schlaftrunken ihre Sachen packen und den Luftschutzkeller aufsuchen. Das Leben wurde zunehmend gefährlicher – die Sicherheit, die sie in ihrer Heimat zu finden gehofft hatte, erwies sich als trügerisch, denn immer mehr beeinflusste der Krieg ihren Alltag. Von Westen, Süden und Osten rückten die Verbündeten vor, des Nachts belegten englische und amerikanische Flugzeuge Berlin und andere wichtige Städte mit verheerenden Bombenteppichen.

Schließlich teilten sie das Schicksal ungezählter anderer, als ihre Wohnung durch einen Angriff stark in Mitleidenschaft gezogen wurde, und meine Großmutter machte sich immer häufiger darüber Gedanken, ob sie wohl recht daran getan hatte, nach Deutschland zurückzukehren. Bisweilen erschien ihr das unruhige Afghanistan in der Rückschau beinahe wie ein Hort des Friedens. Zum Glück wurde Mariam mit ihrer Schulklasse aus der ständig durch Luftangriffe bedrohten Stadt aufs Land evakuiert, nach Vetschau im Spreewald, wo sie sie jedes Wochenende besuchen konnte. Allerdings gestalteten sich auch diese Ausflüge mit der Zeit immer schwieriger, weil die Bahnanlagen ebenso wie andere strategische Punkte ein bevorzugtes Ziel der Bomber waren. Trotzdem ging das Leben irgendwie weiter – die Leute besserten unverdrossen die entstandenen Schäden aus und richteten sich in der Trümmerlandschaft ein.

Auch Elisabeth ließ ihre beschädigte Wohnung reparieren, sogar ein neuer Parkettboden wurde verlegt. Doch schon wenige Monate später lag das gesamte Haus nach einem Volltreffer in Schutt und Asche, und Elisabeth war obdachlos. Wie benommen stolperte sie am Morgen danach auf dem Weg ins Büro durch das an allen Ecken und Enden brennende und rauchende Schöneberg. Immerhin fuhr die U-Bahn noch, dachte sie und ließ sich völlig erschöpft auf einen Sitz fallen.

Sie fühlte sich armselig und schmutzig nach dieser Bombennacht, zumal ihr gegenüber das genaue Gegenteil saß: eine attraktive, hochgewachsene und elegante Dame, ihr selbst nicht unähnlich, die sich in einen wunderschönen, kostbaren Luchs hüllte. Meine Großmutter dachte an ihre eigenen Sachen, die verbrannt waren, und brach in Tränen aus. Die Dame erschrak und fragte, ob sie helfen könne. Da erzählte Elisabeth unter Schluchzen, dass sie seit letzter Nacht nichts mehr besitze außer dem, was sie auf dem Leib trage – nicht einmal eine Zahnbürste.

Ihr Gegenüber schien gerührt, stellte sich namentlich vor. Sie war eine Baronin mit einer Adresse im vornehmen Grunewald und lud meine Großmutter ein, sie am Abend zu besuchen. Als sie nach getaner Arbeit durch die noch unzerstörten Straßen des Viertels ging, hoffte sie darauf, wenigstens für eine Weile Unterschlupf gefunden zu haben. Es war eine prächtige Villa, in die sie hereingebeten wurde zum Tee, den livrierte Diener servierten – und irgendwie fühlte sie sich an ihre frühe Kindheit in Hamburg erinnert, an die prächtige Villa der Großeltern. Die elegante Dame des Hauses hörte sich freundlich Elisabeths Geschichte an, erzählte von ihrem Mann, einem hohen SS-Führer, stellte ihren herausgeputzten Sohn vor, der sie an »Little Lord Fauntleroy« aus Frances Hodgson Burnetts berühmtem Kinderbuch *Der kleine Lord* erinnerte, das sie als kleines Mädchen verschlungen hatte. Für eine Weile vergaß sie den Krieg und das alltägliche Elend, die vielen Toten und Obdachlosen, die Trümmer und die Berge von Schutt. Doch plötzlich spürte sie eine gewisse Kühle, und sie verstand. Man erwartete von ihr, dass sie sich verabschiedete.

Vorbei der Traum, für eine Weile oder zumindest für ein paar Tage hier unterkriechen zu können. Vorbei auch die Hoffnung, ein paar Kleidungsstücke geschenkt zu bekommen. Stattdessen reichte ihr der livrierte Diener bei der Verabschiedung an der Pforte des Hauses ein Silbertablett. Darauf befand sich ein Säckchen, das Elisabeth freudestrahlend entgegennahm. Doch als sie es öffnete, war weiter nichts darin als eine Zahnbürste. Welch absurdes Geschenk, welch makabre Geste und welche Herzlosigkeit, die sich darin ausdrückte, dachte sie und fand das Benehmen der Frau mit einem Mal gar nicht mehr nett, sondern zynisch – so als würde sie sich über sie lustig machen, als ginge das Elend im zerbombten Berlin sie gar nichts an. Benommen taumelte Elisabeth hinaus auf die dunkle Straße, denn wegen der vorgeschriebenen Verdunkelung drang kein Lichtschimmer nach draußen, und keine Gaslaterne erhellte den Weg. Mühsam tastete sie sich zur nächsten U-Bahn-Station vor, wobei sie sich im Nachhinein kaum erinnern konnte, wie sie die überhaupt gefunden hatte. Zutiefst enttäuscht hing sie ihren Gedanken nach, und Bitterkeit überfiel sie. So waren die Menschen also hier – egoistisch und unfähig, sich in das Leid anderer hineinzudenken oder es auch nur zu wollen. Gräben schienen sie zu trennen, die tiefer und unüberwindbarer waren als die Schluchten eines Gebirges. So etwas wäre in Afghanistan nicht vorstellbar, schoss es ihr durch den Kopf, obwohl sie dort auch so manches hatte hinnehmen müssen. Doch in dieser Situation, als sie sich obdachlos und einsam und völlig entwurzelt fühlte, verspürte sie Sehnsucht nach Afghanistan, das ihr im Augenblick mehr wie eine Heimat vorkam als Deutschland, wo nicht nur die Städte zerstört wurden, sondern auch Mitleid und Mitmenschlichkeit.

Wenn sie jetzt allerdings an das ferne Land dachte, tat sie es nicht mehr blauäugig wie vor vielen Jahren. Ihre Träume waren nicht länger wie Märchen aus Tausendundeiner Nacht, sondern ganz realistisch, eher sehr bescheiden: Sie malte sich aus, wie es wäre, wenn ihr Mann aus dem Gefängnis freikäme und die politische Situation eine Wendung zum Besseren nähme. Und sie hoffte darauf, dieser Krieg möge bald zu Ende sein, damit sie zurückkonnte nach Kabul, um dort vielleicht ein kleines Geschäft zu eröffnen, das ihr und ihrer Familie ein bescheidenes Auskommen sicherte. All das aber lag noch in weiter Ferne, zumal in Afghanistan nichts geschah, was Omars Situation hätte verändern können. Das erfuhr sie bei ihren regelmäßigen Besuchen in der Botschaft, wo man ihr zwar ein wunderbares *qabeli-palau* servierte, ein traditionelles afghanisches Reisgericht mit Mandeln, Rosinen, Pistazien und Karotten, aber keinerlei tröstliche Neuigkeiten für sie hatte. Und hier im Abendland ging das Sterben weiter, denn Fanatismus und Wahnsinn trieben ihrem entsetzlichen Höhepunkt entgegen. Nach der Niederlage von Stalingrad hatte Propagandaminister Joseph Goebbels im Februar 1943 im Berliner Sportpalast, frenetisch bejubelt von einer fanatisierten Menge, den totalen Krieg proklamiert: ohne Rücksicht auf Verluste, auch nicht auf die eigenen.

Er war übrigens der Arbeitgeber meiner Großmutter, denn nachdem sie durch Beziehungen erst eine neue Bleibe im vornehmen Stadtteil Nikolassee fand, wechselte sie irgendwann von der Agentur zum gleichgeschalteten »Großdeutschen Rundfunk«, dem Sprachrohr für Goebbels' Propaganda, die einheitlich im Reich von allen Sendern verbreitet werden musste. Ob sie Probleme damit hatte, trotz des bereits verlorenen Krieges mit Durchhalteparolen den

»Endsieg« zu beschwören? Spätestens, als im Westen eine Stadt nach der anderen von den Alliierten erobert wurde und die Rote Armee mit ihrem Vormarsch auf Berlin begann, kamen ihr Zweifel, doch es war nicht mehr die Zeit, eine neue Stellung zu finden.

Vor allem beschloss sie, ihre Tochter zurückzuholen, denn die Gegend, in der Mariam jetzt lebte, das Städtchen Bad Liebenwerda in der Lausitz, lag in unmittelbarer Frontnähe. Elisabeth fand, dass sie trotz Bombenangriffen in Berlin sicherer sei. Fortan verbrachten sie erneut gemeinsam die Nächte im Luftschutzkeller, und tagsüber kam die fast Zwölfjährige ins Büro, denn ein Schulbetrieb fand seit der zweiten Jahreshälfte 1944 nicht mehr statt. Dabei wäre um ein Haar etwas Schreckliches geschehen.

Wenn es bei Tag, was jetzt häufig vorkam, Alarm gab, stürzten die Angestellten des Rundfunks in den für sie bestimmten Bunker, doch einmal wollte ein Polizist Mariam am Betreten hindern. »Der ist nur für Leute vom Rundfunk! Lauf du in den Bunker dort drüben!« Elisabeth, die schon ein Stück voraus war, machte auf der Stelle kehrt, beschimpfte den Polizisten und zerrte ihre Tochter gerade noch rechtzeitig in das schützende Gemäuer, bevor die herabfallenden Bomben den Nachbarbunker zerstörten und fast alle Menschen töteten. Es blieb nicht die einzige Situation, in der sie nur haarscharf dem Tod entgingen.

Als die Russen die Stadt einzuschließen begannen, ordnete Goebbels die Evakuierung des Reichssenders Berlin an. Inzwischen hatten bereits die meisten Stationen den Betrieb einstellen müssen, und auch in der Hauptstadt wurde nur noch eingeschränkt gesendet. Mit einem der letzten Züge, die Berlin verließen, kam Elisabeth mit anderen Rundfunkmitarbeitern aus der umzingelten Stadt heraus und entging so der nun beginnenden Schlacht und dem Einmarsch der siegreichen Roten Armee. Ein Glück besonders für die heranwachsende Mariam. Allerdings geriet ihr Zug mehrfach unter Tieffliegerbeschuss, und einmal kamen die Flieger so nahe, dass Elisabeth das Gesicht des Piloten erkennen konnte. Gemeinsam mit den anderen Reisenden rannte sie den Bahndamm hinunter und warf sich schützend auf ihre Tochter. Rundherum flogen Splitter und Eisenteile durch die Luft, und neben ihnen starb ein alter Mann im Kugelhagel. Sie waren heilfroh, als sie endlich unbeschadet im baden-württembergischen Kurort Bad Mergentheim ankamen. Nur wenige Tage später sahen sie die ersten amerikanischen Truppen: Der Krieg war zumindest für sie endlich vorbei.

Charly und das Lager

Das offizielle Kriegsende, den 8. Mai 1945, erlebten Elisabeth und Mariam im idyllischen oberbayerischen Marktflecken Mittenwald, wo die Amerikaner in der ehemaligen Luttenseekaserne ein Durchgangslager für sogenannte »Displaced Persons« errichtet hatten – für Zivilisten, die sich außerhalb ihres Heimatlands befanden und nicht ohne Hilfe zurückkehren konnten. Das galt in erster Linie für die aus den Konzentrationslagern befreiten Juden, die das millionenfache Morden überlebt hatten, aber auch für Ausländer, die irgendwie zurück in ihre Heimat wollten. Und dazu gehörten Elisabeth und Mariam, weil sie afghanische Pässe besaßen. Sie lebten hier, als seien sie Verfolgte des Nationalsozialismus gewesen, und Elisabeth fand sogleich eine Stelle im Büro. Ihren wöchentlichen Lohn, eine halbe Packung Zigaretten, tauschte sie gegen Englischunterricht für ihre Tochter ein.

Hier trafen sie zum ersten Mal auf die Opfer von Hitlers Rassenwahn. Auf ausgemergelte, spindeldürre Gestalten, die sich gierig über die Fleischdosen hermachten, welche die US-Soldaten verteilten. Elisabeth erfuhr, dass sie aus Dachau kamen, einem Lager der Nazis in der Nähe von München, das vor allem berüchtigt war wegen der barbarischen medizinischen Versuche, die dort von skrupellosen Ärzten zumeist im Auftrag der Wehrmacht durchgeführt wurden. Sie hatten zwar den Tag der Befreiung erlebt, doch täglich starben noch viele an den nachwirkenden Folgen von Haft und Folter – oder einfach weil sie die plötzliche Nahrungszufuhr nicht vertrugen.

Das Lager füllte sich von Tag zu Tag mehr. Menschen aus aller Herren Länder, die vom Krieg entwurzelt worden oder zwischen die Fronten geraten waren, desgleichen Deserteure sowie Zwangsarbeiter aus den ehemals besetzten Ländern wie der Sowjetunion, Polen, Frankreich und Belgien, die nach Kriegsende nicht sofort in ihre Heimat zurückkehren konnten und nicht wussten, wie es weitergehen sollte. Auch andere Ausländer waren darunter, die in Deutschland vom Krieg überrascht worden waren. Sogar ein ägyptischer Professor, der Mariam die Grundkenntnisse des Arabischen beibrachte. Im Übrigen hat meine Großmutter immer wieder erzählt, dass die Moslems im Lager ihre Tochter Mariam auf Händen getragen hätten.

Und dann war da Charly. Obwohl aus dem nahen Österreich stammend, konnte er mit einer recht exotischen Lebensgeschichte aufwarten. Karl Dlouhy, wie er mit richtigem Namen hieß, wurde von allen nur der »Perser« genannt, weil er viele Jahre im Iran gelebt und dort als Ingenieur an Planung und Bau eines neuen Eisenbahnnetzes mitgearbeitet hatte, das 1942 nach der Invasion des Landes durch britische und sowjetische Truppen für Kriegstransporte der Besatzer freigegeben wurde. Nachdem es eine Reihe von Unfällen gab, geriet der gesamte Stab unter Sabotageverdacht, womit Charlys Leidensweg seinen Anfang nahm. Er wurde gefangen genommen, zu seinem Unglück von den Russen, und in den Folgejahren von Lager zu Lager geschleppt – und endlich an die Amerikaner übergeben. Nach einem kurzen Aufenthalt im DP-Lager auf dem Gelände des ehemaligen KZ Bergen-

Belsen war er dann nach Mittenwald gekommen. Charly hatte so einiges mitgemacht in dieser Zeit, unter anderem eine Scheinhinrichtung, als ihn alliierte Soldaten mit verbundenen Augen an eine Mauer stellten. Als sie in Lachen ausbrachen, erkannte er, dass es sich um einen »Scherz« handelte.

Nach den entbehrungsreichen Jahren im Lager war er ständig hungrig, und so kümmerte sich meine Großmutter, die inzwischen in der Lagerküche arbeitete, nach Kräften um den Hungerleider und zweigte Extraportionen für ihn und Mariam ab. Einmal schmuggelte sie sogar Schnitzel in ihrem Büstenhalter heraus. Spontan fassten sie den Entschluss, sich gemeinsam zu ihren Partnern auf den Weg zu machen, sobald sie das Lager verlassen durften. Beide wollten wieder zurück in den Orient, das stand für sie außer Frage. Vorerst jedoch konnten sie nur darüber reden, über ihre Faszination und ihre Erfahrungen, und aus solchen Gesprächen erwuchs eine echte Freundschaft. Elisabeth erzählte, dass sie verheiratet sei und zu ihrem Mann zurückkehren wolle, und erfuhr im Gegenzug, dass auf ihn in Teheran eine sogenannte »Kontraktfrau« wartete, an die er per Ehevertrag für zehn Jahre gebunden war – danach konnten beide Partner sich so oder so entscheiden. Das würde in fünf Jahren der Fall sein.

Über solchen Gesprächen vergingen Monate, doch eines Tages erhielt Elisabeth aus heiterem Himmel einen Brief ihres Mannes. Auf Umwegen war es ihm gelungen, ihren Aufenthaltsort ausfindig zu machen, und jetzt teilte er ihr seine Entlassung aus dem Gefängnis mit. Sardar Hashim Khan, der als Premierminister mit harter Hand die Geschicke des Landes gelenkt hatte, war zurückgetreten zugunsten eines Bruders, der die überfällige Freilassung politischer Häftlinge verfügte. Er wohne derzeit bei seiner Mutter in Herat, schrieb Omar, und warte dringend auf die Rückkehr von Frau und Tochter. Er habe bereits mit dem Provinzgouverneur abgesprochen, las die staunende Elisabeth unter Tränen, dass sie an der örtlichen Mädchenschule, nunmehr wieder zugelassen, unterrichten dürfe. Außerdem, schrieb Omar, wünsche er sich weitere Kinder von ihr.

Unverzüglich machte sie sich daran, einen Antwortbrief aufzusetzen. Sie wollte alles in ihrer Macht Stehende tun, um bald in Richtung Afghanistan abzureisen, und stellte nicht einen Moment die Richtigkeit dieser Entscheidung infrage. Sie war Omars Ehefrau, und sie liebte ihn immer noch – daran gab es nichts zu rütteln. Außerdem freute sie sich aufrichtig auf Afghanistan, denn sie hatte genug von Deutschland: Das Land lag in Trümmern, war aufgeteilt zwischen vier Besatzungsmächten – überall herrschten Not und Orientierungslosigkeit, daneben Hass und Rachsucht. Was hätte sie da zu halten vermocht? Auch Charly wollte so schnell wie möglich weg und verließ noch vor ihr, sogar ohne die erforderlichen Papiere, das Lager, um sich nach Paris durchzuschlagen, wo er ein Visum für den Iran beantragen konnte.

Elisabeth hatte kurzfristig überlegt, ihn zu begleiten. Vor allem wegen Mariam, denn der Iran galt damals als das fortschrittlichste Land der gesamten Region, mit guten Ausbildungs- und Studienmöglichkeiten – objektiv gesehen sicher eine bessere Wahl als das ständig von Krisen und Unruhen geschüttelte Afghanistan. Vielleicht, dachte sie, könnte sie sogar Omar dazu überreden, mit ihr im Iran ein neues Leben zu beginnen und seinem Heimatland, das ihm so übel mitgespielt hatte, den Rücken zu kehren. Jedenfalls teilte sie ihm mit, dass sie zunächst nach Teheran reisen werde, um ihn dort wiederzusehen. Als Erstes aber mussten auch sie nach Paris.

Zwar waren mehr als zwei Jahre seit Ende des Krieges vergangen, doch für Mutter und Tochter schien er erst wirklich vorbei, als sie in der französischen Hauptstadt eintrafen. Staunend schlenderten sie über die prächtigen Boulevards, denen man nicht mehr ansah, dass die ganze Stadt jahrelang unter der braunen Herrschaft gelitten hatte. Am Ende war es ein Glücksfall gewesen, dass sich der letzte deutsche Stadtkommandant von Choltitz beim Annähern der Alliierten Hitlers Befehl, Paris zu zerstören, widersetzt hatte. Herbstlich bunte Blätter grüßten von den Bäumen der Champs-Élysées hinüber zum gewaltigen Arc de Triomphe. Mit Staunen stellte Elisabeth fest, wie riesig dieser Triumphbogen war – viel größer, als sie es sich beim Anblick der kleinen Kopie vorgestellt hatte, die in Paghman, einem Ausflugsort vor den Toren Kabuls, zu sehen war.

Noch mehr als die Architektur faszinierte sie die Mode, die plötzlich so anders aussah als in der Vorkriegszeit. Die Frauen trugen knallgrüne Mäntel, rote Röcke und leuchtend blaue Schuhe, während die Männer in körperbetonten Anzügen über die Straßen stolzierten. Abends saß man in den zahllosen Cafés, die die Boulevards säumten, und genoss neben Essen und Trinken die wiedergewonnene Freiheit. Für Elisabeth und Mariam allerdings blieb nur eine Bank im Park, denn sie verfügten kaum über Geld, und ohne die Unterstützung afghanischer Bekannter wäre die Reise gar nicht möglich gewesen. Jetzt reichte es gerade, um Madame Hortense, die freundliche Pensionswirtin, zu bezahlen, die ihnen nicht nur ein winziges Zimmerchen vermietete, sondern ihnen täglich ein Mittagessen kochte. Am Abend mussten ein Stück Baguette, ein bisschen Quark und ein paar Weintrauben reichen. *Einen* Luxus allerdings leisteten sie sich: Nachdem sie in Paris über die Maßen sparsam mit ihrem Geld umgegangen waren, gönnten sie sich leuchtend grüne Schuhe und passende Strümpfe. Genau die richtige Bekleidung für Kabul!

Während des Aufenthalts vermied Elisabeth es nach Möglichkeit, sich als Deutsche zu erkennen zu geben, zu sehr schmerzten in der Bevölkerung noch die Erlebnisse der Besatzungszeit. Außerdem war sie ja im Besitz eines afghanischen Passes und hielt sich in Paris auf, um in der iranischen Botschaft ein Einreisevisum für Teheran zu bekommen. Sogar einen Afghanen lernten sie kennen, der Mariam – zu deren naivem Entzücken – nach allen Regeln der Kunst den Hof machte. Elisabeth dachte an Charly, der sich Wochen zuvor nach Paris hatte durchschlagen wollen. Später erzählte er ihr, er sei mit einer Baskenmütze in die Botschaft marschiert und habe sich mit einem französisierten Namen vorgestellt: de Louhy. Mit seinen dunklen Haaren und dem scharf geschnittenen Gesicht sah er ohnehin ein wenig französisch aus – abgesehen davon, dass er die Sprache gut beherrschte.

Drei Wochen mussten sie in der französischen Metropole warten, bis endlich alles geregelt war. Von Paris sollte es weitergehen nach Marseille, von dort mit dem Schiff in den Libanon, dann weiter über Land erst nach Teheran und schließlich nach Kabul. Das war zum einen erheblich billiger als eine Schiffspassage nach Bombay oder Karatschi, und zum anderen galt die Route über Peschawar in jener Zeit als gefährlich. Nachdem die Briten ihr indisches Kolonialreich in die Selbstständigkeit entlassen, es aber ohne Rücksicht auf Stammes- und Religionszugehörigkeit in zwei Staaten aufgeteilt hatten, befanden sich damals Millionen von Menschen auf der Wanderschaft: Muslime von Indien nach Pakistan und Hindus sowie Sikhs von Pakistan nach Indien – ein Problem, das schon viele Menschenleben forderte und, bis heute ungelöst, zur Destabilisierung der gesamten Region beiträgt.

Endlich war auch der letzte Stempel im Pass, und sie konnten den Zug nach Marseille besteigen, wo der griechische Dampfer *Marathon* schon auf sie wartete – ein kleines, schäbiges Schiff, in dessen Unterdecks sich Mutter und Tochter diesmal mit der vierten Klasse begnügen mussten, weil für mehr das Geld nicht reichte. Doch trotz Enge und Unbequemlichkeiten wurde es eine interessante Reise, da sich an Bord viele jüdische Passagiere befanden, denen es gelungen war, trotz der Besetzung der zunächst freien Zone Frankreichs, die 1942 eine große Deportationswelle auslöste, den Häschern zu entgehen und im Versteck zu überleben, oder die sich aus den Sammellagern der Alliierten bis an die Mittelmeerküste durchgeschlagen hatten. Sie alle wollten nach Palästina, damals ein ausgesprochen schwieriges, teilweise illegales Unternehmen, weil es den Staat Israel noch nicht gab und die britische Mandatsregierung die Einwanderungswellen nach Kräften zu verhindern suchte. Von diesen Menschen, zum Teil deutsche Juden, die sich in die scheinbare Sicherheit im Nachbarland geflüchtet hatten, erfuhr Elisabeth Geschichten über die unvorstellbaren Verbrechen der Nationalsozialisten, die im Nachhinein all die Propagandalügen, die sie durch ihre Anstellung beim Großdeutschen Rundfunk nur zu gut kannte, wie blanken

Hohn und Ausgeburten menschenverachtenden Denkens erscheinen ließen.

Zwei Wochen dauerte die Reise, in deren Verlauf meine Großmutter eine Menge über die jüngste Vergangenheit erfuhr, bis sie endlich entlang der östlichen Mittelmeerküste über Piräus, Rhodos, Haifa und Alexandria auf ihren Bestimmungshafen Beirut zusteuerten.

Das Ende einer Liebe

Plötzlich gab es ein Problem. Zwar gingen sie wie geplant in Beirut von Bord, doch das war es dann erst einmal. Die Weiterreise nach Bagdad per Bus fand nicht statt, weil die Busfahrer streikten. Was tun? Zum Glück konnten Mutter und Tochter in dieser Situation auf Reisebekanntschaften zurückgreifen, die sie an Bord der *Marathon* gemacht hatten. Zwei reiche Iraker, denen sie nur deshalb begegnet waren, weil der griechische Kapitän es nicht genau nahm mit der Unterteilung seiner Passagiere und ein Auge zudrückte, wenn sich jemand von den unteren Decks in der First Class bewegte. Die beiden Geschäftsleute, die ebenfalls nach Bagdad wollten, boten sich an, Elisabeth und Mariam per Chartermaschine erst einmal bis Damaskus mitzunehmen. Es war der erste Flug für die beiden. Während die Tochter das Abenteuer gut überstand, litt die Mutter nicht nur unter Übelkeit, sondern auch unter schrecklicher Angst, die winzige Schachtel, in die sie gezwängt worden waren, könnte abstürzen.

Von Damaskus ging es weiter mit dem Nachtbus Richtung Bagdad, noch immer in Begleitung der beiden Iraker, die sich bald schon erneut als sehr hilfreich erweisen sollten. Als sie nämlich die Grenze zwischen Syrien und dem Irak erreichten, wollten Grenzbeamte die beiden Frauen wegen einer Choleraepidemie in den südlichen Anrainerstaaten des Mittelmeers in Quarantäne nehmen. Nur die massive Intervention der neuen Freunde – und, wer weiß, ein paar Scheine, die den Besitzer wechselten – rettete sie. Aufatmend setzten sie die Fahrt über staubige Wüstenpisten fort. Wieder einmal hatte Elisabeths Talent, zur richtigen Zeit die richtigen Leute kennenzulernen, Früchte getragen.

Sobald sie Bagdad erreichten, wurde alles einfacher. Mit vielen Dankesbekundungen verabschiedeten sie sich von ihren Reisebegleitern und eilten zur afghanischen Botschaft, wo man ihnen umgehend weiterhalf. Sogar eine private Fahrgelegenheit nach Teheran war Bestandteil der großzügigen konsularischen Unterstützung. Elisabeth wusste kaum, wie ihr geschah angesichts solch ungewohnter behördlicher Zuvorkommenheit. Nach einer problemlosen Fahrt über immerhin rund siebenhundert Kilometer auf schlechten Straßen und Pisten erreichten sie durchgerüttelt und müde, aber wohlbehalten die iranische Hauptstadt.

Dort wartete Charly auf sie. Elisabeth wusste bereits, dass er heil angekommen war – eine Beruhigung für sie, in der fremden Stadt ein bekanntes Gesicht vorzufinden. Denn was mit Omar sein würde, wann und ob er überhaupt kam, das stand noch in den Sternen. Die ersten paar Tage verbrachten sie im Haus von Charlys Ehefrau auf Zeit, die die beiden in einen Hamam, eine orientalische Badeanstalt, mitnahm. Eine Wohltat nach den mangelhaften hygienischen Bedingungen der letzten Monate. Allerdings setzte die Bürstenmassage, die sie über sich ergehen ließen, Mariams empfindlicher Haut dermaßen zu, dass sie noch tagelang brannte.

Weil die Dauer ihres Aufenthalts völlig ungewiss war, organisierte der umsichtige Charly nicht nur ein Hotel, sondern auch einen Aushilfsjob für Elisabeth und für Mariam einen Platz in der amerikanischen Schule sowie einen Persischkurs. Es sah so aus, als könnte Teheran mehr als nur eine Zwischenlösung werden. Und tatsächlich dachte meine Großmutter immer häufiger über diese Möglichkeit nach, die sie ja bereits in Mittenwald kurz in Erwägung gezogen hatte. Hoffentlich würde Omar zustimmen.

Zwar konzentrierte sich ihr ganzes Gefühlsleben seit mehr als einem Jahrzehnt auf ein Wiedersehen mit ihrem Mann, doch je länger sie in Teheran wartete, desto unsicherer wurde sie, ob die Zeit wirklich zurückzudrehen war, ob vierzehn Jahre der Trennung sich ungeschehen machen ließen. Sie hatte Omar ihre Ankunft in der iranischen Hauptstadt mitgeteilt und ihre dringende Bitte wiederholt, sie dort abzuholen, da selbst der unerschrockenen Elisabeth die Weiterreise nach Herat ohne männlichen Begleitschutz zu gefährlich schien. Allerdings stand in ihrem Brief auch, er möge bitte darüber nachdenken, in Teheran zu bleiben.

Omar bestand für sie eigentlich nur noch aus Bildern. Da war der galante Student der Wormser Zeit, der strahlende Bräutigam in Bombay, der besorgte Familienvater in Kabul, der gescheiterte und politisch enttäuschte Staatsdiener, der mit dem Leben und der Politik nicht zurechtkam, und schließlich der gebrochene Gefangene, der nur noch ein Schatten seiner selbst war. Elisabeth wusste nicht, in welcher Variante er ihr nun entgegentreten würde, und das erfüllte sie mit Angst.

Mariam sah die Sache naturgemäß unbeschwerter. Sie freute sich darauf, endlich ihren Vater zu sehen und richtig kennenzulernen. Bislang hatte er im Grunde nur in ihrer Vorstellungswelt existiert – um sich an die wenigen Besuche bei ihm im Gefängnis zu erinnern, dazu war sie seinerzeit zu klein gewesen. All die Jahre musste sie sich darauf beschränken, ihn in ihre abendlichen Gebete einzuschließen und den Erzählungen ihrer Mutter zu lauschen. Deren Mahnungen indes, der Vater könnte sich durch die lange Haft stark verändert haben, maß die inzwischen Vierzehnjährige keine sonderliche Bedeutung bei.

Anderes war wichtiger: die freie Atmosphäre in der Stadt, das internationale Flair der Schule, die Freundschaft mit Schülern aller Nationalitäten und Glaubensrichtungen, die ganz ungezwungen und ohne Ressentiments miteinander umgingen. Moslems mit Christen, Araber mit Juden, Iraner mit Amerikanern und Europäern. Es war eine kurze Blütezeit eines harmonischen multikulturellen Zusammenlebens, die jedoch später unter dem wachsenden Druck religiöser wie politischer Intoleranz in der gesamten Region zerbrach. Doch damals, als Mariam dort lebte, spielten solche Differenzen noch keine Rolle.

Generell war Teheran in jener Zeit ein attraktiver Ort für Einheimische wie für Europäer. Aufgrund seiner weitgehenden Weltoffenheit und seiner lukrativen Ölquellen galt er nach Ende des Zweiten Weltkriegs als Zentrum des wirtschaftlichen Fortschritts mit einer rasant wachsenden Bevölkerung. Eine Region im Mittleren Osten, in der man beinahe so freizügig und generös leben konnte wie in London oder Paris. Neben Frauen in traditionellerer Kleidung, mit einem lockeren Kopftuch etwa, sah man viele nach westlichem Vorbild gekleidete und geschminkte Iranerinnen. Vollverschleierungen stellten die Ausnahme da. Es war eine orientalisch-europäische Mischung, die ganz nach Elisabeths Geschmack war – ein weiterer Grund, hierzubleiben.

Alles wurde schlagartig anders, als Omar plötzlich in der kleinen Wohnung auftauchte, die Mutter und Tochter inzwischen bewohnten. »Das ist nicht mein Omar«, schoss es Elisabeth als Erstes durch den Kopf, als sie den gebeugten, hageren, bärtigen Mann sah, der einen verwahrlosten Eindruck machte – die traditionelle afghanische Kleidung, das lange Hemd und die darunter getragene weite Hose, verdreckt, zerknittert und staubig; Schuhe, die diesen Namen kaum noch verdienten; wirr und verfilzt der Bart, unangenehm der Geruch, den er ausströmte. Am schlimmsten aber fand sie die Augen, in denen nicht nur Unruhe, sondern auch Aggression flackerte. Meine Großmutter war entsetzt, und entsprechend reserviert fiel ihre Umarmung aus.

Omar spürte die Zurückhaltung seiner Frau, ihr Zögern und ihre prüfenden Blicke. »Ich bin wochenlang geritten, um zu euch zu kommen«, sagte er, auf seine Kleidung deutend. »So sieht man dann eben aus.« Er sagte das nicht erklärend oder verteidigend, sondern mit einem anklagenden Unterton, der Elisabeth unangenehm überraschte. »Ich habe das für euch getan! Und nun soll ich mich dafür auch noch entschuldigen!?«

Elisabeth reagierte ihrerseits gereizt. Schließlich verkehrten mittlerweile Busse zwischen Kabul und Teheran, und sie wusste von Charly, dass Omar mit einem Sammeltaxi gekommen war. Warum erzählte er nur so einen Unsinn, dachte sie. Irgendwie nahm sie ihm sein ungepflegtes Aussehen übel. Sie hatte den Verdacht, dass Omar sich seit seiner Haftentlassung keinen Deut mehr um sein Äußeres scherte. Außerdem schien er im Verlauf ihres Gesprächs zunehmend unberechenbarer und aggressiver zu werden. Natürlich wusste sie nur zu gut, dass er durch die Hölle gegangen war, und eine innere Stimme warnte sie: »Hab Mitleid, nimm es hin, sieh ihm die Folgen dieses Elends nach, an dem er keine Schuld trägt.« Aber zugleich dachte sie bitter, dass auch sie es nicht leicht gehabt hatte in den vergangenen Jahren. Erst die Bombennächte, dann die Jahre im Lager. Sie war zutiefst enttäuscht.

Sie wusste nicht, was jetzt aus ihnen werden sollte. Sie sah nur einen Fremden, der da auf einem Stuhl in ihrer kleinen Wohnung saß, in die er gar nicht gehörte, und von der Heimreise sprach, von einem Neuanfang und von dem Mann, dem Mariam bereits versprochen sei. Elisabeth schauderte es. Er hatte ihre Tochter einfach so verlobt und bereits die Hochzeit festgesetzt, ganz nach alter Väter Sitte. Mariam war nicht minder entsetzt, als sie die Ankündigungen hörte. Was sollte sie mit einem Mann? Sie war gerade erst fünfzehn, wollte noch vieles lernen – Englisch, Persisch – und später auf die Universität gehen. Im Moment war es ihr Wunschtraum, Medizin zu studieren und Ärztin zu werden, die Welt zu bereisen – was sollte sie da mit einem Mann? Zudem mit einem, den sie vom Vater vorgesetzt bekam.

Deprimiert ging sie in ihr Zimmer, ohne Schlaf zu finden. Zu sehr quälten sie trübe Gedanken an ihre Zukunft, zu sehr war sie von ihrem Vater enttäuscht, den sie sich in ihrer Fantasie ganz anders ausgemalt hatte. Zu laut waren zudem die Streitgespräche, die vom Nebenzimmer herüberdrangen. Als sie am nächsten Tag ihrer Mutter begegnete, ahnte sie bereits, dass die Dinge sich in eine völlig falsche Richtung bewegten, denn dermaßen aufgelöst war Elisabeth noch nie gewesen. Nachdem sie sich ihrem Mann verweigert hatte, geriet dieser offenbar in Rage und zog Messer und Pistole hervor. »Wenn du mich nicht lieben kannst, müssen wir alle drei sterben«, drohte Omar, »dafür habe ich Vorkehrungen getroffen. Mühsam gelang es ihr, in stundenlangen Gesprächen Zeit zu schinden, doch sie wusste, dass sie so bald wie möglich wegmussten.

Unter Tränen nahm Elisabeth ihre schluchzende Tochter in den Arm und versprach ihr, dass sie nach Deutschland zurückkehren würden, diesmal für immer. Mariam nickte erleichtert: Sie hatte genug von diesem Vater, der überhaupt nicht so war, wie sie ihn sich all die Jahre vorgestellt hatte. Nach heutigem Verständnis würde man sicherlich sagen, dass Omar unter einem posttraumatischen Belastungssyndrom litt und dringend professioneller Hilfe bedurft hätte.

Elisabeth war nach dieser Nacht klargeworden, dass weder ein gemeinsames Leben noch ein Verbleib im Iran mit Omar möglich sein würden. Sie wollte zurück in ihre Heimat, doch sie machte die Rechnung ohne ihren Mann. Als sie am gleichen Tag um eine Ausreisegenehmigung nachsuchte, hatte ihr Mann bereits ein Ausreiseverbot erwirkt. Das war legal, weil beide afghanische Staatsbürger waren und nach den Gesetzen dieses Landes Frauen nicht ohne Erlaubnis des Familienoberhaupts ins Ausland reisen durften. Verzweifelt kehrte Elisabeth in ihre Wohnung zurück. Triumphierend kündigte Omar dort an, er habe beschlossen, sofort die Heimreise nach Kabul anzutreten. Obwohl sie um die Sinnlosigkeit jeden Widerspruchs wusste, protestierte Elisabeth. Brachte vor allem Mariam ins Spiel: die müsse erst die Schule hier beenden, wolle anschließend studieren. Eine schlechte Idee angesichts der Tatsache, dass der Vater ganz andere Ziele verfolgte. Omar reagierte wütend: »Wozu soll sie noch lernen, wenn sie ohnehin heiratet?« Er machte eine Pause und steigerte sich in einen heiligen Zorn. »Zeit, dass sie zurückkommt! Eine Schande, wie sie herumläuft, mit diesem kurzen Rock und Kniestrümpfen.« »Das ist ihre Schuluniform«, warf Elisabeth zaghaft ein, doch ihre Worte verhallten ungehört. Omar, der einst weltoffene, freiheitlich-demokratisch gesinnte junge Student hatten sich zum rigiden Traditionalisten entwickelt.

Elisabeth und Mariam versuchten zu flüchten, doch die von Omar alarmierten Ordnungshüter kamen ihnen auf die Spur und nahmen sie in der Wohnung von Freunden fest, wo sie sich versteckt hielten. Aller Protest half nicht, denn der Iran hatte trotz weitgehender Liberalität ein Abkommen mit dem Nachbarland Afghanistan. Und zumindest dem Papier nach waren die beiden Frauen Bürger eines islamischen Bruderstaats, die nun gemäß dem Wunsch des Ehemanns unverzüglich zur afghanischen Grenze gebracht werden sollten. Elisabeth kochte innerlich und versuchte mit den iranischen Beamten zu handeln, hörte jedoch immer das Gleiche: Sie hätten lediglich den Auftrag, sie zum Grenzübergang zu bringen – über alles Weitere seien sie nicht informiert. Nicht darüber, was dort mit ihnen geschehen sollte, und auch nicht darüber, wann Omar ihnen folgen werde. Bedauernd zuckten sie die Achseln.

So saßen Mutter und Tochter unglücklich und zutiefst deprimiert in einem Geländewagen der iranischen Armee, wie Kriegsgefangene begleitet von einem Offizier und zwei Soldaten, und rumpelten einem mehr als ungewissen Schicksal entgegen. Tagelang dauerte die Fahrt durchs Gebirge. Elisabeth versuchte sich abzulenken, indem sie sich mit dem recht gebildeten Offizier unterhielt, während Mariam meist weinend ihr Gesicht im Schoß ihrer Mutter vergrub. All ihre Träume dahin: der Abschluss an der Schule, das Studium der Medizin – sämtliche Pläne zerplatzten plötzlich wie Seifenblasen. Sie war in Teheran so glücklich gewesen wie nie zuvor und hatte gehofft, es könnte immer so weitergehen. Jetzt musste sie fürchten, dass nach diesem schönen Jahr vielleicht das schrecklichste ihres Lebens folgte.

Als ob sie nicht genug Sorgen und Probleme gehabt hätten, geriet inmitten einer steilen und steinigen Gebirgslandschaft, wie Elisabeth sie bereits von anderen Routen kannte, der Wagen ins Schleudern, überschlug sich und stürzte einen kleinen Abhang hinunter. Zum Glück kamen die Insassen mit dem Schrecken davon – lediglich Mariam verlor einen Zahn, und Elisabeth trug eine schmerzende Beule am Kopf davon, die sie später für ihre immer wiederkehrenden Kopfschmerzen verantwortlich machte. Da auch das Auto nicht ernsthaft beschädigt war, wurde die Fahrt nach kurzer Unterbrechung fortgesetzt.

An der Grenze erwarteten sie bereits Vertreter der afghanischen Behörden. Der iranische Offizier, der sie begleitet hatte, verabschiedete sich von Elisabeth formvollendet mit einem Handkuss: »Ich habe bemerkt, dass sie eine anständige Frau sind«, sagte er, und meine Großmutter fragte sich, was Omar ihm wohl alles über sie erzählt haben mochte. Wie auch immer: Er hatte sie nach Afghanistan bringen lassen, das sie ohne seine Zustimmung nicht mehr verlassen konnten. Sie fühlten sich wie Gefangene.

Für Mariam war es die wirklich erste bewusste Begegnung mit der ihr fremden Heimat, denn viel war ihr nicht im Gedächtnis geblieben. Ein paar vage Bilder vielleicht, verschwommene Erinnerungsfetzen, mehr nicht. Ungläubig schaute sie aus dem Fenster des Wagens: Ihr kam es vor, als führe sie zum allerersten Mal durch diese staubtrockene, ausgedörrte Landschaft einem noch unbekannten Bestimmungsziel entgegen. Volle zehn Jahre waren vergangen, seit Mariam mit ihrer Mutter von Afghanistan nach Deutschland gereist war. Als fünfjähriges Mädchen hatte sie das Land ihrer Geburt verlassen, um als beinahe junge Frau zurückzukehren.

2

MARIAM

Zwischen Orient und Okzident

Afghanische Hochzeit

Die Rückkehr nach Afghanistan verlief so ganz anders, als Elisabeth sich das in den vielen Jahren, die sie teils freiwillig, teils unfreiwillig in Deutschland verbrachte, vorgestellt hatte. Nicht glücklich wiedervereint mit ihrem Ehemann, sondern auf der Flucht vor ihm. Und es gab auch kein liebevoll vorbereitetes Zuhause – ihre einzige Anlaufadresse war eine deutsche Bekannte, die ihr Unterschlupf gewährte. Und ihr wichtige Tipps gab, denn sie war soeben von ihrem einheimischen Ehemann geschieden worden. In diesem Land ein schwieriges Unterfangen, zumal für eine Ausländerin.

Elisabeth ging also in Kabul zum höchsten Gericht und beantragte die Auflösung ihrer Ehe. Doch wo war Mohammed Omar? Der Beamte schickte sie weiter zur Polizeipräfektur, wo sie tatsächlich Auskunft erhielt. Er sei noch in Teheran, hieß es. Dort hatten die afghanischen Botschaftsangehörigen, obwohl sie dem Antrag auf Rückführung seiner Familie zustimmten, immerhin dafür gesorgt, dass Omar aufgrund seines aggressiven Verhaltens, in dem sie eine Gefährdung für andere Menschen erkannten, vorübergehend festgehalten wurde.

Eine Scheidung ohne Anhörung der gegnerischen Partei ist generell schwierig, doch Elisabeth kam eine Besonderheit des geltenden Rechts zugute. Der Polizeibeamte, dem sie haarklein ihre Geschichte erzählte und der ihr offenbar Glauben schenkte, setzte ihr detailliert auseinander, wie sie ihren Antrag begründen müsse, um Erfolg zu haben. Nämlich damit, dass Omar nicht in der Lage sei, für seine Familie zu sorgen. Und so wurde ein langwieriger juristischer Prozess ins Rollen gebracht, von dem niemand wusste, wie lange er dauern würde.

Wieder begann das Warten – diesmal nicht auf die Zusammenführung mit ihrem Mann, sondern auf die Trennung von ihm. Mutter und Tochter richteten sich notgedrungen ein. In Kabul schien sich in den Jahren ihrer Abwesenheit einiges verändert zu haben, denn längst nicht mehr alle Frauen gingen voll verschleiert durch die Stadt, und niemand stieß sich daran, wenn Ausländerinnen wie Elisabeth und Mariam westlich gekleidet, allerdings mit langen Ärmeln, knielangem Rock, Strümpfen oder Hosen herumliefen. Elisabeth trug meistens ein Kostüm. Auch im Umgang mit den Behörden wurden ihr, abgesehen von den sprachlichen Verständigungsschwierigkeiten, keine Steine in den Weg gelegt.

Wenige Wochen nach Frau und Tochter traf schließlich auch Omar in Kabul ein, und weil in dieser Stadt nichts geheim blieb, erfuhr er schon bald von ihrem Aufenthaltsort. Er setzte alles daran, Elisabeth umzustimmen – er drohte, er fluchte, er schrie, doch meine Großmutter ließ sich nicht erweichen. Omar geriet in Panik, weil damit auch die geplante Hochzeit seiner Tochter zu platzen drohte. Für ihn nicht nur eine Sache der Ehre, sondern auch des Geldes, denn der auserwählte Schwiegersohn hatte ihm bereits einen beträchtlichen Teil des Brautpreises bezahlt. Noch fataler schien, dass das Geld bereits ausgegeben war und er es angesichts seiner prekären wirtschaftlichen Situation unter keinen Umständen zurückzahlen konnte. Überdies fürchtete er, das Gesicht zu verlieren, weil er in den Augen seiner Verwandten und Freunde nicht in der Lage war, der Tochter zu befehlen, was sie tun sollte und was nicht.

Doch Mariam zeigte ihm die kalte Schulter. Seit sie wusste, dass die Scheidung ihrer Mutter auf gutem Wege war, glaubte sie, keine Angst mehr vor einer Zwangsehe haben zu müssen. Sie änderte ihre ablehnende Haltung auch nicht, als der Vater sie mit dem Auserwählten bekanntmachte. Ein ganz netter Mann, fand sie zwar, doch keiner, den sie sich als Ehepartner hätte vorstellen können. Nichts für sie und schon gar nicht unter solchen Bedingungen. Das sei finsterstes Mittelalter, meinte sie.

Nach wie vor ging Mariam davon aus, den in Teheran abgebrochenen Schulbesuch beenden und anschließend die Universität besuchen zu können, und wartete, ob sie hierbleiben oder das Land nach der Scheidung verlassen würden. Sie nahm Unterricht bei einem Privatlehrer, der sie darauf vorbereiten sollte, extern das Abitur an einer Oberschule abzulegen, die regulär nur Jungen besuchen konnten. Elisabeth ihrerseits nahm gleich nach ihrer Ankunft einen Job an, um nicht von freundlichen Almosen leben zu müssen – und auch, um eine eigene Wohnung finanzieren zu können. Anfangs arbeitete sie im medizinischen Depot, dann vorübergehend bei einer UN-Organisation, später in einem afghanischen Bankhaus und im Internationalen Club.

Sie betrachtete all das jedoch als vorübergehend. Als eine Lösung bis zu dem Tag, an dem sie frei sein würde von Omar und selbst über ihren Aufenthalt bestimmen konnte. Über ihren schon, aber nicht zwangsläufig über den ihrer Tochter, wie sie zu ihrem Entsetzen zwischenzeitlich erfahren hatte. Laut islamischem Recht darf ein Vater nämlich sein Kind ab dem siebten Lebensjahr zu sich nehmen oder darüber bestimmen, wo es sonst aufwachsen soll. Dieser Paragraph bereitete Elisabeth Tag für Tag, und Nacht für Nacht Kopfzerbrechen, konnte Omar doch Gebrauch davon machen. Mariam hätte in diesem Land keine Chance, sich dem väterlichen Willen zu entziehen. Und alleine nach Deutschland zurückzukehren, das kam für Elisabeth nicht infrage.

Willkommene Ablenkung boten private Einladungen, und bei einer solchen Gelegenheit sollte sich Mariams Schicksal entscheiden, wenn auch in ganz anderer Weise als ursprünglich geplant. Sie besuchten das Fest einer deutschen Bekannten, die in Kabul eine gut gehende Strickfabrik betrieb, und wurden dort einem interessanten jungen Mann vorgestellt. Er hieß Ghulam Sarwar, war sechsundzwanzig Jahre alt und ein weltgewandter Paschtune aus dem nordafghanischen Kunduz. Er stamme aus einer der bekanntesten Familien des Landes, erzählte sein Anwalt und Freund, und sei Stiefsohn und Neffe des legendären Sher Khan, der sich nicht nur als Stammesführer und Provinzgouverneur einen Namen gemacht habe, sondern auch als Unternehmer, Historiker und Verleger.

Mutter und Tochter waren durchaus angetan von der eleganten Erscheinung, obwohl Mariam sich ein wenig reserviert gab, als Ghulam Sarwar sie für einen der nächsten Tage in sein Kabuler Haus einlud. Elisabeth jedoch sagte zu. Als sie dort eintrafen, glaubten sie sich in einen europäischen Salon versetzt. Die Wände des großen Raumes bedeckten Bücherregale, aus einem Lautsprecher ertönte vertraute klassische Musik. Die Gemälde verrieten nach Stil und Sujet abendländische Herkunft. Der Tee wurde in kostbarem chinesischen Porzellan gereicht, das Essen formvollendet serviert an einer wunderschön eingedeckten Tafel.

Ihr Gastgeber erwies sich als charmanter, geistreicher Plauderer – so viel bekamen Mutter und Tochter mit, obwohl sie nur die Hälfte verstanden. Ghulam Sarwar sprach kein Englisch, nur Dari und Paschtu, die beiden Landessprachen, während Mariam ein wenig Persisch beherrschte, seit sie in Teheran gelebt hatte. Elisabeth zeichnete sich ohnehin nicht durch eine besondere Sprachbegabung aus und war somit keine Hilfe. Trotzdem verstand man sich gut und bekam vom Gegenüber zumindest das mit, was zu wissen wichtig war. Ghulam Sarwar erfuhr von Mariams Plänen, Kinderärztin zu werden, und sie und ihre Mutter vernahmen mit einem gewissen Erstaunen, dass er verheiratet und Vater zweier Söhne sei.

Trotzdem blieb es nicht bei dieser einen Einladung, und mit der Zeit fand Mariam den jungen Mann eigentlich ganz nett. Trotzdem erschien es ihr überaus verwirrend, als er eines Tages um ihre Hand anhielt. Zwar vertraut mit afghanischen Gepflogenheiten, hatte sie zu viele Jahre in einem anderen Kulturkreis verbracht, um ein solches Angebot als normal zu betrachten. Was sollte sie tun? Annehmen? Ablehnen? Schließlich war er bereits verheiratet und sie noch so jung, gerade fünfzehn. Nächtelang beriet sie sich mit ihrer Mutter. Das Problem, das erkannte sie, bestand darin, dass hier andere Maßstäbe und Normen galten als in Europa, wo ein solches Arrangement undenkbar wäre. Da träumten junge Mädchen wie sie von der großen Liebe. Sie aber war auf Gedeih und Verderben abhängig von den Entscheidungen ihres Vaters – und, wenn er es so bestimmte, in Afghanistan gefangen. Auch drohte ihr noch immer eine Zwangsverheiratung durch ihn. Das hier konnte ein Ausweg sein.

Mariam war die Situation alles andere als geheuer. Sie führte zudem ganz praktische Vorbehalte ins Feld: dass sie sich schlecht verständigen könnten, dass sie seine Familie nicht kannte, dass es ihr komisch vorkäme, praktisch zusammen mit seiner ersten Frau zu leben, dass sie nach Kunduz gehen müsste, während ihre Mutter in Kabul blieb, und vieles andere mehr. Elisabeth beruhigte sie, sie werde bald die Landessprachen gut genug beherrschen, und betonte, dass es sich bei Ghulam Sarwar um einen ebenso kultivierten wie weltoffenen Menschen handele, bei dem es ihr nie und in keiner Hinsicht an etwas fehlen würde, übte jedoch keinen Druck aus.

Nach solchen Gesprächen wälzte sich Mariam schlaflos in ihrem Bett, den Kopf voller widersprüchlicher Gedanken. Einerseits fand sie, je länger sie darüber nachdachte, die Idee an ein Leben mit diesem netten Afghanen durchaus reizvoll, andererseits bedeutete das den Verzicht auf ihre Träume vom eigenständigen Leben als Kinderärztin und von einer erneuten Übersiedlung in den Westen. Die Entscheidung für diesen Mann wäre zugleich die Entscheidung für Afghanistan. Als ihr der Vater von der Heirat abriet, weil er immer noch seinen eigenen Kandidaten durchzusetzen hoffte, neigte sich Mariams Gunst nach langem Zögern Ghulam Sarwar zu. Es ging schließlich um ihr Leben und um ihr Glück – und sie beschloss, es mit diesem jungen Paschtunen finden zu wollen.

Alles Weitere erledigte Elisabeth. Unter vier Augen traf sie den traditionellen Brautwerber, um die Eckdaten der zukünftigen Verbindung zu fixieren: Mariam müsse weiter Persisch lernen und weiterhin die Schule besuchen. Das zumindest wollte sie für ihre Tochter sicherstellen. Der Bräutigam seinerseits übernahm es, mit Omar zu reden, dessen Erlaubnis unumgänglich war. Mutter und Tochter befürchteten bereits das Schlimmste, doch wider Erwarten gab der

Vater seine Zustimmung. Niemand erfuhr jemals, was unter den beiden Männern ausgehandelt wurde.

So ungewöhnlich wie die Anbahnung dieser Beziehung war auch die Eheschließung. Nie zuvor hatte man in Kabul eine derart kleine Hochzeitsfeier bei der Verheiratung eines Mannes von Ghulam Sarwars Stand gesehen – in diesen Kreisen pflegte man ansonsten rauschende Feste zu feiern, sie sich über mehrere Tage hinzogen und zu denen hunderte, wenn nicht gar tausende Gäste geladen wurden. Als meine Eltern sich das Jawort gaben, waren nur einige Kabuler Mitglieder der väterlichen Familie da einschließlich der einzigen Schwester mit ihrem Mann, die sich um die Organisation der Festvorbereitungen kümmerte, dazu ein paar deutsch-afghanische Freunde von beiden Seiten. Die ganze große Familie des Bräutigams, die in Kunduz lebte, würde Mariam erst später kennenlernen. Ihr und Elisabeth war der kleine Rahmen gerade recht, da sie selbst keinerlei Verwandtschaft aufbieten konnten. Deutschland war zu weit weg und Omars Familie angesichts der Situation wenig erwünscht.

Für die jugendliche Braut lief die Hochzeit wie in einem Traum ab, an den man sich später nur noch vage erinnert: der Mullah, die gemurmelten Versprechen, die sie nur zur Hälfte verstand, die Umarmung ihrer Mutter, deren unvermeidliche Tränen. Das alles erschien ihr irgendwie nicht real. Noch vor ein paar Monaten hatte sie als unbekümmertes Schulmädchen in Teheran ihren fünfzehnten Geburtstag gefeiert. Das Leben schien offen vor ihr zu liegen mit hochfliegenden Plänen für ihren beruflichen Weg und mit Träumen von Verliebtheit und Liebe und einem Himmel voller Geigen. Vielleicht auch von einer romantischen Hochzeit in Weiß. Aber der Gedanke an eine reale Ehe pflegte wie bei den meisten Mädchen in ihrem Alter noch in weiter Ferne zu liegen.

Das war im April gewesen. Einen Monat später wurde sie aus diesem Leben herausgerissen und gegen ihren Willen nach Kabul gebracht. Jetzt, im Dezember 1948, heiratete sie bereits, ohne die anderen Stadien überhaupt durchlaufen zu haben. Es schien ihr wie ein Film, der im Zeitraffer abgespielt wird. Alles ging so schnell, dass sie es kaum begreifen konnte – sie am allerwenigsten von allen Beteiligten.

Karawanenführer und Khans

Meine Mutter heiratete in die beste Gesellschaft ein. Die Familie war nicht nur sehr wohlhabend, sondern gehörte auch zu den einflussreichsten innerhalb der traditionellen Stammesgesellschaft, in der die zahlreichen Clans seit jeher eine wichtige Rolle spielten und massiv Einfluss auf die Politik nahmen. Ein afghanischer Khan lässt sich nur schwer mit einem europäischen Herrscher vergleichen. Während ein Landesfürst etwa ein Territorium regiert, steht er einem Stamm vor und ist nicht zwingend an territoriale Grenzen gebunden, doch gibt es innerhalb der unterschiedlich großen Stämme meist mehrere Khans. Zu ihren Aufgaben gehört es insbesondere, für Gerechtigkeit innerhalb des Stammes zu sorgen sowie für dessen Wohlergehen, Sicherheit und materielles Auskommen. Zudem vertritt der Khan seinen Stamm gegenüber anderen Khans und der Regierung. Er erhält seine Stellung zumeist auf dem Wege der Erbfolge – doch gelingt es ihm nicht, sich Autorität zu verschaffen, so wird ein anderes Familienmitglied zum Khan bestimmt.

Die Familie meines Vaters gehörte den Kharoti an, einem großen paschtunischen Clan aus dem Stamm der Ghilzai mit über zwei Millionen Mitgliedern, die über das ganze Land verteilt leben. Im Gegensatz zu dem anderen großen Paschtunenstamm, den Durrani, die die erste und letzte Königsdynastie stellten, traten die Ghilzai eher selten in Erscheinung, sondern lebten zumeist ländlich. Im

15. Jahrhundert aber begründeten sie ein indisches Sultanat in Delhi und stellten die Hotaki-Schahs, die im 18. Jahrhundert als Schahs über Persien herrschten. Ursprünglich waren die Kharoti im jetzigen afghanisch-pakistanischen Grenzgebiet am Gomalpass in Wasiristan und später in Qara Bagh bei Ghazni beheimatet, doch siedelte meine Familie Ende des 19. Jahrhunderts wegen des Handels mit Turkmenistan um ins nordafghanische Maimana, eine sehr alte Stadt, deren Ursprünge sich bis in die Eisenzeit zurückverfolgen lassen und die von Juden im Auftrag des babylonischen Herrschers Nebukadnezar gegründet worden sein soll. Errichtet auf den Uferterrassen des Flusses Queysar am Rand des Turkestangebirges stellte es eine fruchtbare Oase inmitten einer sonst eher kargen Landschaft dar.

Wie überall in den Grenzregionen gab es wechselnde Herrschafts- und Besitzverhältnisse, bis Maimana 1876 an Afghanistan kam. In einer der kriegerischen Auseinandersetzungen mit den Engländern wurden seine Mauern, Türme und Häuser dem Boden gleichgemacht und seine Bevölkerung fast vollständig ausgelöscht. Erst zu Beginn des 20. Jahrhunderts siedelten sich dort wieder Menschen an, darunter viele Paschtunen, und knüpften an die alten Traditionen an. Seit alters her war die Stadt nämlich ein wichtiges Handelszentrum an der Karawanenstraße gewesen, die in südlicher Richtung über Herat nach Persien führte und in nördlicher nach Turkestan, wo sie an die berühmte Seidenstraße anschloss. Und Karawanen waren es auch, die zum Teil den Reichtum von Vaters Familie begründeten, denn seine Vorfahren trieben einen ausgedehnten Handel mit allerlei Waren von Turkmenistan bis weit nach Indien hinein.

Eine Karawane war immer eine abenteuerliche Angelegenheit, und in unserer Familie wurden gerne die Geschichten von Großmutter Bibi erzählt, die als alte Dame ihren staunenden Kindern und Enkelkindern lebendig von dieser fremden Zeit berichtete. Es war wohl schon ihr Traum als junges Mädchen gewesen, einmal mitziehen zu können. Und so beobachtete sie, es sei im Jahr 1914 gewesen, erinnerte sie sich, sehnsuchtsvoll von ihrem Hof in Maimana aus, wie draußen im ersten Licht des Morgens die Vorbereitungen für den Aufbruch der Karawane getroffen wurden, mit der ihr eleganter Nachbar Mohammed Alam Khan, dem sie als zweite Frau versprochen war, einer seiner Brüder und weitere Stammesangehörige in ein paar Stunden aufbrechen sollten. Rund hundert Dromedare und Maultiere warteten in einem Pferch darauf, dass sie bepackt wurden. Wie gerne wäre sie dabei gewesen, doch das war undenkbar für eine unverheiratete Frau. Also beschränkte sie sich darauf, die Diener zu beobachten, die allerlei gute Sachen herbeischleppten, damit es den Reisenden an nichts fehlte: neben Reis, Getreide, Trockenfleisch und Butterschmalz auch getrocknete Aprikosen und afghanische Honigmelonen, die besten der Welt, fand Bibi, die auf dem viele hundert Kilometer langen Ritt die Männer mit Flüssigkeit versorgen sollten. Sie würden durch trockene Steppen, schroffe Felslandschaften und heiße Wüstenregionen ziehen, mit glutheißen Tagen und bitterkalten Nächten. Sher Khan, der älteste Bruder und Bürgermeister von Maimana, begleitetete die Karawane noch bis zur Stadt hinaus.

Das Ziel ihrer Reise war zunächst einmal das turkmenische Kerki. Wohin es dann ging, wusste Großmutter nicht mehr zu sagen. Aber was die Brüder dort wollten, das war ihr in Erinnerung geblieben. Sie transportierten auf ihren Dromedaren wertvolle Handelsware, die sich in Turkmenistan, damals zum russischen Zarenreich gehörend, zu einem guten Preis verkaufen ließ. Es handelte sich unter anderem um Felle des Karakulschafs, die in Europa als »Persianer« in Mode gekommen und besonders als Mäntel sehr gefragt waren. Als Kind mochte ich es gar nicht gerne hören, dass zu diesem Zweck die Tiere schon als ganz junge Lämmer geschlachtet werden mussten, bevor sie das typische schwarz gekräuselte Fell verloren.

Auf der Rückreise würden die Lasttiere mit Stoffen, Garnen und Turbanen beladen sein, die in den turkmenischen Fabriken der Familie hergestellt wurden. Bereits damals betrieb man die Geschäfte nach der Maxime, dass es immer vorteilhaft sei, wenn alles in einer Hand blieb, die Erzeugung ebenso wie die Weiterverarbeitung sowie alles, was sonst dazugehörte. Nicht anders, als ich es später selbst in Kunduz erlebte. Seinerzeit sah das so aus: Landwirtschaftlich erzeugt wurde in Afghanistan, produziert in Turkmenistan und verkauft erneut in Afghanistan sowie in den angrenzenden Ländern. Ein ausgedehntes Handelsimperium also, das meine väterlichen Vorfahren mit der Zeit aufgebaut hatten. In der Gegend um Peschawar beispielsweise heißen die Turbane noch heute Sher-Khan-Turban, nach dem Bruder des Großvaters, obwohl heute kaum jemand mehr die Herkunft dieses Namens kennt.

Zurück zu Großmutter Bibi. Von ihrem Beobachtungsposten im Hof ihres Hauses sah sie die Männer ihr Morgengebet verrichten, sah, wie sie sich noch vor Sonnenaufgang gegen Mekka verbeugten, wie sie dann die Herde aus dem Pferch hinter dem Haus trieben, um auf die bereits beladenen Tiere noch ein paar Heuballen und Decken zu packen. Die Nächte konnten empfindlich kühl werden, vor allem in den Steppen, die sie auf ihrem Weg durchqueren mussten. Sie schaute ihnen lange und sehnsuchtsvoll nach, als sie aus der Stadt hinausritten, bis sie ihren Augen entschwunden waren, und hoffte, dass sie heil zurückkehrten. Bibi wusste nur zu gut um die Gefährlichkeit einer solchen Reise, auch wenn die Karawane von zwei Dutzend bewaffneter Männer begleitet wurde.

Doch nicht nur Überfälle drohten. Niemand war gegen böse Erkrankungen gefeit, denen man nichts anderes als ein paar Hausmittelchen entgegenzusetzen hatte: etwa Fenchel gegen Bauchschmerzen und Malventee gegen Erkältungen sowie Safran gegen Kälteeinwirkungen. Die Männer verließen sich auf ihr Glück und auf Gott, zu dem sie mehrmals täglich beteten und ihn anflehten, er möge ihnen auf dieser Reise beistehen und ihre Unternehmungen unter einem guten Stern stehen lassen. Waren sie dann wieder glücklich daheim, pflegte sich unser Großvater jedes Mal für vierzig Tage in einen dunklen Raum zurückzuziehen, um bei Wasser und Brot zu beten und zu meditieren. Dabei sei er stets an die Grenzen seiner körperlichen und seelischen Kräfte gekommen und einen anderen Bruder, der es ihm gleichtun wollte, habe dieses extreme Fasten gar das Leben gekostet, erzählte Großmutter Bibi. Am Ende der Zeit konnten seine Verwandten ihn nur noch tot aus dem dunklen Verschlag ziehen.

Die Karawanen nach Turkmenistan fanden bald ein Ende. Als 1917 die Bolschewiken an die Macht kamen, war es vorbei mit den lukrativen Geschäften – und mit den dortigen Produktionsstätten ebenfalls. Die Familie war gezwungen, sämtliche Besitztümer auf russischem Gebiet rasch abzustoßen, bevor sie enteignet werden konnten. Doch dieses Geld, das mein Großvater im Gegenzug erhielt, war schon nach wenigen Stunden nicht mehr das Papier wert, auf dem es gedruckt war, denn die roten Machthaber verordneten eine Währungsreform, die sämtliche Verkaufserlöse zu Makulatur machte. Die Säcke mit dem wertlosen Geld fanden übrigens wir Kinder Jahrzehnte später beim Spielen in einer entlegenen Ecke unseres Hauses in Kunduz. Unser Stolz, einen verborgenen Schatz gehoben zu haben, schwand, als unsere Eltern uns lachend die Geschichte vom Ende des Abenteuers im zaristischen Turkmenistan erzählten. Weshalb unsere Großmutter Bibi auch nie mit einer Karawane dorthin kam.

Aber sie nahm an Reisen in andere Regionen teil. Nachdem die turkmenischen Firmenstützpunkte von der Oktoberrevolution hinweggefegt worden waren, orientierte sich die Familie hinsichtlich ihrer Geschäftskontakte nur noch in Richtung Süden. Indien wurde jetzt zu einem wichtigen Handelspartner, und dorthin nahm mein Großvater Alam Khan bisweilen seine Familie mit, auch Bibi, die er 1921 geheiratet hatte, und seinen Sohn Ghulam Sarwar. So auch im Herbst des Jahres 1927. Die Familie sollte die kalten Wintermonate in Bannu, damals zu Indien gehörig, verbringen, wo es bedeutend wärmer war als in Maimana oder Ghazni.

Es handelte sich um eine verhältnismäßig kleine Karawane, die sich da auf den Weg machte, zumindest verglichen mit den früheren Trecks ins turkmenische Zarenreich. Es waren gerade mal sechzehn Dromedare, die mit Proviant und Decken und einigen Handelswaren beladen wurden. Zusätzlich saßen auf den Tieren jeweils zwei bis drei Leute, vor allem Frauen und Kinder, während die Männer größtenteils zu Fuß gingen. Außer meinem Großvater war auch sein erheblich älterer Bruder Sher Khan dieses Mal mit von der Partie.

Ausgangspunkt war Maimana, von wo es weiterging zum Familienstammsitz Qara Bagh in der Nähe der zentralafghanischen Stadt Ghazni. Noch vor Sonnenaufgang trieben sie die Kamele aus dem schlafenden Ort, um im Schein flackernder Petroleumlampen noch vor der Vormittagshitze möglichst viele Kilometer hinter sich zu bringen. Als sie am frühen Morgen durch Ghazni zogen, fielen die ersten matten Strahlen der Sonne auf die Lehmhäuser der Stadt, die mit der gewaltigsten Mauer Afghanistans umschlossen war. Das schützte sie jedoch weder vor den mongolischen Horden Dschingis Khans noch 1839 vor den britischen Kanonen im ersten Anglo-Afghanischen Krieg. Die Stadt war im 11. Jahrhundert Sitz der Ghaznawiden, deren Reich sich bis auf den indischen Subkontinent erstreckte. Darüber hinaus ist sie bekannt als ein Zentrum der Gelehrsamkeit. Hier wirkten einst hunderte Dichter und Wissenschaftler, darunter Abu Qasim Firdausi, einer der größten klassischen persischen Dichter, und Al-Biruni, ein Mathematiker, Astronom, Philosoph und Universalgelehrter, der schon vor tausend Jahren den Radius der Erdkugel berechnete und die Entstehung der Mondfinsternis astronomisch erklärte, ohne dass er der Irrlehre bezichtigt worden wäre, wie es später im Abendland gängige Praxis wurde.

Das Getrappel der Karawane hallte in den Straßen und Gassen wider, bis die Reiter und ihre Tiere durch eines der Tore die karge Hügellandschaft vor der Stadt erreichten. Vorbei ging es an dem über achthundert Jahre alten oktogonalen Minarett aus gebrannten Ziegeln, das die Reisenden zum Abschied grüßte. In wenigen Monaten, so hoffte mein Großvater, würde es ihnen dann schon von ferne bei der glücklichen Heimreise im Licht der Sonne entgegenleuchten. Es sollte anders kommen, denn sie zogen einer Katastrophe entgegen.

Noch aber verlief alles wie gewohnt. Die Brüder ritten auf ihren schwarzen Araberhengsten voran, um den besten Weg und einen geeigneten Rastplatz für die nächste Nacht zu erkunden. Die anderen folgten zu Fuß oder auf ihren Dromedaren, vom ersten Licht des Morgens bis zum Anbruch der Dunkelheit. Tagein, tagaus, wochen- oder gar monatelang. Durch weite Steppen, über hohe Pässe und endlose Gebirgsketten, eine Strapaze vor allem für die Frauen und Kinder. Unterwegs legte man regelmäßig in Dörfern und Städten Pausen ein, um mit den Bewohnern Handel zu treiben, und oft war vor Erreichen des eigentlichen Zieles bereits ein Teil der Waren verkauft. Ähnlich verhielt es sich auf der Rückreise, denn auch die in Indien eingekauften Gewürze wechselten vielfach bereits unterwegs den Besitzer.

Nachdem sie die afghanisch-indische Grenze über den Gomalpass passiert hatten, schlugen sie ihre Zelte in Bannu auf. In der heute zu Pakistan gehörenden Stadt ereilte sie ihr Schicksal, als in der Region eine Choleraepidemie ausbrach, der die Hälfte der Einwohner zum Opfer fiel. Auch etliche Mitglieder meiner Familie, darunter mein Großvater und ein Onkel starben, während Sher Khan dem Tod ebenso mit knapper Not entging wie meine Großmutter Bibi und mein Vater Ghulam Sarwar, damals fünf Jahre alt.

Es war nur noch ein kleiner, trauriger Trupp, der am Minarett von Ghazni vorbei in das heimatliche Dorf zog. Drei Kamele, den Rest hatte man noch in Indien verkauft, weil von den Menschen, die auf ihnen gesessen hatten, nicht mehr als ein halbes Dutzend am Leben war und es überdies an Männern fehlte, die die Tiere hätten im Zaum halten können. Wie sollte es jetzt weitergehen, fragte sich meine Großmutter. Was würde aus ihr werden? Was aus ihrem kleinen Sohn und aus dem Mädchen, der Tochter ihres Mannes und seiner ebenfalls an der Cholera verstorbenen ersten Frau, um das sie sich jetzt kümmern musste?

Der Herrscher von Kunduz

Meine Großmutter musste nicht verzweifeln: Es gab zwar keine Renten und keine Sozialhilfe, doch bot in der afghanischen Gesellschaft die Familie automatisch Schutz für Witwen und Waisen, und das funktionierte besser als viele moderne Sozialsysteme.

Zum Glück hatte Sher Khan, das Familien- und Stammesoberhaupt, die Cholera überlebt, und wie es Sitte war, nahm er nach einer angemessenen Trauerzeit die Witwe seines verstorbenen Bruders zur Frau. Genauer gesagt, zu seiner zweiten Frau, denn natürlich war Sher Khan, damals etwa fünfzig Jahre alt, bereits verheiratet. Doch weil das in den meisten islamischen Ländern eine völlig normale Sache war und ist, stieß sich niemand daran. Und schon gar nicht Bibi, die das nicht anders kannte, denn schließlich war sie auch nicht die erste Frau meines Großvaters gewesen. Ebenso selbstverständlich wurden die Kinder des Bruders behandelt wie die eigenen, und in der Tat hat Ghulam Sarwar seinen Onkel Sher Khan stets eher als Vater betrachtet, genau wie dieser in dem Neffen mehr den Sohn sah. In einer Stammesgesellschaft gelten Blutsbande keineswegs nur für die engste Familie, sondern stellen eine viel weitreichendere Verbindung dar.

Sher Khan war damals bereits ein mächtiger und angesehener Mann, nicht nur bei den Kharoti, denen er als Khan vorstand, sondern er verfügte auch über hervorragende Beziehungen zu anderen Führern im ganzen Land, unter denen er als starker wie gerechter Patriarch galt. Auch politisch war er einflussreich. So stellte er sich 1929 bei den Auseinandersetzungen um den Reformkönig Amanullah auf dessen Seite, und der gestürzte Herrscher beriet sich mit meinem Großonkel in Qara Bagh, wo er und sein Gefolge untergebracht und versorgt wurden. Amanullah beratschlagte mit Sher Khan, was nun zu tun sei, und mein Großonkel redete auf den König ein, mit Kämpfern seines Stammes sowie mit Unterstützung anderer Khans Kabul zurückzuerobern. Dieser zögerte, weil die Nachrichten aus Kabul nichts Gutes verhießen, denn der Sohn des Wasserträgers hatte bereits die Schlüsselpositionen besetzt. Amanullah verwarf Sher Khans Vorschlag und zog es vor, ins Exil zu gehen, um von dort aus die Dinge zu beobachten und abzuwarten. Vergeblich, denn er sollte nie mehr nach Afghanistan zurückkehren.

Während andere Männer, die Parteigänger Amanullahs gewesen waren, in der Folgezeit in Misskredit gerieten wie etwa mein Großvater Omar, wurde Sher Khan ein enger Vertrauter von Nadir Schah, der einen moderaten Reformkurs steuerte. Da kam ihm der mächtige Khan, der nicht nur über viel Rückhalt im Land verfügte, sondern auch ähnliche Ansichten vertrat wie er selbst, gerade recht. Zudem hatte er bereits als Bürgermeister von Maimana bewiesen, dass er energisch und zupackend war. 1930 ernannte ihn der König zum Gouverneur der Nordprovinz Qatagan-Badakhschahn, die etwa ein Viertel des ganzen Landes ausmachte und deren Verwaltungssitz Kunduz war. Eine Region, an der selbst die bescheidensten Spuren des Fortschritts vorbeigegangen waren. Hier fand Sher Khan ein geeignetes Betätigungsfeld für sein überragendes Organisationstalent.

Also zog er mit seiner gesamten Familie aus seiner Heimatstadt Maimana nach Kunduz, diesem unbedeutenden Provinzstädtchen, fernab der Hauptstadt Kabul im unzugänglichen, unterentwickelten Norden des Landes und in den Sümpfen des Amudarya gelegen, der die Grenze zur Sowjetunion bildete und als einziger Fluss in Afghanistan ganzjährig schiffbar ist. Es dürfte ein ziemlich großer Umzug gewesen sein, denn Sher Khan kam nicht nur mit seiner großen Familie, sondern brachte auch andere Verwandte mit. Entsprechend geräumig war das Haus, das er in Auftrag gab und das später das Heim auch meiner Kindheit und Jugend werden sollte.

Auf den ersten Blick erkannte Sher Khan, was alles in der Provinz im Argen lag. In den sumpfigen Niederungen herrschte die Malaria, während die Hochebenen und das Bergland unter extremer Dürre litten. Die meisten Menschen lebten mehr schlecht als recht von der Landwirtschaft und produzierten gerade so viel, wie für das nackte Überleben nötig war. Als Stammesführer daran gewöhnt, klare und rasche Entscheidungen treffen zu müssen, fackelte er auch als neu ernannter Gouverneur nicht lange und machte sich gleich ans Werk. In den folgenden Jahren krempelte er den ehemals gottverlassenen und wegen seiner Grenznähe zudem unsicheren Landstrich komplett um: Er ließ Sümpfe trockenlegen, am Fluss einen Hafen bauen, Straßen durchs Land und Telefonverbindungen selbst in entlegene Ortschaften ziehen. Er sorgte dafür, dass Schulen und Krankenhäuser entstanden, und gründete die Cotton Company, einen Baumwolle erzeugenden und verarbeitenden Betrieb, der in den darauffolgenden Jahren und Jahrzehnten maßgeblich für den Wohlstand der ganzen Provinz sorgte, die schon bald zu einer Musterregion des

Landes werden sollte. Die aufblühende Wirtschaft lockte Zuwanderer an, und die Stadt vergrößerte sich. Später wurde eine ganze Stadt, Qezel Qalah am afghanisch-tadschikischen Grenzfluss Pjandsch, einem Zufluss des Amadurya, nach ihm benannt: »Sher Khan Bandar«, ein Name, auf den die Stadt noch heute stolz ist.

Der Erfolg meines Großonkels beruhte zum einen zweifellos auf seiner eigenen Umsicht und Tatkraft, zum anderen aber auch darauf, dass er sich meisterlich darauf verstand, die richtigen Leute an sich zu binden. Klugerweise setzte er dabei auf Mitarbeiter aus der Region und berief auch in die Provinzregierung Männer aus den ansässigen Familien. Er ging völlig zu Recht davon aus, dass Einheimische sich bei Modernisierungsmaßnahmen und Strukturwandel erheblich mehr ins Zeug legen würden als Fachkräfte aus Kabul, die kein eigenes Interesse an der Umsetzung der verschiedenen Projekte hatten. Nur wo es nicht anders ging, holte sich Sher Khan Verstärkung von außerhalb.

Auch das Rechtswesen musste dringend erneuert werden, denn bisher herrschten in der entlegenen Region uferlose Willkür und Machtmissbrauch, nicht zuletzt vonseiten der Armee. Kein Wunder, dass der Gouverneur mit diesem Vorhaben nicht gerade auf große Gegenliebe stieß, und es bedurfte einiger Überredungskunst, hier Unterstützung zu finden, denn viele hatten Angst vor der Rache jener, deren Macht sie beschneiden sollten. Sher Khan brauchte Leute, die mutig Übergriffen gegenüber schutzlosen Bürgern nachgingen und die Verantwortlichen zur Rechenschaft zogen. Unbestechliche Polizisten und Juristen also. Auch wenn es nicht einfach war, mein Großonkel hielt zäh an seinem einmal gefassten Entschluss fest, focht die Sache durch – und am Ende gab ihm der Erfolg recht.

Ein Projekt, das ihm ebenfalls sehr am Herzen lag, betraf den Ausbau eines zeitgemäßen Bildungswesens, und zu diesem Zweck holte er Wissenschaftler und Gelehrte nach Kunduz, die ihn dabei kompetent unterstützen konnten. Er wusste, dass ohne Bildung keine Weiterentwicklung möglich war und dass er bei der Basis beginnen musste: beim Ausbau und der Verbesserung des Schulwesens. Er ließ, teilweise auf eigene Kosten, Schulbücher erstellen und drucken, ebenso einige historische Werke. Eine Weltgeschichte, eine Geschichte Asiens und eine Geschichte Afghanistans und eine über den Islam. Ferner praktische Anleitungen für die Landwirtschaft. Zu seinen wichtigsten Mitarbeitern gehörten auch zwei Iraner, alte Bekannte aus dem vorrevolutionären Russland, die in seinem Auftrag mehr als hundert Bücher vor allem aus dem Russischen übersetzten, um Material für die neu zu schreibenden Schul- und Geschichtsbücher bereitzustellen. Gedruckt wurde zumeist im indischen Lahore, das am Ende der Kolonialzeit Pakistan zugeschlagen wurde. Damals stellte Sher Khan übrigens auch einen kleinen Abriss seiner eigenen Familiengeschichte zusammen.

Wenn man sich anschaut, was er alles zuwege brachte, so ist es kaum glaublich, dass er nur wenige Jahre dafür brauchte. Mehr Zeit war ihm nicht vergönnt, denn 1937 starb er bereits im Alter von nur zweiundsechzig Jahren. Das Ende kam ganz plötzlich. Der zuvor kerngesunde Mann wand sich mit einem Mal unter unerklärlichen Schmerzen und musste in ein Krankenhaus eingeliefert werden. Er war schwach und fahl wie der Tod. Die Angehörigen waren entsetzt, die Ärzte ratlos, niemand konnte sich den plötzlichen Verfall erklären. Trotzdem ließ er sich am nächsten Morgen seine geliebte Zeitung ans Krankenbett bringen, schlug sie auf und erstarrte. Da stand doch tatsächlich, der Gouverneur sei am Vortag in ein Krankenhaus gebracht worden und dort überraschend einem unheilbaren Leiden erlegen.

Sher Khan hatte soeben die Meldung über seinen eigenen Tod gelesen. Eine Szene, wie sie makabrer nicht sein könnte. War er als Khan und Gouverneur zu mächtig geworden? Sofort ließ er seine Familie an sein Bett kommen, resümierte bitter sein Leben im Dienst der anderen, das ihm nun dieses Ende bescherte, und mahnte seine Angehörigen zu steter Zurückhaltung im politischen Ränkespiel. Nur wenige Stunden später verstarb er, so wie es in der Zeitung gestanden hatte, plötzlich und unerklärlich. Woran genau, das haben wir nie erfahren, denn alle Nachforschungen der Familie, in der niemand an einen natürlichen Tod glaubte, verliefen ergebnislos im Sande.

Mein Vater hat sich dem Vermächtnis dieses außergewöhnlichen Mannes immer verpflichtet gefühlt und trat die Nachfolge seines Stiefvaters als Patriarch und Förderer in Kunduz an. Darüber hinaus setzte er ihm ein ganz besonderes Denkmal: Als es Mitte der Fünfzigerjahre in Afghanistan üblich wurde, sich einen Familienamen nach westlichem Vorbild zuzulegen, allein wegen der internationalen Gültigkeit von Dokumenten, ließ er sich von der verlegerischen Tätigkeit Sher Khans inspirieren und entschied sich für »Nasher«, was so viel wie »Verleger« bedeutet. Und so nennt sich meine inzwischen über die ganze Welt verstreut lebende Familie noch heute.

Ein schwieriger Anfang

Aus ihren Jungmädchenträumen von Studium, Verliebtheit und Leben mit einem Märchenprinzen wachte Mariam erst langsam auf. Es begann, als sie mit ihrer neuen Schwägerin und deren Mann in den Norden Afghanistans reiste, über den wilden und bitterkalten Shibarpass. Ghulam Sarwar war bereits vorausgefahren. Die auf fast dreitausend Meter hinaufführende Straße lag, um diese Jahreszeit von tief verschneiten Hängen flankiert, unter einer kalten, aber immer noch starken Sonne, die den Schnee in breiten Schmelzbächen über die nur notdürftig geschotterte Straße fließen ließ.

Der Chauffeur ihres Wagens musste alle seine Fahrkünste aufbieten, um in diesem bedrohlichen Gemisch aus Sand, Steinen, Eis, Schnee und Wasser nicht stecken zu bleiben. Der Bus kroch über die endlosen Serpentinen der Passstraße hinauf und fuhr auf der anderen Seite nur umso steiler ins Tal hinab, immer knapp entlang der gähnenden Leere, die sich neben den kleinen Mäuerchen auftat, welche die Straße an ihren tiefsten Abstürzen begleiteten und im Ernstfall keinen Schutz boten. Hier war alles steil und schroff, kahl und unwirtlich. Nicht anders als viele Male zuvor Elisabeth vermochte auch Mariam der Landschaft, die draußen am Fenster vorbeizog, wenig abzugewinnen. Sie hatte nichts von der anheimelnden, romantischen Schönheit der bayerischen Alpen, die sie aus der Mittenwalder Zeit kannte. Doch Mariam nahm nicht allzu viel davon wahr. Sie spann sich, die Augen blicklos auf die am Horizont scheinbar ins Unendliche mäandernden Bergkämme gerichtet, in ihre Gedanken ein, und erst als die Straße sich tiefer und tiefer ins Tal senkte und die ersten schwarzen Zelte der Nomaden auftauchten, erst als plötzlich Wacholderbüsche die Hänge überwucherten, später Kirschbäume und Pappeln und Pistazienbäume und allerlei exotische Gewächse, für die sie keine Namen kannte, da wurde ihr mit erschreckender Klarheit bewusst, dass es endgültig vorbei war mit all ihren großen Träumen.

Eine beängstigende Vorstellung für ein fünzehnjähriges Mädchen, das gerade erst der Kindheit entwachsen war, doch anders als meine Großmutter rebellierte meine Mutter nicht, zumindest nicht sichtbar. Sie war sanftmütiger, anpassungsfähiger. Trotzdem erfüllte sie der Gedanke an ihr neues Leben mit Bangen. Ein Mann, den sie kaum kannte, eine fremde Stadt, die sie künftig als Zuhause betrachten sollte, eine zweite Ehefrau und eine große Verwandtschaft. Bislang war ihre Familie schließlich sehr klein gewesen, hatte im Grunde genommen nur aus ihr und ihrer Mutter bestanden. Und am schlimmsten fand sie, dass dieser Dreh- und Angelpunkt ihres Lebens nicht einmal an ihrer Seite war, um ihr den bevorstehenden Schritt zu erleichtern. Die Fünfzehnjährige vermisste ihre Mutter schrecklich. Zumal sie nicht die geringste Ahnung hatte, was sie am Ende dieser Reise erwartete. Wie sollte sie auch!

Einen Vorgeschmack auf die afghanische Realität hatte sie allerdings bereits während der ersten Woche nach ihrer Hochzeit in Kabul bekommen. Es begann mit Kleinigkeiten. So beschloss Mariam einmal während der Abwesenheit ihres Mannes, in die Stadt zu gehen, um bei einem Schneider einen Rock abzuholen. Warum auch nicht? Für sie jedenfalls die natürlichste Sache der Welt. Nicht so für meinen Vater. Noch bevor sie bei ihrer Rückkehr beschwingt und stolz das neue Kleidungsstück präsentieren konnte, kam Ghulam Sarwar ihr bereits aufgeregt entgegen. »Warum hast du mir nicht gesagt, dass du zum Schneider gehen willst?«, fragte er. »Dann wäre ich natürlich mitgegangen.« Meine Mutter verstand gar nichts, dachte bestenfalls an übertriebene Fürsorge und Höflichkeit, bis sie den wahren Grund erkannte. »Du kannst nicht einfach ausgehen, das macht man nicht«, wurde ihr erklärt. »Es schickt sich für eine verheiratete Frau nicht, ohne ihren Mann durch die Stadt zu spazieren. Was sollen die Leute denken?« Verständnislos schüttelte Mariam den Kopf. Doch solche Belehrungen würde sie künftig immer wieder zu hören bekommen. *Das tut man nicht, Was sollen die Leute denken* – Sätze wie diese wurden zur ständigen Begleitmusik dieser ersten Phase ihres neuen Lebens.

Sicher hatte sie sich das anders vorgestellt – und Elisabeth ebenfalls. Nicht umsonst hatte sie vor der Hochzeit einige Bedingungen gestellt, die ihr besonders am Herzen lagen und durch die sie ihrer Tochter trotz allem ein weitgehend freizügiges und westlich orientiertes Leben sichern wollte. Dazu gehörte die Wiederaufnahme des seit Teheran unterbrochenen Schulbesuchs und die Möglichkeit, später einmal zu studieren. Hatte mein Vater seinerzeit die Pläne des jungen Mädchens großartig gefunden und den Wünschen meiner Großmutter entsprochen, so war angesichts der Realität in Kunduz alles anders. Dort war ganz schnell keine Rede mehr von Unterricht, Schulbesuch und Privatlehrern. Weil es hier in der Provinz noch keine Schule für Mädchen gab, erledigte sich nach Ghulam Sarwars Ansicht dieses Thema ohnehin von selbst.

In Kabul hatte sie regelmäßig einen Privatlehrer besucht, den ihre Mutter für sie ausgesucht hatte, damit dieser sie auf den Besuch der *Nedjat*-Schule vorbereitete, auf der Mariam ihr Abitur ablegen sollte – bis sie bemerkte, dass ihrem Mann die Besuche bei diesem Lehrer alles andere als recht waren. Nicht weil er etwas dagegen hatte, dass seine Frau sich bildete, sondern weil er eifersüchtig war auf den jungen, gut aussehenden Lehrer. Doch mit dem Umzug nach Kunduz erübrigte sich das ebenfalls.

Das Einzige, was sie richtig beherrschen sollte und musste, war die Sprache. Aber deswegen zu einem Privatlehrer gehen, der sie auch in anderen Fächern hätte unterrichten können? Nicht nötig, fand mein Vater. Er war der Meinung, dass Mariam wunderbar im täglichen Umgang mit der Verwandtschaft Dari erlernen könne. Daneben sprach die Familie das vom Dari völlig abweichende Paschtu, die zweite Landessprache, doch war im nordafghanischen Kunduz – wie auch in Kabul – eher das Dari verbreitet, und darauf sollte sich Mariam nun konzentrieren. Dabei kamen nach und nach die vielen Wörter und Redewendungen zutage, die sie während ihrer ersten Lebensjahre in Kabul gespeichert hatte, in den Zeiten des Hausarrests, als sie vom Dari-Unterricht der beiden russischen Mitgefangenen profitierte, der eigentlich ihrer Mutter gegolten hatte. Auch jetzt lernte sie dank ihrer ungewöhnlichen Sprachbegabung schnell und sollte die Sprache bald fließend beherrschen.

Mein Vater betrachtete ihre Bemühungen mit Wohlwollen. Unbestreitbar war er fasziniert von ihren Talenten und stolz auf ihre Schönheit, ihre Offenheit und ihre europäische Erziehung, aber seine Bewunderung für die westliche Kultur hinderte ihn nicht daran, sie patriarchalisch nach seinen Vorstellungen zu formen, damit sie in das strenge soziale Gefüge der afghanischen Gesellschaft und in die Tradition einer Großfamilie passte: Das hatte er sich zum Ziel gesetzt, und daran arbeitete er zwar mit der gebotenen Rücksicht, aber mit aller Bestimmtheit.

Ghulam Sarwar verstand es als seine Pflicht, die um zwölf Jahre jüngere Halbafghanin, die in Europa aufgewachsen war, mit den afghanischen Sitten und Gebräuchen vertraut zu machen. Dazu gehörte, dass das Wohl der Familie als höchstes Gut galt, hinter dem die Interessen einzelner Mitglieder zurückstehen mussten. Für ein frei erzogenes junges Mädchen mit Sicherheit ein sehr gewöhnungsbedürftiger Gedanke.

Überhaupt die Familie. Man nahm meine Mutter keineswegs mit offenen Armen auf, wie mein Vater vorausgesagt hatte. Besonders Bobo, seine erste Frau, reagierte abweisend, obwohl sie mit der Tradition der Polygamie aufgewachsen war. Zum Glück hielt ihre Feindseligkeit nicht allzu lange an, und mit den Jahren entwickelte sich zwischen den beiden ungleichen Damen des Hauses ein beinahe freundschaftliches Verhältnis. Auch wenn meine Mutter die Situation nie mit der gleichen Selbstverständlichkeit betrachten konnte wie wir Kinder, die es nicht anders kannten. Immerhin fand sie es, nachdem das Eis gebrochen war, sehr spannend, die komplizierten Strukturen einer afghanischen Großfamilie kennenzulernen.

An der Spitze stand mein Vater Ghulam Sarwar, der respektvoll als Khan Agha (Herr der Khans) angeredet wurde. Wichtigste Frau im Haus war seine Mutter, die alle nur Bibi nannten, auf Dari der Kosename für Großmutter. Überhaupt war es innerhalb der Familie üblich, die Mitglieder nach ihren jeweiligen Funktionen zu benennen, etwa Bobo (Mutter), Baba (Vater) oder Ama (Tante). Außerdem gilt es in Afghanistan als Zeichen von Respekt, jemanden nicht einfach mit dem Vornamen anzusprechen, sondern wann immer möglich die Endsilbe *jan* anzuhängen, etwa Mariam-*jan* – liebe Mariam. Beliebt waren zudem Kosenamen wie Shirin Gul (süße Blume), Mah Gul (Mondblume), Nafas Gul (Seelenblume) oder Shirin Jan (süße Seele), wie Bobo manchmal genannt wurde. Männer bekamen meist Namen wie Gul Agha (blumiger Herr), Shirin Agha (süßer Herr) oder Dil Agha (Herr des Herzens).

Meine Mutter wünschte keinen Kosenamen, in dem »Blume« oder »süß« vorkam, was sich als außerordentlich schwierig herausstellte. Von ihren beiden Stiefsöhnen wurde sie als »Mama« bezeichnet, denn kurz nach ihrer Ankunft in Kunduz hatten Zarghoon und Fraidoon sie gefragt, was in ihrer Sprache denn »Mutter« bedeute. Und mit diesem in Afghanistan wohl einzigartigen Kosenamen »Mama« sprach sie bald schon die ganze Familie einschließlich Personal an. Mit der Zeit lernte Mariam eine ganze Menge darüber, wie man in einer Großfamilie lebte. Und wie man sich anpasste. Dabei half ihr insbesondere ihre Schwiegermutter, eine ebenso warmherzige wie energische Person, die es gut meinte mit der jungen Frau und ihr den Einstieg in die für sie fremde Welt erleichtern wollte. Sie führte ihre Schwiegertochter in die alltäglichen Pflichten ein und erzählte von der wechselvollen Familiengeschichte. Innerhalb der Mauern ihres Anwesens hatte sie das Sagen, die Verantwortung der Männer begann vor den Toren – eine konsequente Zweiteilung, wie sie in orientalischen Kulturen die Regel ist. Neben meinem Vater und seiner Halbschwester aus der ersten Ehe meines Großvaters hatte Bibi noch zwei Söhne aus der Verbindung mit Sher Khan. Über alles konnte man mit ihr reden, doch ihre Kinder waren für sie über jede Kritik erhaben, vor allem Ghulam Sarwar, ihr Erstgeborener.

Nicht zuletzt unter ihrem Einfluss lernte Mariam ihren Mann besser kennen, und indem sie mehr über seine Tätigkeit und seine Lebenseinstellung erfuhr, wuchs ihr Respekt vor ihm. Sie hörte aus den Erzählungen ihrer Schwiegermutter heraus, welch ausgeprägten Gerechtigkeitssinn er besaß und welch hohes Verantwortungsbewusstsein. Nicht nur den Mitgliedern seines Clans gegenüber, sondern auch wenn es um seine Angestellten auf den Ländereien ging.

Es gefiel Mariam, dass er sich ehrlich um die Belange der Menschen kümmerte und für eine Verbesserung ihrer Arbeits- und Lebensbedingungen sorgte. Beispielsweise mussten die Bauern nur ein Achtel ihrer Erträge abgeben, was ihr sehr großzügig zu sein schien. All das trug dazu bei, dass sie sich ihrem Mann mehr und mehr verbunden fühlte. Zudem beeindruckten das junge Mädchen zunehmend sein Weitblick, seine untrügliche Menschenkenntnis. Und auch die Galanterie und liebevolle Fürsorge, mit der er sie umgab. Zweifellos tat mein Vater innerhalb seines Wertesystems alles, um seine junge Frau glücklich zu machen. Verständlicherweise dürfte dies zu Anfang Bobo eifersüchtig gemacht haben.

Immerhin war das Anwesen groß genug, dass man sich zur Not aus dem Weg gehen konnte, und tatsächlich bewohnte Bobo mit ihren Kindern, den Söhnen Zarghoon und Fraidoon sowie der kurze Zeit nach Mariams Ankunft in Kunduz geborenen Tochter Zarmina einen eigenen Trakt des Hauses. Neben dem Haupthaus mit großer Veranda gab es noch weitere Gebäude für Gäste und Personal, eingebettet in einen großen Park mit hohen Bäumen und wunderschönen Rosen. Nebenan im Obstgarten mit Pfirsichen, Birnen, Äpfeln, Kirschen und Aprikosen, der durch eine hohe steinerne Mauer begrenzt wurde, befanden sich Stallungen und Wohnungen für die Pferdepfleger.

Das war Mariams neue Welt. Wie es draußen aussah, davon wusste sie nur wenig, denn Ghulam Sarwar war zumeist sehr beschäftigt, geschäftlich unterwegs bei Baumwollbauern, auf Ländereien, bei Handelspartnern oder auch am Familienstammsitz Qara Bagh. So blieb für gemeinsame Unternehmungen kaum Zeit, und sie fühlte sich häufig sehr allein. In solchen Momenten mag sie zwar wehmütig an die sorglose Schulzeit in Teheran gedacht haben, die nicht einmal ein Jahr zurücklag, doch sie beherzigte die Anweisungen, die man ihr gegeben hatte: Ihr Mann wünschte es nunmal nicht, dass seine Frau ohne Begleitung in die Stadt ging. Wenn sie überhaupt das Haus verließ, dann wurde sie mit dem Auto zu einem Verwandtenbesuch gefahren.

So war es eine mehr als willkommene Abwechslung, als die Schwester meines Vaters zu Besuch nach Kunduz kam. Bereits wenige Wochen nach ihrer Hochzeit forderte sie meine Mutter auf, mit ihr auf den Basar zu gehen. Mariam mochte ihre Schwägerin, eine lebenslustige, witzige Frau, und voller Freude willigte sie ein. Aber durfte sie wirklich? Unsicher geworden zögerte sie. »Ob das Ghulam Sarwar recht ist?«, fragte sie ängstlich, doch die andere winkte nur lachend ab. »Warum denn nicht?«, sagte sie amüsiert.

»Schließlich gehst du ja mit mir, und außerdem haben wir das«, fügte sie augenzwinkernd hinzu und überreichte meiner Mutter ein Päckchen. Als diese den Inhalt neugierig auseinanderfaltete, dürfte sie ein ähnliches Gesicht gemacht haben wie Elisabeth sechzehn Jahre zuvor, als Omar ihr während ihrer Reise von Indien nach Afghanistan einen Schleier kaufte. Entsetzen und Unmut empfand nun auch ihre Tochter, als sie die sechzehn Meter des rauen, plissierten Stoffes durch ihre Finger gleiten ließ und das Gitter betrachtete, durch das sie fortan die Welt sehen sollte. »Das soll ich anziehen?«, entfuhr es ihr, aber in Kunduz war das offenbar Sitte. »Das tun wir doch alle«, sagte ihre Schwägerin lächelnd, »so einfach ist das.« So einfach? Das sah Mariam anders, doch wenn sie dieses Haus auch einmal ohne Ghulam Sarwar verlassen wollte, blieb ihr kaum eine andere Wahl. Sie dachte an all die Frauen in ihren Tschaderis und schob sich das Kleidungsstück über den Kopf. Dann war der Weg nach draußen frei für sie. Sie musste vorsichtig sein in dem engen Gewimmel der Einkaufsstraßen, in denen sich die Männer so bewegten, als wären die Gestalten unter ihren Tüchern nicht nur unsichtbar, sondern stellten kaum Hindernisse auf den geschäftigen Wegen dar.

Mit der Neugier und Begeisterungsfähigkeit ihrer fünfzehn Jahre nahm Mariam die neuen Eindrücke in sich auf. Kunduz war damals noch eine Kleinstadt mit nicht mehr als einer Hauptstraße, deren Asphaltierung direkt am Ortsende aufhörte. Immerhin gab es eine Kreuzung, auf der ein Verkehrspolizist stand und mit zackigen Gesten das Gewühl aus Karawanen, Pferdekutschen, Bussen, Sammeltaxis, Reitern und Fußgängern zu dirigieren versuchte. Das quirlige Leben fand vor allem im Basar statt, in dessen engen Gassen, streng nach Gewerbe geordnet, Händler ihre Waren feilboten. Es gab unter anderem die Gasse der Schuhmacher, der Gemüse- oder Gewürzhändler, der Schmiede, der Töpfer, der Juweliere und der Stoffhändler, bei denen es sich zumeist um Inder handelte. Es war eine berauschende Vielfalt an Menschen und Sprachen, denn neben den beiden Landessprachen hörte man noch Hindi, Usbekisch und Turkmenisch. Ferner gab es Teehäuser und Restaurants, und in anderen Ecken boten Gaukler und Wahrsager ihre Dienste an. Oder Schreiber, die Anträge an Behörden oder Briefe an Verwandte aufsetzten. Eine besondere Attraktion waren Hahnenkämpfe, bei denen Wetten abgeschlossen wurden, doch dieses blutige Geschehen war nichts für meine Mutter. Als sie zu allem Überfluss erfuhr, dass der unglückliche Verlierer im Kochtopf landete, beschloss sie, nie wieder einer solchen Veranstaltung auch nur einen Blick zu schenken. Doch ansonsten genoss sie den Ausflug mit ihrer Schwägerin.

Mariam war nicht Elisabeth, sie schnitt nicht das Gesichtsgitter aus ihrer Tschaderi, und sie schrie ihren Mann nicht an. Sie trug den Schleier, wann immer es notwendig war und akzeptierte ihn als *qismat*, als unabänderliches Schicksal, und dachte damit instinktiv schon viel afghanischer, als ihre Mutter es je in ihrem Leben fertiggebracht hatte. Und praktischer, denn immerhin erlaubte der Schleier ihr eine größere Freizügigkeit – und das war es ihr wert. Zwar redete auch sie gelegentlich mit ihrem Mann über dieses Problem, doch nie fordernd und voller Empörung wie seinerzeit Elisabeth.

Ghulam Sarwar lächelte wohlwollend, als er sie das erste Mal verschleiert sah. Er war sicherlich kein Verfechter der Tschaderi, aber solange die Verschleierung in der Welt, in der er lebte, als ungeschriebenes Gesetz galt, beugte er sich diesem Verhaltenskodex. Traditionen waren ihm wichtig, auch wenn er sich in anderen Bereichen sehr progressiv gab. Solche Gegensätze kennzeichneten meinen Vater bis ins hohe Alter, doch er selbst empfand das keineswegs als Widerspruch. Und so selbstverständlich die Verschleierung für ihn in Kunduz war, stand es für ihn außer Frage, dass meine Mutter sie anderswo nicht tragen musste. Ja, er suchte sogar Gelegenheiten, sie so oft wie möglich davon zu befreien.

Dazu gehörten beispielsweise Reisen durchs ganze Land, um ihr die Geschichte Afghanistans näherzubringen, denn er selbst war sehr stolz auf die alte und reiche Kultur seiner Heimat, die von den verschiedensten Völkern und Religionen geprägt wurde. Besonders gerne fuhr er ins Tal von Bamiyan zu den weltweit größten Buddhastatuen aus rotem Sandstein: fünfunddreißig Meter hoch die kleinere, zwanzig Meter höher die größere. Meine Mutter war überwältigt von der Schönheit und Anmut der Figuren, die im 6. Jahrhundert entstanden und 1222 von den mongolischen Reiterhorden Dschingis Khans teilweise beschädigt wurden. Ihre vollkommene Zerstörung erlebten sie 2001 durch Talibanmilizen, die diese Zeugnisse einer anderen Religion in ihrem islamischen Land unter keinen Umständen duldeten.

Mariam und Ghulam Sarwar genossen beide diese Ausflüge. Meine wissbegierige Mutter wusste sie nicht nur zu schätzen wegen der vielen neuen Anregungen, sondern weil sie ihr gleichzeitig Gelegenheit boten, dem anstrengenden Alltag mit den vielen Besuchern und der Großfamilie einmal zu entkommen und ihren Mann ganz für sich zu haben. Schließlich war er inzwischen ihre hauptsäch-

Drei Madchen, drei Generationen:
Elisabeth (um 1920), Mariam (um 1940)
und Diana (um 1960).

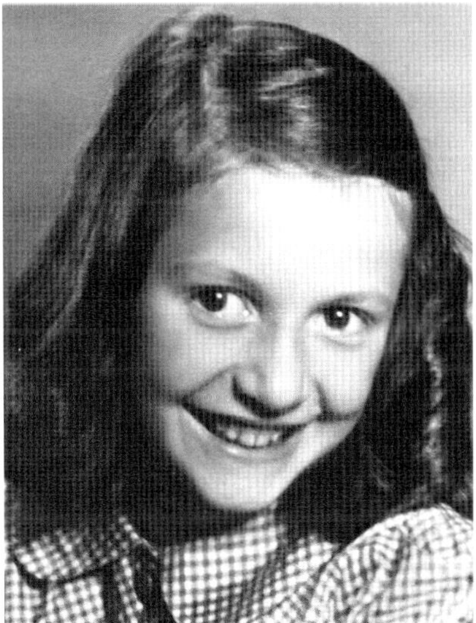

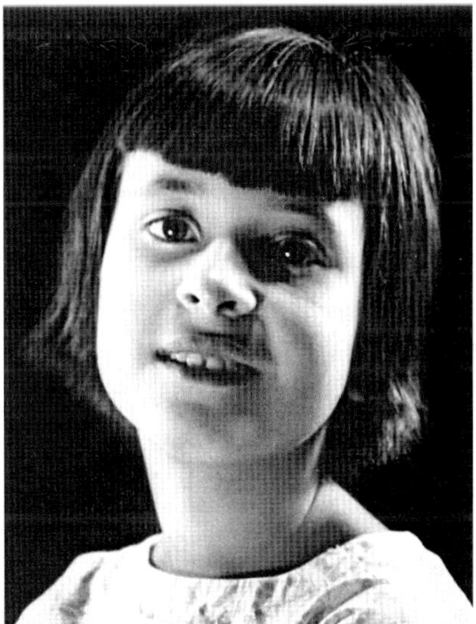

Elisabeth wächst in einer großbürgerlichen Wormser Familie auf. Der Vater liest ihr jeden Wunsch von den Augen ab. Das Verhältnis zur Mutter ist weniger eng.

Im Tennisclub lernt Elisabeth 1925 ihren »Traumprinzen« kennen: den Studenten Mohammed Omar aus dem fernen Afghanistan.

Gegen alle Widerstände der Familie reist Elisabeth 1932 mit dem Schiff ins indische Bombay, wo ihr Verlobter Omar sie abholt, um sie in ihre neue Heimat am Hindukusch zu bringen.

Kabul ist für Elisabeth zunächst eine Enttäuschung. Zu grau und staubig sind die Straßen und Häuser, zu fremd die Sitten und Gebräuche.

1938 kehrt Elisabeth mit ihrer Tochter Mariam nach Deutschland zurück. Hinter ihr liegen schwere Jahre unter Hausarrest durch die Inhaftierung des Mannes. Vor ihr liegen die Schrecken des Zweiten Weltkrieges, den sie in Berlin erlebt.

Zurück in Kabul beantragt Elisabeth die Scheidung von Omar, heiratet erneut und eröffnet eine eigene Boutique in Kabuler Spinzar-Hotel.

Ein Ahnherr der Nashers. Großvater Alam Khan gehörte einer alten paschtunischen Stammesfamilie an, die Handel zwischen Zentralasien und Indien trieb.

Mariam heiratet 1948 Ghulam Sarwar Nasher und zieht zu ihm nach Kundus. Als erstes ihrer fünf Kinder wird 1953 Diana geboren.

Mariam und Ghulam Sarwar unternehmen viele Ausflüge ins Umland. Damit sie zusammen auf die Jagd gehen können, verkleidet er sie als jungen Mann.

Der Austin Mini von Elisabeth und Charly ist weithin bekannt – nicht zuletzt deshalb, weil er ständig repariert werden muss. Das hindert die beiden nicht daran, Ausflüge zu unternehmen, wie hier mit Diana in den Bergen bei Kabul.

Spinzar, Paschtu für »Weißes Gold«, heißt das von Ghulam Sarwar geleitete Baumwollunternehmen, das beispielhaft für die Region werden sollte.

Omar Sharif im Haus der Nashers. Als der Schauspieler sich zu Dreharbeiten in Kundus aufhält, bekommt er als Gastgeschenk einen afghanischen Mantel, den *chapan*.

Hoher Besuch aus Japan. 1964 besucht Thronfolger Akihito mit seiner Frau Michiko Kundus. Diana und Nadia, gekleidet in Nationaltracht, überreichen dem kaiserlichen Paar Blumensträuße.

Prinz Philip von Großbritannien zu Besuch in Kundus. Ghulam Sarwar organisiert für den Gast ein Buzkashi-Turnier, das traditionelle afghanische Reiterspiel.

Bunter Familienalltag im Hause Nasher. Oben von links nach rechts: Halbschwester Zarmina, sowie Mariam mit Nadia und Diana. Links Diana im bayerischen Dirndl auf einem afghanischen Volksfest. Rechts die Geschwister in afghanischer Tracht.

In Prag studiert Diana Medizin. Währenddessen kommt es in Afghanistan zu politischen Unruhen, die eine Rückkehr unmöglich machen. Die Familie findet schließlich in Deutschland wieder zusammen

König Sahir sieht Ghulam Sarwar im Exil in Rom 1982 zum letzten Mal.

Bewegte Lebensläufe in wechselvollen Zeiten.
Elisabeth stirbt im Alter von dreiundneunzig Jahren.
Ihr Vermächtnis aber, die Liebe zu zwei Ländern und Kulturen,
lebt fort in ihrer Tochter Mariam und ihrer Enkelin Diana.

liche Bezugsperson. Was meinen Vater betraf, so konnte er nicht genug bekommen von den wunderbaren Relikten vergangener Zeiten und nutzte die Gelegenheit, Kunstwerke und Ausgrabungsobjekte zusammenzutragen, die er später im Nasher-Museum von Kunduz ausstellte. Sein Eifer, verborgene Schätze aufzufinden, ging sogar so weit, dass er in den Sechzigerjahren eine große Ausgrabung initiierte – in Ai Khanoum in der Nähe von Kunduz, die derart viele Ruinen sowie Artefakte der hellenistischen Ära zutage förderte, dass man bald von einem Alexandria am Oxus sprach. Geleitet wurde sie von den französischen Archäologen Paul Bernard und Daniel Schlumberger, einem Freund der Familie.

Das Interesse meines Vaters ging sehr tief, und er tauschte sich gerne mit Fachleuten darüber aus. So besuchte uns einmal der englische Historiker und Kulturtheoretiker Arnold J. Toynbee. Er trat die weite Reise zu uns an, weil er sich sehr für die Geschichte des Vorderen Orients interessierte und die archäologische Sammlung meines Vaters besichtigen wollte, in dem er einen hervorragenden Gesprächspartner fand. Der schon sehr betagte Toynbee schenkte meiner Mutter sein Buch *Between Oxus and Jumna*. Noch heute erinnert sie sich daran, welchen Vergleich er wählte, um Afghanistan zu charakterisieren. Es sei, sagte er, nicht nur ein Land an einer Kreuzung der Seidenstraße, sondern darüber hinaus so etwas wie der »roundabout of the ancient world«, also der Kreisverkehr der Alten Welt.

Ghulam Sarwar wollte seine Frau noch weiter in seine vielseitigen Interessen mit einbeziehen, von denen die Jagd eine der größten war. Vor allem liebte er die Fuchs- und Gänsejagd, aber auch Großwildjagden in Afrika. Wenn die

Jagdgesellschaft den in Kunduz lebenden Europäern eine Freude machen wollte, dann schossen sie ein Wildschwein. Ob sie die Jagd nun mochte oder nicht – für meine Mutter war es eine weitere Möglichkeit, ihren engen Bewegungsspielraum zu vergrößern, und begeistert ging sie auf den Vorschlag meines Vaters ein. Nachdem sie ihm beweisen konnte, dass sie im wahrsten Sinne des Wortes sattelfest war – sie hatte das Rciten in Mittenwald gelernt –, stattete er sie mit der traditionellen afghanischen Männertracht, dem *peran-tumban*, aus, bestehend aus weiter Stoffhose und knielangem Hemd, über dem eine Weste getragen wird. Als sie dann auch noch den großen afghanischen Turban, den *lungi*, aufsetzte, klatschte Ghulam Sarwar vor Begeisterung in die Hände. »Jetzt bist du unser neuer Jagdhelfer und musst uns immer auf die Jagd begleiten«, rief er entzückt aus. Ganz offensichtlich liebte er diese Maskerade. Als sie sich selbst im Spiegel betrachtete, lachte ihr ein heranwachsender Knabe mit weiblichen Gesichtszügen entgegen.

Welch neues Lebensgefühl, welche Befreiung, dachte Mariam, wenn sie mit ihrem Mann und seinen Brüdern im offenen Jeep saß, um aus der Stadt hinaus in die Landschaft zu brausen. Viele Passanten winkten ihnen zu, und wenn Ghulam Sarwar einen Freund oder Bekannten sah, hielt er an, um ein wenig zu plaudern. Und um auf den jungen »Burschen« im flotten Jagdgewand zu verweisen. Ein *rafiq* sei das, ein Freund, der ihm bei der Jagd helfe, pflegte er mit einem belustigten Grinsen zu erklären und freute sich königlich über die gelungene Täuschung. Wie sollten die Männer auch argwöhnisch werden? Schließlich hatten die meisten Mariam noch nie zu Gesicht bekommen. Im Haus war sie beim Besuch von Geschäftsfreunden in der Regel nicht zugegen, und wenn sie in der Stadt Besorgungen machte, war sie vor den Augen der Öffentlichkeit hinter ihrem Schleier verborgen.

Wenn sie am Ziel ankamen, warteten bereits Araberhengste auf sie, die Ghulam Sarwar hatte bringen lassen. Dann durfte Mariam in ihrer weißen Pluderhose genauso im Sattel sitzen wie die Männer und genoss es unbeschreiblich, in den scheinbar unendlich weiten Feldern um Kunduz auszureiten.

Allerdings überfiel sie einmal Panik, als auf einer dieser Jagden ihr Pferd im wilden Galopp mit ihr durchging, weil es von einem Gewehrschuss erschreckt worden war. Verzweifelt krallte sie sich an der Mähne des Tieres fest – wie verloren kam sie sich vor, als das Pferd immer weiter und weiter galoppierte, als hätte es unendliche Kräfte. Doch Ghulam Sarwar und sein Bruder waren schon zur Stelle. Mit Gebrüll und Peitschenhieben brachten sie ihre Pferde neben Mariams und drängten es ab auf eine Kreislinie, die stetig enger wurde, bis das Tier schwitzend und schwer atmend endlich stehen blieb, Mariam zitternd abstieg und in die beschützenden Arme ihres Mannes sank.

In späteren Jahren bereisten meine Eltern die ganze Welt. Das war eine Passion, die sie beide teilten. Ihre erste gemeinsame Reise führte sie in die Türkei: offiziell, um ein paar Baumwollfabriken anzuschauen, doch mehr, um ausgiebig die antiken Ausgrabungsstätten von Ephesos zu besuchen, einer der bedeutendsten griechischen Städte Kleinasiens. Hier konnte Ghulam Sarwar in aller Ruhe seinem liebsten Steckenpferd, der Archäologie, frönen.

Weiter ging es nach Rom, wo neben der Besichtigung der antiken Stätten ein Besuch bei dem dort im Exil lebenden Amanullah auf dem Programm stand. Dort gab es allerdings keinen Hofstaat und kein Gefolge mehr – man lebte zwar in einer hübschen Villa, aber bescheiden, verglichen mit der einstigen Pracht. Mariam flanierte mit Soraya durch die zahlreichen Modegeschäfte der Via dei Condotti. Bei diesem Einkaufsbummel musste sie an ihre Mutter denken, die sich 1928 so sehr für die elegante junge Königin begeistert hatte. »Das ist schön, nimm es doch«, sagte mein Vater immer wieder und zeigte sich bei dieser Gelegenheit ganz besonders großzügig, sodass sich meine Mutter mit der neuesten europäischen Mode eindecken konnte, obwohl sie sich gar nicht so sehr dafür interessierte. Ganz im Gegensatz zu der modebewussten Soraya, und meinem Vater lag daran, dass seine Frau dahinter nicht zurückblieb. So gleichgültig, wie sie uns immer versicherte, war meiner stets eleganten Mutter die Welt der Mode allerdings nicht, warum sonst hätte sie unseren bunten Papagei Coco Chanel genannt?

Das letzte Ziel dieser Reise war Hamburg, wo Mariam die mütterliche Familie besuchen wollte, die Kinder von Elisabeths Halbgeschwistern. Für die war mein Vater der reiche Onkel aus Afghanistan, der Exot aus einem sagenhaften, fernen Land, unter dem sich niemand von der deutschen Verwandtschaft so recht etwas vorstellen konnte. Er förderte seinen exotischen Status noch dadurch, dass er alles so hielt, wie er es aus seiner Heimat gewohnt war – lud alle Verwandten, egal wie nah oder fern sie ihm standen, zu riesigen Tischgesellschaften ins Hotel Atlantik ein und sammelte auf diese Weise alle um sich, als handle es sich um eine afghanische Familienfeier. Meine Mutter erinnert sich noch an eine witzige Begebenheit, die sich im Fahrstuhl auf dem Weg zurück ins Hotelzimmer ereignete.

Plötzlich bemerkte ein Mann: »Oh, ein Afghane«. Mein Vater lächelte stolz darüber, dass sich die Pracht seiner Heimat in seinem Antlitz zu spiegeln schien, als sich die Fahrstuhltür öffnete und ein afghanischer Windhund hinter ihm hervorsprang.

Elisabeth und ihr neues Glück

Mariam gewöhnte sich mit der Zeit daran, ihre Mutter nicht mehr zur Seite zu haben. Aus dem Ausnahmezustand des schwierigen Anfangs wurde Normalität. Elisabeth kam nicht allzu häufig nach Kunduz, denn die zweitägige Reise durch das Gebirge war anstrengend und zumal in der kalten Jahreszeit auch gefährlich. Nur ganz am Anfang, etwa zwei Monate nach der Hochzeit, hatte die Sehnsucht sie getrieben, trotz Wind und Wetter die Reise zu wagen, doch später stellte sich ein größerer Abstand ein.

Wie aber miteinander in Kontakt bleiben? Das wollten sie, das brauchten sie, wenn sie schon nicht mehr zusammen sein konnten. Sie probierten es mit Telefonieren, was sich jedoch als äußerst umständlich erwies, denn zwar gab es Fernsprechanlagen im damaligen Afghanistan – allerdings was für welche: große Kästen mit einer Kurbel, an der man so lange drehen musste, bis sich der sogenannte »Operator« meldete. Der wiederum fragte erst nach dem gewünschten Gesprächspartner, stellte dann die Verbindung her und blieb meist die ganze Zeit über in der Leitung, um sich bei Störgeräuschen, die die Verständigung erschwerten, wie ein Dolmetscher einzuschalten: »Deine Mutter lässt fragen, wie es dir geht«, rief er dann in die Muschel, wenn Mariam die Frage Elisabeths nicht verstand, und wenn die deren Antwort nicht genau mitbekam, brüllte er in die Leitung nach Kabul: »Deine Tochter sagt, alles ist wunderbar bei uns!«

Abgesehen davon, dass so selbst einfachste Unterhaltungen eine Ewigkeit dauerten, verhinderte dies auch den Austausch von sehr persönlichen Mitteilungen und beschränkte die Gespräche auf alltägliche Dinge, die jeder hören und wissen konnte. Was auch geschah, denn in der notorisch neugierigen afghanischen Gesellschaft galten die Herren Operatoren als eine bevorzugte Quelle für Neuigkeiten, aber auch für allerlei Klatsch und Tratsch. Und das war sicher das Letzte, was Mutter und Tochter gebrauchen konnten.

Also gingen Briefe zwischen den beiden Städten hin und her, in denen man sich austauschte und die für Mariam die einzige Gelegenheit darstellten, sich ihren Kummer von der Seele zu reden. Sie schrieb von ihrer anfänglichen Einsamkeit, von den befremdlichen Sitten und Gebräuchen und wie sehr sie darunter litt, sich nicht frei bewegen zu können – Dinge, die Elisabeth nur allzu gut kannte und verstand. Doch um die Mutter nicht vollends zu beunruhigen, erzählte sie auch von schönen und angenehmen Begebenheiten: von ihren Fortschritten beim Erlernen der Landessprache, von ihren stillen Lesenachmittagen im Garten unter Schatten spendenden Kirschbäumen und Eichen und von ihren fröhlichen Spielen mit den Kindern ihres Mannes, denen sie deutsche Lieder beibrachte und von denen sie Dari lernte.

Elisabeth sog die Nachrichten begierig auf. Sie freute sich auf jeden Brief, sehnte ihn herbei und versank doch nach der Lektüre stets in Niedergeschlagenheit und verfiel in fruchtlose Grübeleien. Warum nur war sie mit Mariam überhaupt in den Iran gegangen, warum hatte sie überhaupt zurückgewollt? Warum waren sie nicht einfach beide in Deutschland geblieben, wo Mariams Zukunft ganz anders ausgesehen hätte mit Abitur und Medizinstudium? Warum, warum? Sie machte sich schwere Vorwürfe und wusste doch letztlich nicht zu sagen, wann und wo sie den entscheidenden Fehler begangen hatte, der ihre Tochter in die gegenwärtige Situation gebracht hatte. Aber war vorherzusehen gewesen, was in Teheran passierte? Dass Omar verrückt spielen und ihnen die Rückreise versperren sollte, sie stattdessen zwangsweise nach Afghanistan bringen ließ? Dass die iranischen Behörden bei diesem Familiendrama Amtshilfe leisteten? Nein, vielleicht nicht – vielleicht war nichts von alldem zu erwarten gewesen, zumindest nicht angesichts der chaotischen Nachkriegsverhältnisse, die eine zuverlässige Informationsbeschaffung unmöglich machten. Und doch fühlte sie große Schuld, tröstete sich nur ein wenig damit, dass sie ihre Tochter trotz allem letztlich in guten Händen wusste.

Sie tat, was sie konnte, um ihrer Tochter das Leben erträglich zu machen. Da sie seit neuestem in der Bibliothek der US-Botschaft arbeitete, schickte sie ihr regelmäßig englischsprachige Bücher sowie Zeitschriften und natürlich alles, was sie an deutschen Publikationen bekommen konnte. Diese Lieferungen bedeuteten Mariam besonders während ihrer ersten schweren Zeit in Kunduz sehr viel, weil sie sie von ihrem Kummer ablenkten. Später entdeckte sie, dass dadurch zudem ihre Englischkenntnisse perfektioniert wurden. Überdies stellten die Zeitungen neben dem Kabuler Radiosender, der in Kunduz empfangen werden konnte, eine Verbindung zur Außenwelt dar. Ein Rundfunkgerät gab es immerhin im Haus, während Fernsehen in ganz Afghanistan damals noch nicht exisitierte, und für die Lektüre einheimischer Zeitungen reichten ihre Sprachkenntnisse nicht.

Zwei Monate nach der Hochzeit also machte sich meine Großmutter zum ersten Mal auf den Weg über den Hindukusch, um Mariam in ihrer neuen Familie zu besuchen. Elisabeth konnte ihre bangen Gefühle nicht unterdrücken, als der Fahrer mit ihr nach Kunduz hineinrollte, das ihr im Vergleich zu Kabul viel kleiner und beschaulicher, aber auch sauberer und geordneter vorkam. Vor den Läden saßen Männer und tranken Tee, über die vor Hitze flirrenden Straßen rollten Pferdekutschen und Wagen, und die mit ihren Tschaderis behangenen Frauen standen grüppchenweise im Schatten – alles bot ein Bild des vollkommenen Friedens, aber auch einer faden Provinz. Elisabeth war gleichzeitig angetan und enttäuscht, denn etwas städtischer hätte sie sich Kunduz schon vorgestellt, doch sie war schließlich hier, um endlich ihre Tochter wiederzusehen, und als Mariam in strahlender Schönheit vor ihr stand, schloss sie sie überwältigt in die Arme.

Natürlich war meine Großmutter von dem ganzen Ambiente angetan, dem kostbar eingerichteten, kultivierten Haus, dem prächtigen Park – so hatte sie sich vermutlich in ihren Mädchentraumen das Morgenland ausgemalt. Durch ihre offene und auch verbindliche Art gelang es Elisabeth auf Anhieb, das Vertrauen von Bibi und Bobo zu erlangen, und bald hatte auch sie ihren Kosenamen weg – »Muuti«, nachdem die beiden Frauen gehört hatten, wie Mariam ihre Mutter zu nennen pflegte.

Man kann sagen, dass Elisabeth mit der Zeit eine mit schöner Regelmäßigkeit wiederkehrende Sensation in der Großfamilie wurde. Wann immer sich die Nachricht von ihrer Ankunft verbreitete, fand sich rasch eine ganze Traube Verwandter und Bekannter ein, um den exotischen Besuch zu bestaunen, der in radebrechendem Dari Neuigkeiten aus der Hauptstadt berichtete. Man fand sie amüsant, auch wenn sie sich mehr als einmal zu unpassenden Äußerungen hinreißen ließ. Unpassend nach Meinung von Mariam, die ohnehin weniger forsch vorging als ihre Mutter und zudem zunehmend mehr beeinflusst wurde von den Denkweisen ihrer Großfamilie. Die Tochter pflegte ihr dann unter dem Tisch einen Stoß zu versetzen, um sie zum Schweigen zu bringen. Doch genau das Gegenteil geschah. »Was ist denn los, meine Mariam? Warum trittst du mir auf den Fuß?«, fragte Elisabeth völlig unbekümmert und setzte das für sie ganz und gar nicht peinliche Gespräch fort. Etwa darüber, warum Mariam nicht zur Schule dürfe und folglich nicht studieren könne – ein heikles Thema, bei dem sie auf taube Ohren stieß. Denn ein Schulbesuch in Kunduz war für Mädchen schließlich nicht möglich, und eine Ausbildung in Kabul kam für meinen Vater nicht infrage. Trotzdem ließ meine Großmutter nicht davon ab, den Finger in diese Wunde zu legen und ihren Schwiegersohn an seine Versprechen zu erinnern.

Gelegentlich gab es auch Gegenbesuche, wenn Ghulam Sarwar, der häufiger in Kabul geschäftlich zu tun hatte, seine junge Frau mitnahm. Mariam genoss diese Ausflüge in die vergleichsweise freie und ungezwungene Großstadt, wo sie sich ohne Schleier bewegen konnte. Hier tat sich auch mein Vater leichter, seine Regeln, was eine Frau, seine Frau, durfte und was nicht, zu lockern. Meine Mutter erinnert sich gut an einen besonderen Abend, den sie harmonisch zu dritt in einem Restaurant bei köstlichen Speisen verbrachten. Denn bei dieser Gelegenheit stellte sie fest, dass Elisabeth sich verändert hatte. Sie wirkte zufriedener, ausgeglichener und hatte ihren mädchenhaften Charme zurückgewonnen. Darauf angesprochen führte sie ins Feld, dass sie nicht mehr so stark unter den lästigen Kopfschmerzen leide, doch der wahre Grund war ein anderer: Charly.

Seit einiger Zeit bereits gab es wieder Kontakt zwischen den Freunden aus Mittenwalder Zeiten, und häufig gingen Briefe zwischen Kabul und Teheran hin und her. Nun hatte Charly geschrieben, er habe sich nach Ablauf der zeitlich begrenzten Ehe von seiner Kontraktfrau getrennt, lebe allein und würde sie gerne einmal besuchen. Die Information, dass Elisabeth inzwischen geschieden war, bestätigte ihn in seinem Vorhaben. Das hatte er von einer afghanischen Bekannten erfahren, die ihm diese Neuigkeit ohne deren Wissen mitgeteilt hatte, und war von ihr zudem zu einer Reise nach Kabul ermuntert worden – als alleinstehende Frau könne sie männlichen Schutz durchaus gebrauchen.

Meine Großmutter freute sich auf den bevorstehenden Besuch, obwohl sie sich nicht ganz sicher war, Charlys Zuneigung im gleichen Umfang zu erwidern. Später erzählte sie immer wieder, es sei ihr eher daran gelegen gewesen, einen alten Freund wiederzusehen – an mehr habe sie nicht unbedingt gedacht. Doch dann stand er da, unbekümmert und zupackend wie immer, und alles ging ganz schnell. Die beiden wurden ein Paar, und Charly zog von Teheran nach Kabul. Ein praktisches Arrangement fand er, denn während er seine Wohnung im Iran gemäß den gesetzlichen Bestimmungen seiner Exfrau überlassen musste, die über kein eigenes Einkommen verfügte, gab es bei Elisabeth nach Mariams Auszug reichlich Platz. Schließlich heirateten sie – doppelt sogar. Obwohl selbst keine Muslime, ließen sie sich aus Achtung vor der Kultur des Landes, in dem sie lebten, zuerst von einem Mullah trauen, um dann die Zeremonie in der italienischen Botschaft, die diese Möglichkeit für Ausländer anbot, zu wiederholen, und zwar sowohl standesamtlich als auch kirchlich nach katholischem Ritus. Eine im Westen anerkannte weltliche Trauung war Voraussetzung dafür, dass meine Großmutter die österreichische Staatsbürgerschaft erhielt, denn die beiden planten viel zu reisen, und da konnte sich der afghanische Pass unter Umständen als Hindernis herausstellen. Elisabeth musste nur an die Geschichte in Teheran denken.

Ihre gesellschaftliche Stellung änderte sich mit ihrer Heirat schlagartig, denn jetzt war sie Frau Dlouhy und keine alleinstehende Frau mehr. Charly arbeitete in Afghanistan weiterhin als Ingenieur an zahlreichen großen Projekten, und so konnte man sich ein schönes Heim leisten. Ein eigenes Haus, komfortabel und mit einem schattigen Garten – davon hatte Elisabeth seit ihrer Ankunft in Kabul vor vielen Jahren geträumt. Das Anwesen im landestypischen Stil lag im beliebten Stadtteil *Shahre Nau* nahe der amerikanischen Botschaft, wo sie arbeitete, und hatte zuvor einem österreichischen Diplomaten gehört, den seine Regierung auf einen anderen Posten versetzt hatte. Kurz entschlossen kauften sie das Haus und zogen von Elisabeths Wohnung am Fluss in ihr neues, gemeinsames Heim.

Im Zusammenleben mit Charly fand Elisabeth endlich das Glück, nach dem sie so lange gesucht hatte, auch wenn ihr manche Angewohnheiten ihres lebenslustigen Mannes nicht gefielen. Etwa seine Herrenabende oder die ausgedehnten Zechtouren, bei denen er sich gerne spendabel zeigte und alle einlud. Diese Touren verbat sich Elisabeth – ihr war es nicht nur leid um das verprasste Geld, ihr passte auch diese Art der feuchtfröhlichen Geselligkeit nicht. Elisabeth steuerte gewohnt direkt und ohne Umschweife auf ihr Ziel zu, und zerknirscht gelobte Charly, der diese Beziehung nicht gefährden wollte, Besserung. Sie waren durchaus glücklich, auch wenn Charly sich hin und wieder von seiner Clique zu ausgelassenen Abenden beschwatzen ließ. Einmal war er wie vom Erdboden verschluckt. Sie durchstöberte das Haus, den Garten, rief Nachbarn und Personal um Hilfe – bis man ihn schließlich fand, eingerollt und angeleint in der Hundehütte liegend. Es hatte ein Spaß sein sollen, mit dem er sich über die Bevormundungen durch seine Frau lustig machen wollte. »Du behandelst mich wie einen Hund, dann kann ich doch gleich in der Hundehütte leben«, lallte er noch ein wenig weinselig. »Du kannst ja dafür den Hund zu dir ins Haus nehmen.« Da konnte Elisabeth freilich nicht anders, als auch loszulachen und ihren Mann vor den staunenden Bediensteten von der Leine zu befreien – dank Charlys sympathischem Wiener Schmäh löste sich wieder einmal alles in Wohlgefallen auf.

Ein Herz und eine Seele war das Paar auf zahlreichen ausgedehnten Reisen, die sie zumeist im afghanischen Winter unternahmen. Als reichten ihnen die heißen heimischen Sommer nicht, zog es sie stets nach Süden in warme Gefilde: Indien, Pakistan, Ceylon, Thailand, Burma und Malaysia. Sie bereisten halb Asien. Weil Charly ungern ein Flugzeug bestieg, fuhren sie, wann immer das möglich war, mit dem Zug – die beiden liebten es ohnehin, auf dieselbe Art und Weise unterwegs zu sein wie die Menschen in der Weltgegend, die sie gerade bereisten. Sie fanden, dass sie auf diese Weise das Land und die Leute erst wirklich kennenlernten.

Wo es kein Eisenbahnnetz gab, machten sie sich mit ihrem Austin Mini auf die Reise. Ein Abenteuer, denn die Straßen waren nur selten asphaltiert. Wenn unterwegs Steine den geschundenen Mini leck schlugen, dichtete Charly das Loch mit einer Mischung aus *nan*, dem afghanischen Fladenbrot, und *keshmesh*, den afghanischen grünen Rosinen, ab. »Dem Ingenieur ist nichts zu schwör« sagte er und zerkaute dabei seelenruhig das Gemisch im Mund zu Brei, den er mit Leimpulver haltbar machte – Improvisation gehörte in Afghanistan zum wichtigsten Hilfsmittel überhaupt.

Manchmal dachten die beiden auch daran, Afghanistan, dessen Alltag sich für einen Europäer gelegentlich zu einem nervtötenden Hindernisparcours entwickeln konnte, zu verlassen. Doch jedes Mal verwarfen sie solche Überlegungen rasch wieder – zu sehr gefielen ihnen dieses Land, die herzlichen, gesprächigen und hilfsbereiten Menschen. Und Elisabeth hätte es sowieso nicht übers Herz gebracht, ihre Tochter zurückzulassen.

Also beschlossen die beiden, zu bleiben und es sich in Kabul noch ein Stückchen gemütlicher zu machen: Charly wollte ein eigenes Haus bauen, genau nach seinen und Elisabeths Vorstellungen, immerhin waren Planen und Bauen stets seine Lieblingsbeschäftigungen gewesen. Sie kauften einen Bauplatz im Bezirk *Silo*, einem Viertel außerhalb der Kabuler Innenstadt, das seinen Namen nach einem weithin sichtbaren Getreidesilo bekommen hatte. Rasch war die Planung des Hauses abgeschlossen und der Bau schon gut vorangekommen, als Elisabeth eines Abends durch stürmisches Klingeln geweckt wurde. Verärgert stapfte sie zur Haustür, um die späten Besucher zur Rede zu stellen, und prallte überrascht zurück: Draußen stand der amerikanische Chef von Charlys Baufirma mit seiner Frau – ein Ehepaar, das Elisabeth von gemeinsamen Abendessen und Festlichkeiten gut kannte. Die beiden kamen in diesem Moment vom Krankenhaus. Bevor Elisabeth irgendetwas fragen konnte, räusperte sich der Mann, um den einen verhängnisvollen Satz zu sagen, der sich ihr für ihr weiteres Leben ins Gedächtnis brennen sollte: »Your husband is dead«, sagte der Mann mit belegter Stimme. Ihr Gatte ist tot.

»Das kann nicht sein«, antwortete meine Großmutter tonlos, »ich habe ihn doch vorhin noch gesehen.« Charly war an diesem Tag mit leichten Brustschmerzen zur Beobachtung in ein Krankenhaus eingeliefert worden und erlag kurz darauf einem Herzinfarkt. »Das kann nicht sein«, wiederholte Elisabeth und wusste doch im selben Augenblick, dass ihr Gegenüber die Wahrheit gesprochen hatte. Eine Wahrheit, für die sie ihm am liebsten an die Kehle gesprungen wäre – sie hätte ihn gerne dafür bestraft, wie es Herrscher im antiken Persien mit dem Überbringer einer schlechten Nachricht taten. Doch es passierte nichts weiter, als dass sie schluchzend zusammenbrach.

Der Tod Charlys, mit dem sie nicht einmal ein Jahrzehnt zusammenleben durfte, nahm meine Großmutter furchtbar mit. Sie begrub ihren Mann auf dem englischen Friedhof in Kabul. Charlys letzter Arbeitgeber ließ einen riesigen roten Grabstein heranschaffen und wollte auch gleich den Namen meiner Großmutter in den Stein meißeln lassen. Elisabeth lehnte ab – sie war zwar eine zutiefst traurige Frau, aber ans Sterben dachte sie noch lange nicht. Meine Großmutter war damals Mitte fünfzig und sollte noch fast ganze vier Jahrzehnte Lebenszeit vor sich haben.

Fortan lebte Elisabeth in der Zukunft und in der Vergangenheit zugleich: Sie beantragte die afghanische Staatsbürgerschaft, weil sie fest damit rechnete, für immer im Land zu bleiben, und kündigte bei der amerikanischen Botschaft, so sehr ihr die Kollegen auch rieten, sich nicht im Schmerz zu Hause zu vergraben. Meine Großmutter hatte das Gefühl, einen Schlussstrich ziehen zu müssen, um vielleicht noch einmal etwas Neues zu beginnen. Das Grab ihres Mannes besuchte sie regelmäßig – anfangs. Doch bald merkte sie, dass da nichts war als ein Stein auf einem trostlosen Friedhof und dass Charlys Geist viel mehr in dem neuen Haus lebte. In jedem Winkel, den er für dies und das erdacht, oder in den Fensteröffnungen, die er exakt so gesetzt hatte, um die beste Aussicht zu genießen - in all den Annehmlichkeiten also, wie sie nur ein selbst entworfenes Haus bieten kann. Elisabeth ließ es fertigstellen und zog alleine ein.

Nachdem unsere Großmutter allein war, wurde es zur Gewohnheit, dass wir Kinder sie häufiger besuchten. Meine Eltern setzten uns einfach in Kunduz in den Flieger, und eine Stunde später nahm uns Großmutter in Kabul in Empfang. Wenn das denn klappte: Einmal war das Wetter so schlecht, dass das Flugzeug nicht in Kunduz landen konnte und daher nach Mazar-e-Sharif flog. Damals stand ich, noch nicht einmal sechs Jahre alt, plötzlich alleine auf einem Flughafen in einer Stadt, in der ich noch nie war und keine Menschenseele kannte. So furchtbar, wie das klingen mag, war es aber gar nicht im damaligen Afghanistan: Eine Familie, die neben mir im Flugzeug gesessen hatte und auch nach Kunduz reiste, nahm mich mit in ein Hotel, und weil mein Vater besorgt in Mazar-e-Sharif angerufen hatte, kam zudem der Bürgermeister der Stadt vorbei, um sich nach meinem Wohlergehen zu erkundigen. Als meine Eltern mich am nächsten Tag wieder in die Arme schlossen, kam mir diese Reise lediglich wie ein netter Ausflug vor. Afghanistan war zu jener Zeit ein friedliches, geordnetes Land mit außerordentlich hilfsbereiten Menschen, in dem unsere Familie zudem über ein dichtes Netz an zuverlässigen Freunden und Bekannten verfügte, sodass keine von uns je das Gefühl hatte, es könnte einem etwas Böses widerfahren.

Frischer Wind am Hindukusch

Zu der Zeit, als meine Eltern heirateten, war Ghulam Sarwar vor allem mit der Verwaltung seiner Ländereien und mit dem Handel von Fellen des Karakulschafs beschäftigt, die in Europa unter dem Begriff »Persianer« bekannt wurden. Im Jahr 1953 trug man ihm dann den Posten als Präsident der Baumwollfirma Combined Cotton Company an, die einige Jahre zuvor auf Initiative meines Großonkels Sher Khan und des Bankiers Abdul Majid Zabuli gegründet worden war. Erfreut sagte er zu, weil ihn der Handel kaum befriedigte und die Administration der eigenen Ländereien keine Herausforderung für ihn darstellte. Diese hatte er schließlich nur geerbt, und dort lief alles wie seit Generationen. Er aber wollte an das Werk Sher Khans anknüpfen, den er in höchstem Maße bewunderte.

Als äußeres Zeichen für seine hochgesteckten Ambitionen benannte er das Unternehmen bald in »Spinzar« um, das Paschtuwort für »weißes Gold«, und bald prangte der Schriftzug auf Baumwollspeichern, Spinnereien und Fabriken. Man ließ Baumwolle für die Textilindustrie anbauen, gewann aus den Kernen Öl für Speisefette und Seife, verwertete die Reste als Brennmaterial, das sogenannte *tscheget*. Ausgesprochene Liebhabereien meines Vaters waren die Porzellanfabrik, in der viele Frauen Arbeit fanden, und Hotels im ganzen Land. Von seinem sozialen Engagement zeugten der Bau eines Krankenhauses, das ebenfalls den Namen Spinzar trug, Wohnanlagen für die Angestellten sowie ein Clubhaus mit Schwimmbad und Tennisplatz. Er ließ Brunnen auf dem Firmengelände errichten, von wo aus Lastwagen das rare Trinkwasser in die entlegenen Dörfer brachte. Schließlich arbeiteten gut zehntausend Menschen für seine verschiedenen Unternehmungen, und zusätzlich lebten tausende von Bauern von den Verkäufen ihrer Baumwolle an die Firma. Peter Levi, ein englischer Autor, der das Land gemeinsam mit Bruce Chatwin bereiste, hat meinen Vater zutreffend einen »aufgeklärten Despoten« genannt, der immerhin schon postfeudal gedacht habe. Nach heutigem Verständnis ein eher fragwürdiges Lob, doch für die damaligen afghanischen Verhältnisse durchaus schmeichelhaft.

Was unter Sher Khan begonnen hatte, wurde jetzt vollendet. Bald schon kamen die ersten Gäste aus dem Ausland, denen die Regierung Kunduz als afghanische Mustergegend präsentierte mit meinem Vater als Gastgeber. Inzwischen gab es auch einen Flughafen. Einer dieser ersten Besucher war der türkische Staatspräsident Celal Bayar, der sich sehr für die Baumwollgewinnung interessierte. Sein Gastgeschenk, eine Armbanduhr, existiert noch heute und wird von meinem Sohn getragen. Beinahe hätte es nicht geklappt mit der Weitervererbung, denn das gute Stück ging verloren – es rutschte vom Handgelenk in die Toilette, genauer gesagt in das damals übliche Plumpsklo, und musste geborgen werden. Eine üble Angelegenheit, doch der arme Kerl hatte Glück im Unglück, weil in Anbetracht der winterlichen Minustemperaturen alle Hinterlassenschaften in der Latrine steinhart gefroren waren.

Nicht nur das Unternehmen vergrößerte sich in jener Zeit, sondern auch die Familie. Bereits knapp zwei Jahre zuvor hatte Bobo eine zweite Tochter bekommen, meine

Halbschwester Sitara, die bald meine engste Spielgefährtin werden sollte. 1953 stand nun meine Geburt bevor, denn im Alter von neunzehn Jahren war Mariam schwanger geworden, vier Jahre nach ihrer Eheschließung. Sie wählte als Namen für ihr erstes Kind Diana – nach der römischen Göttin des Mondes und der Jagd. Das fand sie passend, zumal ihr die weite Verbreitung des Namens in allen Kulturkreisen gefiel. Ich wurde Muslima in dem Augenblick, als mir ein Mullah *Azan*, die Eröffnungssure des Korans, ins Ohr flüsterte – ein Ritual, das der christlichen Taufe entspricht: »Im Namen Gottes, des Erbarmers, des Barmherzigen! Lob sei Allah, dem Weltenherrn, dem Erbarmer, dem Barmherzigen, dem Herrscher am Tage des Gerichts.«

Meine Mutter war glücklich, dass niemand in der Familie Enttäuschung äußerte über die Geburt eines Mädchens, in Afghanistan sonst immer die zweite Wahl. In meinem Fall schien das von untergeordneter Bedeutung, da es ja aus der Verbindung mit Bobo bereits zwei Stammhalter gab, und so konnte sich Mariam ungetrübt an ihrer neuen Rolle als Mutter erfreuen.

Meine Großmutter schickte aus Kabul den Ratgeber *Die Mutter und ihr erstes Kind* von Johanna Haarer, an das Mariam sich akribisch hielt. Dass das Buch wenige Jahre zuvor *Die deutsche Mutter und ihr erstes Kind hieß* und das nationalsozialistische Erziehungsideal widerspiegelte, erfuhr meine Mutter erst viel später. Ich sollte das letzte Kind bleiben, bei dem meine Mutter diesen militärisch anmutenden Drill anwandte. Eine besondere Liebe zu Autoritäten aber entwickelte ich deshalb nicht. Die afghanische Familie war jedenfalls ein wenig überrascht über das exakte Vorgehen beim Füttern und Schlafenlegen, mischte sich allerdings nicht ein. Es war nämlich unüblich, einer Mutter in die frühkindliche Erziehung hineinzureden – egal, wie unerfahren sie auch sein mochte. Bibi und Bobo hielten sich ebenso daran wie mein Vater.

Meine Geburt war für meine Mutter von großer Bedeutung, wertete sie doch ihre Stellung im Familienverband auf und verschaffte ihr eine ganz andere Legitimation als zuvor. Man betrachtete sie nicht länger als die neue Frau, sondern als Trägerin und Hüterin der nächsten Generation. Zudem war es ein Geschenk für sie, endlich jemanden für sich allein zu haben, jemanden, der sie brauchte, um den sie sich kümmern konnte, denn obwohl inzwischen Jahre vergangen waren, litt sie noch immer unter der Einsamkeit in diesem Haus, vor allem wenn mein Vater, was oft geschah, wochenlang unterwegs war. Ohne ihn fühlte sie sich sehr fremd unter den anderen Familienmitgliedern, die zwar nett, aber eben so ganz anders waren als sie. Allerdings dauerte es nicht mehr lange, bis sie so stark von ihren Mutterpflichten beansprucht wurde, dass für derartige Gedanken keine Zeit mehr blieb.

Ich war kaum zwei Jahre alt, als das nächste Kind ankam: meine Schwester Nadia. Sie gab meiner Schwester diesen Namen, nachdem mein Vater nach langen, fruchtlosen Überlegungen zu einem Buch griff, es aufschlug und ihm dieser Name sofort ins Auge fiel. Er gefiel allen ausgesprochen gut, stammt wohl aus dem Russischen und bedeutet »Hoffnung«. Allerdings ist er ebenfalls im Orient verbreitet, wo er für »Morgentau«, aber auch für »Sprecherin« oder »Ruferin« steht.

Auf Nadia folgte nach fünf Jahren, 1960, das nächste Mädchen: Sarina. Diesmal hatte meine Mutter sich bei der Namenswahl von indischen Filmen inspirieren lassen. Wiederum zwei Jahre später, auf den Tag genau, kam

Tochter Nummer vier zur Welt – ich war zu diesem Zeitpunkt bereits neun Jahre alt. Diesmal nahm die Familie den erneuten weiblichen Zuwachs nicht kommentarlos hin: Großmutter Bibi sprach von *qismat*, und bei aller Liebe zu ihren Enkelinnen – vier Töchter hintereinander waren einfach zu viel, das betrachtete sie eindeutig als Schicksalsschlag für die Familie.

Mariam nannte das Neugeborene Zarghoona, die weibliche Form von Zarghoon, wie einer meiner Halbbrüder hieß. Der Name leitet sich her vom paschtunischen Wort für grün und steht für Hoffnung, Frieden und Natur. Doch kaum jemand hat sie so genannt, denn bald bürgerte sich ein, sie kurz und schlicht Runa zu rufen. Bis heute. Ob mein Vater enttäuscht war, ist schwer zu sagen. Auf jeden Fall ließ er sich nichts anmerken.

Doch nicht nur die Familie veränderte sich. Im Laufe der Jahre bekam die ganze Stadt ein neues Gesicht. Ich weiß noch gut, dass das Erscheinungsbild der Menschen auf den Straßen unmerklich ein anderes wurde, speziell das der Frauen. Aber es war ein Prozess, der sich langsam und in kleinen Schritten vollzog. Ich kann mich noch dunkel an die Zeit erinnern, als meine Mutter wie alle Frauen des Hauses niemals ausging, ohne sich diese riesigen Tücher über den Kopf zu werfen, unter denen man nichts erkennen konnte. Jedenfalls fuhren wir öfter alle gemeinsam zum Basar, das ist mir irgendwie im Gedächtnis geblieben – vermutlich wegen des Pferdes, das unsere *gaddhi* zog, wie die offenen, einachsigen Kutschen hießen. Allerdings meine ich im Gedächtnis zu haben, dass Mariam sich bereits damals eine besonders leichte Tschaderi hatte schneidern lassen, deren weitmaschiges Sichtgitter eigentlich nicht der Norm entsprach.

Kurze Zeit später, bei meiner Einschulung, trug sie lediglich ein Kopftuch und ein langes Kleidungsstück, anfangs noch ergänzt durch eine große Sonnenbrille, eine bei dem fast ununterbrochen strahlend blauen Himmel durchaus sinnvolle Maßnahme, doch diente sie in erster Linie dazu, einen Teil des Gesichts zu verdecken. Allerdings wurden die Sonnenbrillen mit den Jahren immer kleiner, Röcke und Mäntel immer kürzer, und das Kopftuch rutschte zunehmend nach hinten, bis meine Mutter es ebenso wegließ wie die Brille – es sei denn, die Sonne schien.

Das Ganze erstreckte sich über mehrere Jahre, in denen man alle Stadien sehen konnte: Manche Frauen trugen immer noch ausschließlich die Tschaderi, andere ließen es bei einem Kopftuch bewenden, wieder andere bewegten sich vollkommen westlich gekleidet durch die Stadt. Landfrauen trugen sowieso keine Tschaderi, weil damit die Feldarbeit unmöglich war, während unser weibliches Personal zwar verschleiert ankam, doch im Haus die Tschaderi sofort abwarf.

Wir Kinder waren eigentlich immer westlich gekleidet, es sei denn, irgendwelche Anlässe wie besondere Feste oder hoher Besuch ließen die afghanische Tracht wünschenswert erscheinen. Dann trugen wir Mädchen bunte, golden oder silbern bestickte Kleider und ärmellose Westen. Im Übrigen besaß ich sogar ein echtes bayerisches Dirndl, das ich zwar liebte, aber nur sehr selten anziehen konnte, etwa dann, wenn Deutsche uns besuchten.

All diese Veränderungen, die vor allem den Frauen zugute kamen, verdankten sich einer Modernisierungskampagne des Königs Mohammed Sahir Schah, Sohn jenes 1933 ermordeten Monarchen, den seinerzeit meine Großmutter um Hilfe angefleht hatte. Gemeinsam mit seinem Cousin, dem Ministerpräsidenten Daoud Khan, setzte er vorsichtig, um nicht unnötig Gegner auf den Plan zu rufen, eine Reform nach der anderen durch: Abkehr vom Verschleierungsgebot, Wahlrecht, Zugang zu Schulen und Universitäten sowie Zulassung zu einer Reihe bis dahin für Frauen weitgehend verschlossener Berufe. Es waren Meilensteine, die für uns Mädchen bedeutsam waren, denn zum Glück wurden für uns ein Schulbesuch und eine gute Bildung nicht mehr infrage gestellt. In dieser Hinsicht stand uns also die Welt offen.

Vater, Kinder und zwei Mütter

Mit der Anzahl der Kinder wuchs auch die Notwendigkeit für mehr Raum. Bislang lebten wir alle unter einem Dach, wenngleich in getrennten Flügeln: meine Eltern mit uns vier Mädchen in einem Trakt, Bobo mit ihren vier Kindern in einem anderen. Zudem wohnten viele Bedienstete bei uns. Insgesamt waren es etwa zwanzig Leute, die in den verschiedensten Bereichen beschäftigt waren. Eigentlich gar nicht so üppig, wenn man bedenkt, dass die ganze Arbeit praktisch ohne Maschinen erledigt werden musste. Ohne Geschirrspüler und Waschmaschine und ohne all die nützlichen Küchengeräte, ohne Staubsauger und ohne Rasenmäher. Da hatten die Köchinnen und Zugehfrauen, die Kindermädchen und Wäscherinnen, die Diener, Gärtner, Kutscher und Fahrer alle Hände voll zu tun, und in jedem Winkel des großen Anwesens herrschte stets geschäftiges Treiben.

Irgendwann äußerte meine Mutter den Wunsch nach einem größeren Haus. Mein Vater sah ein, dass seine beiden Familien genügend Raum brauchten, damit sie sich entfalten konnten, ließ eines der Gästehäuser aufstocken und es für uns mit allem neuzeitlichen Komfort ausbauen. Es hatte zwei Etagen. Unten befanden sich die repräsentativen Räume wie Salon und Esszimmer sowie einige Gästeräume und moderne Badezimmer mit allem, was dazugehörte. Oben lag unser privater Wohnbereich. Dennoch lebten wir weiter in unserer Großfamilie und hielten uns immer dort auf, wo es gerade am interessantesten war – wo die aufregendsten Spiele liefen oder die besten Geschichten erzählt wurden. Meine älteren Halbgeschwister waren genauso Teil meines Lebens wie die jüngeren Schwestern.

Auch Bobo gehörte dazu. Wir liebten es alle, meine Mutter eingeschlossen, uns um sie zu versammeln und, gemütlich auf die Teppiche zwischen den Kissenbergen in ihrem Wohnzimmer gekuschelt, ihren wundervollen Geschichten zu lauschen. Sie erzählte von längst vergangenen Zeiten, von Prinzen und Prinzessinnen, von Weisen und Nomaden, von Heldentaten und Liebe. Ich weiß nicht, bei welchen es sich um überlieferte Märchen und bei welchen um eigene Erfindungen handelte, doch in jedem Fall waren sie ebenso spannend wie lehrreich. Bobo wusste auch viel aus der afghanischen Geschichte und von den Ereignissen der jüngsten Zeit zu berichten, denn da ihr Vater lange Jahre Parlamentspräsident gewesen war, saß sie praktisch an der Quelle für allerlei Anekdoten und persönliche Erlebnisse.

Besonders beliebt waren bei ihr Erzählungen über den berühmten Amanullah und seine Frau Soraya und über den Sohn des Wasserträgers, der diesen König stürzte. Angeblich sei dessen Frau derart primitiv gewesen, dass sie nach dem Einzug in den Palast Nachttöpfe zum Kochen verwendete. Die Stunden bei Bobo waren eine willkommene Ergänzung zu den Geschichten von der Hexe Baba Yaga und den Märchen der Gebrüder Grimm, die unsere Mutter uns vorlas. Unser Liebling war Rapunzel, die wir wegen ihrer langen blonden Haare bewunderten. Weniger mochten wir hingegen Rotkäppchen, weil wir die Todesstrafe für den armen Wolf ungerecht fanden – eine Schimpftirade hätte unserer Ansicht nach genügt.

Unmittelbar neben uns lebten die beiden Brüder meines Vaters mit ihren Frauen und vielen Kindern in ebenso schönen Anwesen wie dem unseren. Zwar waren die Grundstücke voneinander abgeteilt, doch zumeist standen die großen Tore weit geöffnet. Es sei denn, es herrschte gerade ein brüderlicher Zwist, was gelegentlich durchaus vorkam. Dann wurden schwere Schlösser angebracht, und vorbei war es für uns Kinder mit der Freizügigkeit. Ein Weg fand sich jedoch immer, und wenn man den Umweg über den Bach nehmen musste, um von dort durch ein Loch in der Mauer zu kriechen. Was meine Cousins Yama und Farhad taten, um in Bobos Garten heimlich Pfirsiche zu pflücken. Die Sache flog auf, als bei einem dieser Beutezüge meine Cousine Wida an der schmalsten Stelle stecken blieb und von herbeigerufenen Dienern beider Häuser unter großem Gezerre und Gekreische herausgezogen werden musste. Zum Glück vertrugen sich die Brüder bald wieder.

Nicht weit entfernt wohnte auch der älteste Sohn Sher Khans aus dessen ersten Ehe. Er wurde mit dem Ehrentitel Loy Khan angesprochen, was so viel wie großer Khan heißt, und war nominell der höchste Khan unseres Clans, wobei mein Vater in Kunduz präsenter war. Dieser Onkel hatte drei Frauen und mindestens zehn Kinder. Er war berühmt vor allem wegen seiner fürstlichen Bankette: Bis heute spricht man in der Region von einer *Distarkhan-e-Loy-Khani*, wenn es sich um eine besonders feudale Festtafel handelt. Diese Tradition wird von seinen Nachfahren – unabhängig von ihren Verhältnissen – noch heute weitergeführt. Mir ist dieser Onkel als stolz und herrisch in Erinnerung geblieben. Und als maßlos. So ließ er bei einer Gelegenheit fünf frisch geschlachtete Schafe wegwerfen, nur weil ihm ein Bissen nicht schmeckte. Meine Schwester Nadia war einmal mit der ganzen Schulklasse zur Besichtigung seines Hauses eingeladen und weiß noch, wie alle mit vor Staunen offenem Mund das rundum verspiegelte Schlafzimmer betrachteten, das unser Onkel jedem voller Stolz zeigte, der es sehen wollte – ob nun König oder Schulkind.

Zusammen mit meinen vielen Geschwistern, Cousinen und Cousins bildeten wir eine richtige Kinderhorde, die sich ihre eigenen Spiele, Regeln und Welten organisierte: Wir spielten Fangen und Verstecken, schwangen die Hüften mit Hula-Hoop-Reifen, gaben Vorstellungen mit unserem Kasperletheater, das ebenso wie die begehrten Reifen aus Europa stammte. Nadia führte gerne Tänze vor, die sie aus indischen Filmen abgeschaut hatte. Wir tollten mit unseren tschechischen Jagdhunden Fis, Cäsar und Brick herum, nahmen Reitstunden im Garten. Oder wir versuchten, unseren afghanischen Windhunden irgendwelche Kunststückchen beizubringen, was kaum möglich war, weil diese Tiere sich allen Kommandos hartnäckig widersetzten. Typische Afghanen eben.

Im Sommer, zu der heißen Zeit, wurden aus unseren Häusern gemütliche, kühle und dunkle Höhlen, deren Fensterläden untertags fast immer geschlossen blieben, während an den Decken elektrisch betriebene Ventilatoren surrten. Im Winter, der in Kunduz zumindest für ein paar Wochen empfindlich kalt sein kann, saßen wir um einen der zahlreichen Öfen im Haus, in denen stets Ästchen und Holzscheite, zumeist aber das aus der Fabrik angelieferte *tscheget* in wohltuend wärmenden Feuern prasselten. Wir verbrachten unsere Zeit mit Gesellschaftsspielen, vor allem liebten wir Monopoly und Mikado. Gerne ließen wir uns auch in die Steppe fahren, und wer keinen Schlitten hatte, rutschte die verschneiten Hänge auf einem Messingtablett herunter.

Wir lebten in einem dichten Familienverband, in dem jeder jedem zuhörte, jeder mit jedem zu tun hatte und jeder für irgendetwas Verantwortung trug – und sei es nur für das Zubettbringen der kleinen Schwester. Unser Vater war für alle und alles zur gleichen Zeit verantwortlich. Er musste schließlich nicht nur alle wesentlichen Fragen in der Familie und im Haus entscheiden, war nicht nur für die Geschicke der Spinzar Company mit all ihren Fabriken, Hotels und Krankenhäusern zuständig, sondern musste auch wichtige Beschlüsse seines Clans mittragen. Diese Vielfalt an Aufgaben führte dazu, dass er vor allem eines nicht hatte: Zeit. Zunehmend befand er sich wochenlang auf Reisen, die ihn immer öfter ins Ausland führten. Selbst wenn er sich in Kunduz aufhielt, hatte seine Anwesenheit nichts Sicheres, denn es konnte jederzeit passieren, dass er noch spätabends oder in aller Frühe seinen Chauffeur wecken ließ, um einem der Hotels oder Fabriken einen überraschenden Kontrollbesuch abzustatten.

War er zu Hause, sorgte meine Mutter dafür, dass er von allen störenden Einflüssen abgeschirmt wurde. Vor seiner Ankunft mussten die Bediensteten alles so von Grund auf in Ordnung bringen, dass es aussah, als sei niemand anwesend. Einer unserer Angestellten, Taghan, eigentlich nur für die Einkäufe zuständig, schnappte sich bei diesen Gelegenheiten immer einen riesigen Besen und kehrte so lange den Hof, bis mein Vater endlich an ihm vorbeischritt. Was uns Kinder betraf, so durften wir in seiner Anwesenheit keinen Lärm machen, sein Zimmer oder den Salon nicht unaufgefordert betreten und mussten uns beim gemeinsamen Abendessen mucksmäuschenstill und gesittet benehmen. Unter seinen strengen Augen verlief alles sehr förmlich. Oft dachte ich, dass er eigentlich wie ein Gast in seinem eigenen Haus lebte, der vom Alltag seiner Familie nichts mitbekam.

Er frühstückte nach einem genau festgelegten Plan: ein weich gekochtes Ei, Toast, Butter, Orangenmarmelade und Tee und erhielt alles von seinem Diener Jumah auf einem silbernen Tablett serviert. Zwischendurch erledigte er erste Telefonate, schaute die Post durch und las die Tageszeitung. Vor der Tür warteten zumeist Bittsteller, die er einen nach dem anderen aufrufen und sich während des Frühstücks ihre Anliegen vortragen ließ. Wobei er manche auch in seinem Auto mitnahm und sich ihre Sorgen während der Fahrt anhörte.

Verspürte er einmal von sich aus den Wunsch, uns zu sehen, so wurden wir von einem Diener gerufen. Dann saßen wir vor ihm, und er befragte uns ähnlich, wie er sich bei seinen Mitarbeitern über deren Leistungsstand informierte. Mit »In welcher Klasse bist du denn?« fing er meistens an, weil er sich nicht bei jedem Kind merken konnte, wie alt es im Moment war und wie lange es schon zur Schule ging, um dann fortzufahren: »Wie läuft es in der Schule? Lernst du gut?«

Die schulischen Erfolge standen immer im Mittelpunkt seines Interesses, denn er wollte, dass wir alle lernten und uns bildeten, um später einmal zu studieren. Das war in Afghanistan, und ist es heute noch, alles andere als selbstverständlich – in einem Land, in dem nur ein Bruchteil der Mädchen überhaupt zur Schule geht, geschweige denn an eine akademische Laufbahn denken darf.

Unser Vater war kein Papa, der ausgelassen mit uns spielte, sondern eine Respektsperson, die wir zwar liebten, aber zu der wir eine gewisse Distanz hielten. Ganz anders als bei unserer Mutter etwa. Da wären wir niemals auf die Idee gekommen, sie zu siezen – bei unserem Vater eine Selbstverständlichkeit.

Frühlingsträume in der Steppe

Auch wenn unser Vater normalerweise nicht viel mit uns unternahm – großartig und unvergesslich waren die Ausflüge mit ihm. War er zu Beginn seiner Ehe mit unserer Mutter allein in die Steppe geritten, so organisierte er später für seine wachsende Kinderschar regelmäßige Exkursionen dorthin. Mehr noch: Er machte die Steppe gesellschaftsfähig, denn bald taten andere Bürger aus Kunduz es ihm nach. Die meist eintägigen Touren, die ein fester Bestandteil unseres Lebens waren, zählen zu meinen schönsten Kindheitserinnerungen überhaupt.

Sobald der Schnee des Winters geschmolzen war und der Frühling das ausgedörrte Gras innerhalb weniger Tage mit grüner Farbe übergoss, wurden die Jeeps mit Proviant, Decken und Geschenken für die Nomaden beladen. Zunächst über Asphaltpisten, zuletzt über offenes Grasland fuhren wir Richtung Sher Khan Bandar in die Steppe Dasht-e Awdan zu Schah Ghasi, einem mit meinem Vater befreundeten Nomadenführer. Schon von weitem konnten wir unser Ziel in der trotz der frühen Jahreszeit bereits heißen Luft erkennen: flimmernde schwarze Punkte, die sich bei unserem Näherkommen als große Zelte entpuppten, vor denen die Mitglieder der Familie in der Sonne saßen und ihrer Arbeit nachgingen. Hatten auch sie uns entdeckt, geriet die Menschengruppe rasch in Bewegung. Frauen sprangen auf, um sich im Inneren der Zelte zu schaffen zu machen, Kinder liefen unseren Autos entgegen, und die

Männer stellten sich in Positur, um meinen Vater und danach uns zu begrüßen.

Im Hintergrund sahen wir, so weit das Auge reichte, ihre Herden, eine schier unübersehbare Menge schwarzer, dunkelgrauer und weißer Schafe, die selbst am Horizont nicht zu enden schien. Teilweise konnte man die Tiere zwischen den langen Halmen des frischen Frühlingsgrases nur schwer ausmachen, aber aus der Nähe betrachtet boten sie ein idyllisches Bild, wie sie da in einem Blütenmeer aus violetten Luzernen und Bohnenblumen, rosa Wicken und weiß blühendem Sauerampfer, leuchtenden Tulpen und blauen Glockenblumen friedlich weideten. Für sie selbst schienen all diese Blumen völlig uninteressant, denn sie hielten sich nur an das frische Gras. Direkt neben den Zelten standen Dutzende Dromedare, Hunde und Pferde – vermutlich mehr, als die Hirten wirklich brauchten. Aber sie waren wichtig fürs Prestige, denn das Ansehen eines Clans bemaß sich nach der Zahl seiner Reit- und Lasttiere sowie nach der Größe seiner Herde.

Sobald wir aus unseren Jeeps gestiegen waren, machten sich unsere Bediensteten daran, uns ein Lager herzurichten. Sie stellten Zelte auf, damit wir Schatten hatten, aber mit Tisch und Stühlen, denn wir waren es nicht gewohnt, den ganzen Tag auf dem Boden zu sitzen. Wir hatten Töpfe mit Speisen dabei, Wasserkanister, Gläser, Geschirr und Besteck, während die Frauen des Clans sich um den Rest der Mahlzeiten kümmerten. Zuerst gab es für alle meist *doukh*, ein mit frischer Minze gewürztes Molkegetränk, dann wurden *kababs* serviert, an Spießen gegrilltes Lammfleisch, dazu ein besonderer, mit Gemüse, Mandeln und Gewürzen gedämpfter Reis. Herrlich schmeckte dazu das noch warme, knusprige Fladenbrot!

Trinkwasser brachten wir deshalb mit, weil das in der Steppe nicht gerade im Überfluss vorhanden war. Die Nomaden holten es größtenteils aus tiefen Löchern, die sie vor Einbruch des Winters in die Erde gruben und in denen sie dann den Schnee sammelten. Mit Beginn der warmen Jahreszeit mussten sie diesen Vorrat sorgfältig mit dicken Lagen von Stroh gegen die unerbittliche Sonne abdichten, damit er für den ganzen Sommer reichte und nicht mit einem Mal dahinschmolz. Das Schmelzwasser wurde über Rinnen in Bottiche geleitet, sodass jederzeit frisches Wasser zum Kochen vorhanden war.

Die Nomaden erschienen mir wie Menschen aus einer anderen Zeit. Stolz und frei bewegten sie sich wie hohe Würdenträger, die sich ihres Ranges und ihrer Bedeutung sehr wohl bewusst sind. Die Männer trugen lange Bärte, die einige von ihnen mit Henna rot färbten. Die Frauen hatten bunte Kleider mit Hosen darunter an, und über die Haare legten sie Kopftücher. Zwischen den Zelten wuselte eine Vielzahl von Kindern herum, die teilweise nur spärlich bekleidet waren, und die kleinsten unter ihnen wurden ganz ohne Scheu gestillt.

Männer und Frauen aßen in getrennten Zelten, was bei Nomaden nicht unbedingt üblich war, denn dort speisten die Familien meist zusammen. Wir saßen beim Essen auf dem Boden, auf sorgfältig gekehrten, dunkelroten Teppichen mit schwarzer Musterung. Eine der Frauen von Schah Ghasi erzählte meiner Mutter, sehr viele Kinder würden bei der Geburt oder kurz danach sterben. Und tatsächlich gab es keine Hebammen, keine Ärzte, keine Medikamente, keine Desinfektionsmittel – eigentlich gar keine Versorgung. Besonders problematisch war es, wenn die Geburt zu der Zeit stattfand, wenn der Clan unterwegs war von den Winter- zu den Sommerweiden. Setzten genau dann die Wehen ein, so konnte die Schwangere nur für ein paar Stunden von ihrem Reittier absitzen, schnell mithilfe einer anderen Frau ihr Kind zur Welt bringen, es abnabeln, notdürftig mit ein paar Tüchern reinigen und stillen, um dann gleich weiterzureiten. Wenn die Herde nämlich einmal in Bewegung war, ließ sie sich nicht ohne weiteres anhalten – und natürlich wollte die Wöchnerin mit ihrem Neugeborenen nicht den Anschluss verlieren, nicht auf den Schutz der wärmenden Zelte verzichten, die Sicherheit der Feuerstelle und die Pflege, die man ihr dort angedeihen ließ.

Wir Mädchen lauschten mit großen Ohren, wenn wir so etwas hörten und dabei die jungen Mütter mit ihren Säuglingen an der Brust beobachteten. Sie berichteten von diesen Problemen und den daraus resultierenden Schicksalsschlägen, ohne zu klagen, was ihre Erzählungen jedoch in unseren Ohren umso dramatischer erscheinen ließ. Ich erkannte schon als Kind, dass diese Menschen aufgrund ihrer nomadischen Tradition ständig in solche Notlagen gerieten, und so wuchs damals in den Zelten der Gedanke in mir, Ärztin zu werden, um Frauen wie diesen vielleicht eines Tages helfen zu können. Natürlich spielte es auch eine Rolle, dass ich mir den nie verwirklichten Berufswunsch meiner Mutter zu eigen machte, um ihr damit eine Freude zu bereiten. Jedenfalls empfand ich damals nichts als Mitleid und den Drang zu helfen. Hehre, aber unsinnige Gedanken. Denn die Nomaden wollten ihre Lebensweise gar nicht aufgeben, zumal sie vom Verkauf des Fleisches und der Felle sehr gut lebten. Und was die hohe Säuglingssterblichkeit und gesundheitliche Mängel bei den Kindern anging, so resultierte dies weniger aus den zugegebenermaßen bisweilen schwierigen Begleitumständen der Geburten, sondern vielmehr aus den katastrophalen hygienischen Zuständen, an denen neben dem nomadischen Leben auch ein gerütteltes Maß an Unwissen über die Zusammenhänge von Ernährung, Sauberkeit und Gesundheit schuld war.

Noch etwas anderes fiel uns auf: Obwohl diese Hirten offenbar wohlhabend waren und über ausreichend Geld verfügten, gaben sie es kaum aus. Die Frauen nähten es einfach in Kissen oder Decken ein, weil sie den Banken misstrauten, und da blieb es dann meist. Was sollten sie auch in der Steppe kaufen? In die Städte und Dörfer kamen sie nur selten – lediglich zum Viehmarkt oder um etwas zu verkaufen, und bei dieser Gelegenheit wurde das wenige, was man nicht selbst herstellen konnte, besorgt. Ansonsten lebten sie vom Fleisch der Schafe, der Milch der Ziegen und dem bisschen Getreide, das sie bei den Bauern erstanden. Sesshaft zu werden und sich ein Haus zu bauen, auf den Gedanken kamen sie damals nicht. Und irgendwie schienen die Nomaden im Rahmen ihrer über die Jahrhunderte gewachsenen und von einer Generation auf die nächste übertragenen Sitten und Gebräuche ein freies, glückliches Leben zu führen.

Ich erinnere mich an viele wunderbare Momente, die wir dort erlebten: Wir Kinder durften auf den Dromedaren sitzen, und ein Junge führte uns auf den mir riesig hoch und wackelig vorkommenden Tieren herum. Oder wir liefen in das Blütenmeer hinein, vor Übermut und Freude kreischend, bis wir nicht mehr konnten, rollten nebeneinander kleine Hügel hinunter und landeten unten auf einem Teppich aus sattgrünem, saftigem Gras. Manchmal waren wir auch ganz still und lauschten dem sanften Rauschen des

Windes in den Gräsern, dem Summen der Bienen und dem Gesang der Zikaden und ganz in der Ferne den Tönen einer Flöte, die wie leichte Schwaden zu uns herüberwehten. Sie stammten wohl von den Hirtenjungen, die mit der Herde unterwegs waren. So lagen wir zwischen den Blumen, sahen in das Blau des unendlichen Himmels über uns und träumten vor uns hin.

Wenn ich heute die Augen schließe und an diese Tage in der Frühlingssteppe denke, an diese wunderbar friedliche Stimmung, dann vermeine ich wieder das Rauschen des Grases zu hören, den Duft dieses schier unendlichen Blütenteppichs zu riechen. Und dann spüre ich, wie mir Tränen in die Augen steigen, weil ich dieses Paradies meiner Kindheit für immer verloren habe – nicht nur ich, sondern all meine Geschwister, ja all meine Landsleute. Heute sind diese Steppen zu Minenfeldern verkommen, nachdem sich hier feindliche Truppen gegenseitig in ihren Stellungen belauerten. Da bleibt kein Platz mehr für große Herden, zumal viele Tiere ohnehin den Tretminen zum Opfer gefallen sind. Nur noch wenige Nomadenfamilien ziehen durch die unendlichen Weiten, weil zu allem Überfluss gierige Warlords Geld verlangen für das Benutzen des Weidelands. Und niemand weiß, wann wieder glückliche und träumende Mädchen in dem duftenden Blütenmeer der Steppe Dasht-e Awdan liegen können.

Schulalltag in Afghanistan

Gab es zu der Zeit, als Mariam nach Kunduz kam, noch keine Bildungsmöglichkeiten für Mädchen, so hatte auch das sich durch die Reformprojekte Sahir Schahs geändert. Während Brüder und Cousins die nach meinem Stiefgroßvater benannte Sher-Khan-Schule besuchten, gab es für uns jetzt die Belqis-Mädchenschule, die nach einer Tochter des Königs hieß. Das Gebäude hatte die Spinzar Company zur Verfügung gestellt. Als Schuluniform trugen wir schwarze Kleider, schwarze Kniestrümpfe und ein weißes Kopftuch, das die meisten allerdings nicht über die Haare banden, sondern bloß wie Schals modisch um Hals und Schultern legten.

In den ersten Jahren meiner Schulzeit wurde ich mit einer offenen Kutsche in die Schule gebracht, was damals keine große Besonderheit war, da im Stadtbild noch viele Pferde zu sehen waren. Später ließen wir uns im Auto hinbringen, zusammen mit meiner Mutter, denn Mariam unterrichtete Englisch und Mathematik und bekam bald das Angebot vom Erziehungsministerium, Direktorin zu werden. Für sie bedeutete dies nicht nur eine große Ehre, sondern es war zugleich ein kleines Trostpflaster für die nie verwundene Enttäuschung, dass ihr Schulabschluss, Studium und Arztberuf verwehrt worden waren. Mein Vater ermutigte sie zu dieser neuen Aufgabe, denn so wusste er seine Töchter in guter Obhut und seine Frau in einer – selbstverständlich ehrenamtlichen – verantwortungsvollen

Position, die sie endlich ausfüllen würde. Für mich und für meine Schwestern war diese Situation durchaus nicht immer angenehm, denn mit uns ging sie strenger um als mit anderen. Kein Vergleich damit, wie wir sie zu Hause erlebten. Vermutlich wollte sie allen Befürchtungen vorbeugen, sie könnte uns vielleicht bevorzugen. Wie auch immer: Wir jedenfalls suchten schleunigst das Weite, sobald sie nur um eine Ecke bog.

Sie legte sich gewaltig ins Zeug und baute die anfangs kleine Schule, die von kaum hundert Mädchen bis zur sechsten Klasse besucht wurde, zu einem vollwertigen Bildungsinstitut aus, wo man sogar das Bakkalaureat ablegen konnte. Mit der Zeit wuchs die Zahl der Schülerinnen auf knapp eintausend an. Viele neue Lehrer wurden eingestellt, wobei das amerikanische Friedenscorps willkommene Entwicklungshilfe leistete, indem es Englischlehrer schickte. Auf Mariams Initiative wurden schließlich ein Kindergarten, eine Bibliothek sowie eine Fortbildungsstätte für erwachsene Frauen angegliedert, wo diese Lesen und Schreiben sowie Schneidern lernten. Ich erinnere mich noch besonders an Frau Gnadt, eine deutsche Schneiderin, die vom Deutschen Entwicklungsdienst entsandt wurde – eine etwa sechzigjährige, kleine und drahtige Frau, die unerhört sportlich war und nebenbei afghanischen Soldaten Schwimmunterricht erteilte. Auch eine deutsche Kindergärtnerin unterstützte das Programm und gab mir nebenbei Deutschunterricht. Zwar sprach unsere Mutter meistens deutsch mit uns, doch antworteten wir der Bequemlichkeit halber lieber auf Dari. Leider scheint die junge Frau ihren Beruf irgendwann an den Nagel gehängt zu haben und soll später in den Dunstkreis der RAF geraten sein.

So entwickelte sich die Belqis-Schule nach und nach zu einem afghanischen Vorzeigeprojekt. Die Mädchen freuten sich regelrecht auf den Unterricht, und meine Mutter erzählte gerne, dass sie immer wieder von Schülerinnen gebeten wurde, die Schule während der Ferien nicht zu schließen, damit sie weiter lesen und lernen konnten. Und das, obwohl das afghanische Schulsystem nicht nur autoritär war, sondern auch ein starkes Konkurrenzdenken förderte, denn in den Halbjahreszeugnissen stand nicht nur der errechnete Notendurchschnitt, sondern darauf basierend auch die Rangfolge innerhalb der Klasse.

Dank des wachsenden Ansehens der Schule und durch viele persönliche Gespräche schaffte es Mariam mit den Jahren, die Bedenken der Eltern gegenüber dem Schulbesuch ihrer behüteten Töchter auszuräumen. Immer mehr Mädchen aus einfacheren Verhältnissen drängte es nun ebenfalls in die Schule, selbst wenn sie bereits zu alt waren. So erzählte meine Mutter uns von einer etwa Achtzehnjährigen, die um jeden Preis einen Schulabschluss anstrebte. Obwohl es gegen die Vorschriften war, sie noch einzuschulen - die Grenze lag bei sieben Jahren -, ließ sie sich erweichen, zumal das Mädchen recht kindlich aussah, und steckte sie als vermeintlich Elfjährige in die zweite Klasse. Der Regelverstoß hat sich gelohnt, denn die späte Schülerin lernte fleißig und schaffte die Mittlere Reife. Überhaupt war es bisweilen nicht einfach, das Alter zu bestimmen, denn in Afghanistan wurden für Mädchen bei der Geburt keine Papiere ausgestellt, und besonders in den nicht gebildeten Schichten, die Lesen und Schreiben nicht beherrschten, existierten auch keine privaten Aufzeichnungen. Da half für die Einteilung nur ein Trick: Mariam versuchte das Alter anhand der Zähne zu bestimmen – besser gesagt nach dem Stand des Zahnwechsels.

Tatsächlich führte sie ein sehr strenges Regiment, da sie nicht nur hygienische Maßnahmen einführte wie die regelmäßige Inspektion der Fingernägel, sondern auch dafür Sorge trug, dass die Schüler der benachbarten Knabenschule nicht über die Mauer des Mädchenschulhofs lugten, um ihren Angebeteten heimlich Briefe zuzustecken oder ungehörige Blicke nachzuwerfen. Das konnte sie nicht dulden und setzte sogar den *chaprasi*, den Hausmeister, darauf an, nicht nur ungehöriges Geschreibsel zu konfiszieren, sondern auch allzu forsche Jünglinge mit drohendem Stockschwingen vom Eingang der Mädchenschule zu vertreiben.

Dass Mädchen und Jungen gemeinsam unterrichtet wurden, war in einem so traditionsbewussten Land wie Afghanistan undenkbar. Zudem erlaubten die Eltern nur den Schulbesuch, wenn sie sicher sein konnten, dass ihre Töchter auch außerhalb der eigenen vier Wände behütet und unter Kontrolle waren. Insofern war die Beachtung bestimmter Regeln eine unerlässliche Grundvoraussetzung, um das Vertrauen der Eltern zu gewinnen. Aufgeweicht wurde die rigide Geschlechtertrennung höchstens einmal beim Sport, wenn etwa das weibliche Volleyballteam gegen das der Jungenschule spielte. Volleyball ist ungeheuer beliebt in Afghanistan und jedes Spiel ein Großereignis, selbst wenn es sich nur um einen Wettkampf zwischen zwei Schulen handelt. Insofern bedeutete es für die sieggewohnte Sher-Khan-Mannschaft eine ungeheure Blamage, in einem Satz gegen uns Mädchen zu unterliegen. Mein Vetter Hashmat ärgert sich bis heute darüber, dass sein Team unter den Augen zahlreicher Zuschauer und des Gouverneurs eine solche Schlappe erlitt, die noch tagelang das Gesprächsthema in Kunduz war.

Insgesamt war Mariam jedenfalls sehr erfolgreich als Lehrerin und Schulleiterin. Dass sie so vieles erreichte, lag auch daran, dass seit den Reformen in Afghanistan ein frischer Wind wehte. So wuchs die Zahl der Frauen, die ins Berufsleben drängten – sie arbeiteten nun sogar als Übersetzerinnen, Ärztinnen, Krankenschwestern oder eben als Lehrerinnen. Vieles war möglich, was noch wenige Jahre zuvor undenkbar gewesen wäre: Frauen gingen unverschleiert und ohne männliche Begleitung auf die Straße. Es gab Feste, bei denen Männer und Frauen nicht mehr in getrennten Räumen feierten, sondern einander begegnen konnten, selbst wenn sie nicht miteinander verwandt waren. Für uns Kinder, die mit diesem Nebeneinander von Moderne und Tradition aufwuchsen, stand schon damals fest, welchen Weg wir wählen würden – zweifellos den modernen.

Auch politisch veränderte sich einiges, denn Afghanistan wurde zu einer konstitutionellen Monarchie, in der sich Parteien jeder Couleur konstituieren konnten, wobei das Spektrum von Marxisten über Sozialisten und Liberale bis zu Fundamentalisten reichte. Erlaubt waren jetzt auch Streiks und Demonstrationen. Irgendwie schien selbst bei uns in Kunduz so etwas wie ein Frühling eingezogen zu sein, ein Aufbruch, eine kleine Revolution – anders kann ich mir nicht erklären, dass wir Schülerinnen von einem Tag auf den anderen beschlossen, in einen Streik zu treten. Das muss man freilich vor dem Hintergrund sehen, dass so etwas in Kunduz völlig unbekannt war, von Schülerstreiks ganz zu schweigen. Normalerweise fügten sich Schüler und Schülerinnen allen Anweisungen, und der Schulalltag verlief so ruhig und diszipliniert, wie sich das Lehrer nur wünschen können – und trotzdem begannen ausgerechnet wir an der Belqis-Mädchenschule zu streiken.

Unsere Mutter wollte wie jeden Tag mit uns aufbrechen, aber sowohl ich als auch meine Schwester und Klassenkameradin Sitara klagten über Kopfweh und Bauchschmerzen. Kann vorkommen, dachte Mariam und fuhr ohne uns zur Schule. Dort lief ihr bereits aufgeregt ihr Stellvertreter entgegen und fragte nach unserem Verbleib. »Sie sind beide krank«, antwortete meiner Mutter ohne den geringsten Argwohn. »Krank?«, fragte ihr Kollege amüsiert und fuhr fort: »Dann muss ein Virus umgehen, der nur diese eine Klasse krank macht und bei jeder Schülerin zu einem anderen Symptom führt«.

Das Klassenzimmer war gähnend leer. Sie traute ihren Augen nicht. Die braven Mädchen, darunter ihre eigene Tochter, streikten! Was sollte sie tun? Sie am nächsten Tag bestrafen? Eine Schulversammlung einberufen? Das Kollegium zusammentrommeln? Sie tat in dieser Situation das vermutlich Beste – nämlich nichts. Warum wir damals streikten? Das wussten wir letztlich nicht. Wir legten uns später zurecht, der Chemielehrer sei zu streng gewesen, aber das war nicht der Grund. Vermutlich fanden wir es einfach schick, auch mal ein bisschen zu rebellieren.

In Afghanistan lebte man nicht mehr so isoliert, dass man nichts mitbekam von dem, was in der Welt vor sich ging. Immerhin nahmen wir im Englischunterricht die Songs der Beatles durch. Viele junge Leute gingen zur Ausbildung und zum Studium ins Ausland, bekamen etwas mit von den jugendlichen Protestbewegungen. Zudem drängten zahllose Hippies – von meiner Großmutter Elisabeth missbilligend »Gammler« genannt – nach Afghanistan. Und vielleicht wehte der Geist dieser Zeit wirklich bis in unsere entlegene Provinz und beflügelte uns zu unserem Streik. Für unsere arme Mutter allerdings hatte die Geschichte noch ein ziemliches Nachspiel, denn sie wurde ins Erziehungsministerium zitiert, wo man offenbar wenig Begeisterung zeigte für diese Aktion der afghanischen Töchter.

Hoher Besuch

In unserer häuslichen Welt hingegen konnte man bisweilen den Eindruck gewinnen, als herrschten noch feudale Zeiten, denn bei uns schien sich ein Potentat nach dem anderen die Klinke in die Hand zu geben. Für uns Kinder war das eher langweilig und vor allem lästig, denn immer dann, wenn hoher Besuch angesagt war, wurden wir, sofern wir überhaupt dabei waren, genauestens instruiert, was wir sagen und wie wir uns benehmen sollten. Natürlich in höchstem Maße brav, sittsam und aufmerksam. Einer dieser Tage ist mir unter allen anderen besonders in Erinnerung geblieben.

Schon seit dem frühen Morgen befanden sich alle im Haus in heller Aufregung. Die Diener und Dienstmädchen fegten noch einmal in den hintersten Ecken, polierten das beste Besteck und arrangierten Blumengestecke. Jumah, dem als persönlichem Diener meines Vaters eine besondere Funktion zukam, murrte schon seit dem Morgen darüber, warum dieser heikle Empfang überhaupt im Haus stattfinden sollte. »Warum gehen sie nicht in den Club«, murmelte er vor sich hin, »das tun sie doch sonst auch so gern. Dann müsste ich mich hier nicht so abrackern.« Jumah heißt übersetzt »Freitag« und ist ein häufiger männlicher Vorname, der eigentlich dem Ruhetag der Muslims Ehre erweisen soll, womit Jumahs Arbeitsunlust erklärbar wäre. Doch jetzt half alles Schimpfen nicht mehr, denn die Entscheidung war gefallen, der große Salon eigens hergerichtet.

Der hohe Besucher, den man erwartete, war Kronprinz Akihito, Sohn des damaligen japanischen Kaisers Hirohito, mit seiner Frau Michiko, die begleitet wurden vom afghanischen Kronprinzen Ahmad Schah und dessen Frau Khatul. Von uns Kindern mussten oder durften, je nachdem wie man es sieht, wechselweise einige bei solchen Anlässen anwesend sein. Diesmal war die Wahl auf die drei ältesten Töchter gefallen: auf Sitara, mich und Nadia, damals vierzehn, zwölf und zehn Jahre alt. Und damit wir im Ernstfall auch etwas Passendes zur Konversation beisteuern konnten, hatte man uns Bücher über Süßwasserfische in die Hand gedrückt, weil der Kronprinz sich angeblich für Fischkunde interessierte. Ganz im Gegensatz zu uns, denn wir nutzten viel lieber die seltene Gelegenheit, uns in den Repräsentationsräumen umzuschauen, die sonst nicht zugänglich waren, und damit, dass wir beständig herumliefen, trugen wir nicht gerade dazu bei, Jumahs schlechte Laune zu besänftigen.

Generell wurde der Salon nur an Weihnachten, Silvester oder zu den *Id*-Festen betreten, dem Fastenbrechen nach dem Ramadan, und am Opferfest. Als Kinder mit zwei kulturellen Hintergründen hatten wir immerhin den Vorteil, die Feste beider Welten zu feiern. Auch das große Speisezimmer wurde nur zu solchen Anlässen benutzt, aber immerhin wussten wir, dass in dem kleinen Nebenraum nicht nur das kostbare Geschirr und Besteck sowie die funkelnden Kristallgläser aufbewahrt wurden, sondern auch allerlei Süßigkeiten, Kekse, Kuchen und Nüsse, die am Schluss des Dinners zum Kaffee serviert wurden. Gelegenheit macht Diebe, denn wann standen sonst die Türen und Schränke einfach offen? Wann achtete das Personal so wenig auf uns Kinder wie an diesem Tag?

Unsere Anführerin war zweifellos meine vorwitzige Halbschwester Sitara. Unter ihrer Anleitung schlichen wir uns in das verbotene Heiligtum, den Raum mit den verlockenden süßen Köstlichkeiten. Das ging eine Weile gut, bis Jumah uns auf die Schliche kam und tadelte. Allerdings hatte er in diesem Moment nicht wirklich Zeit für solche Banalitäten, denn er kämpfte mit der richtigen Platzierung der *finger*, wie eine neue Bereicherung unseres Haushalts genannt wurde, die wir bislang noch nicht zu Gesicht bekommen hatten: kleine Schälchen, in die man nach dem Verzehr von Obst die Finger in warmes Zitronenwasser tauchte.

Das Erscheinen unserer Mutter unterbrach unsere Diebestour endgültig. Sie mahnte uns Großen, uns rechtzeitig umzuziehen und herzurichten, während sie die beiden Kleinen, Sarina und Runa, trotz heftigster Proteste vor sich her in Richtung Treppe schob, wo schon die Kindermädchen auf sie warteten. An die Süßigkeiten trauten wir uns jetzt nicht mehr heran, aber irgendetwas wollten wir noch anstellen. Da entdeckten wir die Teekanne aus chinesischem Porzellan, die Jumah soeben mit dampfendem Tee hereingetragen hatte, um gleich wieder in der Küche zu verschwinden. Darauf stürzten wir uns und kippten den Inhalt sämtlicher Pfeffer- und Salzstreuer hinein. Doch just in dem Augenblick, als die letzte Ladung Pfeffer im Tee landete, bog Jumah um die Ecke. »Vergifteter Tee für die Gäste«, murmelte er entsetzt, schüttelte den Kopf und trug die Kanne ohne einen weiteren Kommentar heraus. Uns Kindern war die Lust an Streichen gründlich vergangen, denn wir mussten jetzt mit einem fürchterlichen Donnerwetter rechnen. Bedrückt huschten wir in unsere Zimmer, um unsere schönsten Kleider anzuziehen und unsere Haare zu richten. Dass Jumah uns nicht verraten würde, konnten wir damals nicht ahnen, aber wir waren ihm später sehr dankbar dafür.

Wir hatten nicht die geringste Lust auf dieses Essen und schon gar nicht auf die Tischgespräche. Die Hälfte würden wir nicht verstehen, sagen durften wir nichts, außer wenn uns einer der Erwachsenen etwas fragen sollte, doch diese Unterhaltungen kannte ich schon von anderen Besuchern zur Genüge: Wie ist es in der Schule? Hast du schon ein Gedicht auswendig gelernt? Und wenn dann noch das Gespräch auf die Fische kommen sollte! Der Abend würde sicherlich furchtbar langweilig werden. Wurde er aber wider Erwarten nicht, denn die Gäste gaben sich sehr freundlich und unkompliziert. Zwar fragte die Prinzessin nach der Schule, aber in einer sehr freundlichen Weise, und wir waren stolz, unser Englisch anbringen zu können. Den Prinzen fanden wir ebenfalls sehr nett, denn er sprach uns auf den geplanten Ausflug zur Ausgrabungsstätte Ai Khanoum an, auf den wir uns besonders freuten, weil wir am nächsten Tag mit dem Hubschrauber dorthin fliegen sollten. Von Fischen jedenfalls keine Silbe. Als sich die Herren auf den gemütlichen Fauteuils im Salon niederließen, um ihre Zigarren zu rauchen, durften wir uns verabschieden und zu den kleinen Schwestern hinaufeilen.

Die Besuche, die mein Vater aus aller Welt empfing, gehörten sicherlich zu den außergewöhnlichen Erlebnissen unseres ansonsten provinziellen Lebens in Kunduz, auch wenn uns Kindern das damals weit weniger bewusst war, als es das heute ist. Doch wir spürten die Bedeutung unserer Gäste allein schon durch die großen Vorbereitungen und die zum Teil riesigen Delegationen, die mit ihnen reisten – gerade bei dem französischen Präsidenten Georges

Pompidou fiel uns das ganz besonders auf. Im Grunde aber achteten wir damals weniger auf die Bedeutung unserer vielen Besucher, sondern eher auf deren besondere Eigenschaften oder Gewohnheiten: Wir staunten, wenn förmliche Engländer ihre Birne mit Messer und Gabel aßen, wenn Inder es ablehnten, Eier oder Rindfleisch zu essen oder wenn Amerikaner nach dem Dinner zu einem goldglänzenden Getränk namens Bourbon griffen, das wir einmal heimlich kosten wollten, aber schon von dem strengen Geruch zurückschreckten.

Auch wenn König Sahir Schah zu uns kam – etwa nach der Jagd mit meinem Vater –, interessierte uns vor allen Dingen das, was er mitbrachte. Er war nämlich ausgesprochen technikversessen und hatte meist ein neues »Spielzeug« dabei. Einmal war es eine der ersten Videokameras, und es war ein riesiger Spaß, als er uns auf Zelluloid bannte, wie wir singend und lachend und Gedichte aufsagend vor ihm agierten. Ich wüsste gerne, was aus all dem Filmmaterial geworden ist – höchstwahrscheinlich ist es längst in einem der zahllosen Feuerstürme verglüht, die seit jenen glücklichen Tagen immer wieder in dichter Folge über unser Land zogen.

Wenn andere Khane bei uns zu Gast waren, die einen in europäischer Kleidung mit Anzug und Krawatte, die anderen in ihren eleganten Trachten mit riesigen Turbanen, trafen sie sich mit meinem Vater nicht in unserem Salon, sondern zumeist im Gästehaus. Dort durfte sich in der Regel keine Frau sehen oder hören lassen, von kleinen Mädchen ganz zu schweigen. Es sei denn, es handelte sich um Verwandte oder enge Freunde meines Vaters, die ohnehin meist ihre eigenen Frauen oder Töchter mitbrachten. Allerdings wurden die weiblichen Besucher nicht im Gästehaus, sondern gesondert in unserem Haus bewirtet und nahmen die Mahlzeiten mit den Frauen unserer Familie ein.

Am interessantesten fanden wir Kinder eigentlich die Menschen, die täglich von der Straße hereinschneiten. Das waren nicht nur die Bittsteller, die vor dem Frühstückszimmer meines Vaters Schlange standen, um ihr Anliegen vorzutragen, sondern auch all jene, die einfach Hunger oder Durst hatten und der Familie in irgendeiner Weise verbunden waren, und sei es noch so weitläufig. Das konnten entfernte Verwandte sein, flüchtige Bekannte oder jemand, der mit dem Stamm zu tun hatte. Jeder Einzelne von ihnen bekam eine warme Mahlzeit, die in einem der Gästehäuser serviert wurde. Wenn Wahlen stattfanden, für die unser Haus als Wahllokal diente, wurden dort an einem Tag schon mal knapp tausend Menschen bewirtet. Mein Vater ließ unter seinen Gästen nicht zuletzt deshalb eine solche Großzügigkeit walten, weil der Ehrenkodex der Paschtunen, der Paschtunwali, die Gastfreundschaft als höchstes aller Gebote vorschreibt.

Und so übernachteten auch viele bei uns im Gästehaus, einige überwinterten sogar dort, und einer blieb bis zu seinem Lebensende: Atta Mohammed, ein mehr als ferner Verwandter, jedenfalls ein Mann aus dem Stamm der Kharot. Ich kann mich nicht mehr an den eigentlichen Grund seines Aufenthalts erinnern, doch ich sehe ihn noch heute vor mir, wie er draußen in der Sonne saß und sich mit einer Pinzette seine weißen Barthaare ausrupfte und wie er mir bei meinen ersten Versuchen auf dem Fahrrad half. Heute würde man seine Methode allerdings nicht unbedingt als Hilfe bezeichnen, denn er legte auf der Wiese mit Steinen einen Hindernisparcours, damit ich exaktes Fahren übte. Und je geschickter ich wurde, desto enger rückten die

Steine aneinander. Eines Morgens saß er nicht auf der Wiese vor dem Haus, und als ich zu seinem Zimmer hinaufstieg, um nach ihm zu schauen, sah ich den ersten Toten meines Lebens. Ganz friedlich lag er in seinem Bett. Ich war traurig darüber, da ich in diesem alten Mann vielleicht einen Großvater sah, den ich nie erlebt hatte.

Der eine war schon lange tot, und zu dem anderen bestand keine Verbindung – zumindest keine, von der ich wusste. Warum das so war, davon hatte ich als Kind natürlich nicht die geringste Ahnung, und ich fragte auch nicht weiter nach. Einmal habe ich Mohammed Omar allerdings gesehen. Wir hielten uns gerade in Kabul auf, als es an der Tür klingelte. Ich ging hin, um zu öffnen, und stand vor einem Fremden, der mich nach seiner Tochter fragte. Irritiert rief ich meine Mutter herbei, und als diese aufgeregt mit dem Mann auf Deutsch zu reden begann, wunderte ich mich sehr. Später erklärte sie mir, um wen es sich gehandelt hatte, und mir war es sehr unangenehm, meinen eigenen Großvater nicht erkannt zu haben. Ich erfuhr noch, dass er in bescheidenen Verhältnissen lebte und kaum noch Kontakt zu ihm bestand, mehr nicht. Als Omar kurz nach dieser Begebenheit starb, tat es mir sehr leid, ihn niemals richtig kennengelernt zu haben.

Ferientage in Paghman

So gerne wir auch zur Schule gingen – zu denen, die die Ferien am liebsten abgeschafft hätten, gehörten wir nicht. Denn gleich am ersten Tag packte wir die Sachen und fuhren allesamt nach Paghman, in unser Sommerhaus hoch in den Hügeln oberhalb von Kabul. Die ganze Familie, vom Kleinsten bis zum Ältesten, das war Tradition. Und irgendwann waren wir dann wirklich vollzählig, weil 1967 endlich mein Bruder geboren wurde – der lang ersehnte Sohn aus der zweiten Ehe. Anders als bei uns Mädchen wählte mein Vater den Namen ganz alleine aus: Nangialai, der »Achtbare« oder der »Ehrenhafte«. Seine Geburt wurde mit Gewehrsalven gefeiert, und ein Poet trug Reime auf den neuen Stammhalter des Hauses vor. Unserer Mutter war anzumerken, dass ihr mit der Geburt des Sohnes ein gewaltiger Stein vom Herzen fiel, und Bibi musste nicht mehr *qismat* murmeln wie nach Runas Geburt.

Paghman ist ein idyllisches Gartenstädtchen in den Ausläufern des Hindukusch mit Blick auf den Hauptkamm dieser gewaltigen Gebirgskette, die sich von hier bis nach Nepal erstreckt, und für mich einer der schönsten Orte Afghanistans, eine grüne Oase inmitten kahler Berge. Ein Meer aus Rosen, Magnolien und Oleander, aus Nuss-, Kirsch- und Maulbeerbäumen, die allerdings zumeist hinter den schützenden Mauern der zahllosen prachtvollen Anwesen wuchsen. Wer es sich leisten konnte, verbrachte die heißesten Wochen des Jahres hier oben. Verglichen mit

Kabul und vor allem Kunduz, wo es im Juli und August unerträglich ist, fühlten wir uns in Paghman wie im Himmel, denn die Abende waren angenehm kühl, und tagsüber wehte meist eine erfrischende Brise von den Bergen.

Berühmt waren auch die Gärten des kleinen Ortes, die der ehemalige König Amanullah, selbst aus Paghman gebürtig, in den Zwanzigerjahren hatte anlegen lassen. Ihren Eingang schmückte ein Triumphbogen, der wie eine stark verkleinerte Kopie des Arc de Triomphe in Paris aussah, der es dem weit gereisten Monarchen dermaßen angetan hatte, dass er ihn in seiner Heimat nachbauen ließ – als Denkmal für die erfolgreich verteidigte Unabhängigkeit des Landes in den Anglo-Afghanischen Kriegen. Nicht zuletzt durch dieses Bauwerk wurden die Gärten zu einer Attraktion – und zum Naherholungsgebiet für Kabul. Nach einer halben Stunde Fahrzeit konnte man im Schatten knorriger Bäume ausruhen, ein Picknick veranstalten oder auch in einem der künstlich angelegten Seen baden. Zu Amanullahs Zeiten hatte es sogar Volksbelustigungen aller Art wie Elefantenrennen und Ringkämpfe gegeben.

Sobald unser Auto in die Einfahrt zu unserem Garten einbog, begannen für uns die Ferien. Das Haus, direkt neben der Villa des Königs, hatte ein italienischer Architekt entworfen. Es war verspielt, mit viel bemaltem Stuck, der aussah, als wäre er in Stein und Marmor geschnitzt, und schmiegte sich mit seinen vier Etagen an den Hang. Zahlreiche Villen, die ich viel später in Italien sah, sollten mich immer wieder an die Architektur dieses afghanischen Ferienhauses erinnern. Aus riesigen Fenstern blickte man über die Gärten hinweg ins vor Hitze flirrende Tal. Mein Lieblingsraum lag im obersten Stockwerk und hieß bei uns nur das »Kartenspielzimmer«. Dort saß ich oft, um bloß ein wenig zu träumen und dabei die herrliche Aussicht zu genießen. Paghman war der absolute Gegensatz zu Kunduz: Hier gab es keinen Alltag mit Schule und Pflichten, mit Terminen und Geschäften. Und keinen Stress – stattdessen herrliches Faulenzen am Pool und lange Abende unter einem funkelnden Sternenhimmel. Selbst meinen beherrschten, ein wenig unnahbaren Vater vermochten diese unbeschwerten, heiteren Sommertage zu verändern. Er wurde lockerer, umgänglicher, benahm sich weniger förmlich. Stellte sogar ein Zelt im Garten auf, in dem er bisweilen die heißen Nächte verbrachte: »Ein Nomade bleibt immer ein Nomade«, pflegte er halb im Ernst, halb im Spaß zu sagen und bezog sich damit auf die Traditionen seines Stammes.

Diese Sommer waren für uns die Höhepunkte des ganzen Jahres: Morgens liefen wir gleich nach dem Aufwachen an ein in der Nähe plätscherndes Bächlein, um uns dort die Zähne zu putzen und uns mit dem eiskalten Quellwasser den Schlaf aus den Augen zu waschen. Natürlich gab es Badezimmer im Haus, doch was war ein Waschbecken schon gegen dieses köstlich frische Wasser? Nach dem Frühstück spielten wir meist bis zur Erschöpfung Tischtennis, hüpften zwischendurch immer wieder in unser Schwimmbecken, eine Mischung aus Pool und Naturbadeteich. In einen Felsen hineingehauen, diente es nicht nur unserer Belustigung, sondern bot auch Lebensraum für Frösche, Kaulquappen und Pflanzen. Wir liebten es, auf den Felsen rund um das Becken herumzuturnen, was unsere Mutter allerdings ständig zu ängstlichen Ermahnungen veranlasste. Sie traute offenbar unserem Gleichgewichtsgefühl nicht sonderlich und sah vor ihrem inneren Auge mindestens eines ihrer Kinder in die Tiefe stürzen. Oberhalb unseres Grundstücks, wo die Felshänge nahtlos in eine steinige Berglandschaft übergingen, weideten Schafe. Ich liebte das Geräusch ihrer Glöckchen und beobachtete gerne die Hirtenbuben, die ihre Tiere weit oben über die Hügel trieben. Oft liefen auch wir hinauf zu den Schafen, manchmal vom Sohn unseres Gärtners begleitet, einem aufgeweckten Burschen, der sich gut auskannte in der Natur und uns dort allerlei zeigte: Schlangen, Skorpione, vor denen wir gehörigen Respekt hatten, aber auch seltene Blumen und die besten Stellen, um wild wachsende Maulbeeren zu sammeln. Jahrzehnte später traf ich ihn noch einmal: Er war inzwischen Schuldirektor und lebte in einem von Blumenbeeten umgebenen Haus hoch in den Bergen von Paghman.

Abends erzählte uns unsere persische Haushälterin Märchen, die sie gerne mit schaurigen, Furcht einflößenden Details spickte, sodass wir auf dem Weg in unsere Betten ängstlich hinter alle Ecken und in alle Winkel spähten, ob nicht irgendwo einer der bösen Geister lauerte, die sie in ihren Geschichten beschwor. Und in der Tat stand dann plötzlich ein Gespenst irgendwo im Halbdunkel, bedeckt mit einem weißen Laken und schauerlich winselnd. Wir zuckten jedes Mal zusammen und rannten in alle Richtungen davon, obwohl wir ganz genau wussten, dass sich hinter der Maskerade niemand anders verbarg als unsere Märchentante selbst. Aber wir wollten ihr den Spaß nicht verderben und uns selbst wohl auch nicht.

Manchmal gingen wir Mädchen in den quirligen Ort, was unsere Eltern allerdings nicht gerne sahen und zumeist untersagten. Gänzlich verboten sie es nach jenem Vorfall, der mir noch lange in den Knochen saß und mich vorsichtiger werden ließ, wenn ich mich außerhalb der schützenden Mauern unseres Grundstücks bewegte. In einem Sommer, ich war etwa vierzehn und spazierte mit meiner jüngsten Schwester in Richtung Paghman, tauchte plötzlich ein junger, hochgewachsener Mann aus den Büschen auf und nahm mich an der Hand. Ich solle mit ihm gehen, es gebe etwas zu feiern, sagte er. Mein Herz begann vor Angst wie rasend zu klopfen, denn mir kam sogleich der Gedanke, dass dieser Bursche nichts Gutes im Schilde führte. Aber ich wusste nicht, wie ich ihm entkommen sollte. Mir fiel nichts Besseres ein, als mit raschen Schritten, die fünfjährige Runa hinter mit herzerrend, auf den Ort zuzusteuern. Dabei redete ich wie ein Wasserfall. Worüber, das weiß ich nicht mehr, aber ich redete, als ginge es um mein Leben. Und vielleicht tat es das ja auch. Irgendwie schien es zu funktionieren, denn er unternahm nichts, um meinen Redeschwall zu unterbrechen oder mich in eine andere Richtung zu drängen.

Trotzdem war ich zutiefst erleichtert, als wir zu einer Hauptstraße kamen, wo ich ein paar Soldaten herumstehen sah. Paghman war wegen seiner einflussreichen Bewohner ein streng bewachter Ort, wofür neben der regulären Polizei bisweilen auch Militär abgestellt wurde. Mit aller Macht riss ich mich von der Hand des Mannes los und schrie laut um Hilfe, doch der Soldat nahm mich nicht ernst. »Was ist denn los mit dir? Ich sehe dich doch schon die ganze Zeit an der Hand dieses Kerls, da musst du doch nicht plötzlich losschreien.«

Als ich sah, dass ich von diesem Uniformträger keine Hilfe erwarten konnte, wendete ich mich ab, doch genau in diesem Moment griff der bedrohliche Mann wieder nach meiner Hand. Es schien unmöglich, ihm zu entkommen. Also erklärte ich, dass ich in eine bestimmte Richtung gehen müsse, zu meiner Tante – ich wolle ihr nur kurz mitteilen, dass ich heute länger wegblieb, sonst würde sie womöglich Suchtrupps losschicken. »Wo wohnt die Tante?«, fragte der Kerl ständig, und ich deutete zur Antwort immer wieder vage nach rechts: »Gleich hier um die Ecke.« Endlich erreichten wir eine belebte Gegend, wo ich mich erneut losreißen und mit meiner Schwester endlich weglaufen konnte. Der Fremde folgte uns nicht, sondern starrte uns nur verdattert nach – vermutlich wagte er es nicht, mich vor all den Leuten aufs Neue zu packen und wegzuzerren. Was für ein Glück für mich.

3

DIANA

Eine versinkende Welt

Unterwegs mit Elisabeth

Nach Charlys Tod 1962 hatte Elisabeth es mutig gewagt, noch einmal ganz neu zu starten: Sie machte sich selbstständig und eröffnete im eleganten Kabuler Spinzar-Hotel, das zur Firmengruppe meines Vaters gehörte, ein Antiquitäten- und Kunstgewerbegeschäft, die »Boutique Elisabeth Dlouhy«. Sie spezialisierte sich auf alte afghanische Kunstgegenstände sowie auf Lapislazulischmuck, doch daneben verkaufte sie deutsche Zeitschriften und Magazine, die sonst kaum zu bekommen waren. Ich erinnere mich noch an *Bunte*, *Er und Sie*, *Stern* und *Neue Revue*, deren freizügige Bilder von ihrem ehemaligen Koch, dem gutmütigen Said Agha, mit einem schwarzen Filzstift geduldig zensiert wurden, wie es das Kultusministerium vorschrieb. In ihrem Laden war meine Großmutter, die bald schon die Spinzar-Tante genannt wurde, ganz und gar in ihrem Element. Sie liebte es, den ganzen Tag über mit Menschen umzugehen, von ihrem geliebten Afghanistan zu erzählen und auf diese angenehme Weise ihren Lebensunterhalt zu verdienen. Doch eigentlich handelte es sich bei der Boutique eher um einen Plaudertreff als um ein normales Geschäft.

Es gab eine weitere Neuerung: Elisabeth machte den Führerschein. Ihr Austin rollte jetzt in einem so gemächlichen Tempo durch die belebten Straßen von Kabul, dass sich hinter ihm nicht nur zahlreiche Lastautos und Busse, sondern sogar Radfahrer, Reiter und Fußgänger stauten. »Warum fahren Sie denn so langsam, sehr geehrte Frau?«, fragte der Mann auf dem Beifahrersitz ausgewählt höflich. »Ich bin so vorsichtig, weil doch so viele Menschen auf der Straße sind«, entgegnete ihm meine Großmutter. Sie war nicht nur als Frau am Steuer in Afghanistan eine absolute Rarität, sondern mit ihren knapp sechzig Jahren sicherlich auch die älteste Fahrschülerin Kabuls. »Das machen Sie sehr gut, *Khanom Saib*«, entgegnete der Fahrlehrer vorsichtig, räusperte sich, atmete tief durch und ließ sich zurück in die Polsterung des Autos sinken. »Dann fahren wir wieder zurück. Sie haben die Prüfung bestanden.« Er war damit von Elisabeths Fahrkünsten erlöst, doch für sie fing das automobile Abenteuer erst an. Glücklicherweise war der Autoverkehr in Afghanistan damals noch recht überschaubar.

Die Idee, selbst Auto zu fahren, kam ihr, als sich herausstellte, dass sie den Austin von Charly nur schwer verkaufen konnte. Sie beschloss, Fahrunterricht zu nehmen, was zwar nicht Vorschrift, sehr wohl aber eine Überlebensfrage war. Zum Glück für sie und andere wollte Elisabeth zumindest ein paar Dinge lernen, bevor sie allein auf große Fahrt ging: *String, brek, calatch*, die Dari-Anglizismen für Lenkrad, Bremse und Schalthebel – mit so etwas hatte sie bisher schließlich noch nie zu tun gehabt. Aber meine Großmutter kam auf ihre besondere Weise gut voran, und was ihr an natürlicher Begabung fehlte, glich sie durch Raffinesse aus. Wurde es ihr zu unübersichtlich oder zu voll auf der Straße, rief sie einfach unter heftigem Armrudern aus dem stets geöffneten Fahrerfenster den Leuten zu, sie sollten ihr Platz machen. Was die dann zu ihrer eigenen Sicherheit und zudem aus Respekt vor der großen Frau in dem kleinen Auto sofort taten. Jedenfalls erschien Elisabeth das sicherer, als etwaige Brems- oder Lenkmanöver zu starten, die vielleicht zu spät gekommen wären.

Bei ihrer ersten Ausfahrt bekam sie durchs Fenster die Unterhaltung zweier Jungen mit, die gemächlich über die Straße schlenderten: »Achtung, da kommt ein Auto«, sagte der eine warnend. »Ja, aber es ist eine Frau, die wird uns sicher nicht überfahren«, beschwichtigte der andere und dachte nicht daran, seine Schritte zu beschleunigen. Wenn der gewusst hätte, in welcher Gefahr er schwebte. Allerdings muss Elisabeth ausgesprochen langsam gefahren sein, denn sonst hätte sie das Gespräch kaum hören können. Aber sie ließ sich durch nichts beirren, sondern setzte unverdrossen ihre Schleichfahrten fort. Ich erinnere mich noch an einen jungen, gut aussehenden Verkehrspolizisten, der, sobald er sie herantuckern sah, Platz auf der Fahrbahn schaffte und militärisch die Hacken zusammenschlug. »Ah, da ist ja mein Polizist«, freute sich meine Großmutter und nickte ihm freundlich zu, woraufhin er wieder eine bequeme Position einnahm.

Sie übte und übte, bis sie endlich so weit war, sich an die schwierige Fahrt nach Kunduz zu wagen, denn auch das war eine Motivation für den Entschluss gewesen, noch im fortgeschrittenen Alter Autofahren zu lernen. Sie wollte mobil sein, um jederzeit ihre Tochter und Enkelkinder besuchen zu können. Diese Strecke ist zwar mit dreihundert Kilometern nicht allzu lang, doch die Straße war schlecht ausgebaut und in weiten Teilen nichts als eine schmale Schotterpiste. Und obgleich die Route über den Salangpass, die seit dem Bau eines Straßentunnels den Hauptverbindungsweg darstellte, dem Shibarpass um Längen vorzuziehen war, blieb es doch immer ein Abenteuer. Schließlich war er mit seinen über dreitausend Metern einer der höchsten Pässe der Welt. Und ein Risiko zudem, denn auf manchen Streckenabschnitten musste ständig mit Schnee und

Eis auf der Fahrbahn sowie mit Lawinen und Steinschlägen gerechnet werden, sodass die Fahrt zumeist den ganzen Tag in Anspruch nahm – wenn alles gut ging.

Elisabeths Jungfernfahrt über den Pass wäre fast in einem Unglück geendet: An einer vereisten Stelle, direkt an einem klaffenden Abgrund, wo es hunderte Meter steil in die Tiefe ging, verlor sie die Beherrschung über ihr Auto, geriet ins Rutschen, drehte sich glücklicherweise in letzter Sekunde, sodass sie nicht weiter auf den Abhang zuschlitterte. Eine schützende Leitplanke, die den Sturz vielleicht hätte verhindern können, gab es nicht. Meine beherzte Großmutter ließ sich jedoch durch dieses Missgeschick nicht beirren: Rasch fanden sich afghanische Helfer ein, die ihr Auto wieder zurück auf die Straße bugsierten, und sie konnte ihre Fahrt nach Kunduz unverletzt und guter Dinge fortsetzen.

Dort wurde sie auch schon dringend erwartet: Von uns Kindern, die wir sie sogleich umringten und ihren Geschichten lauschten und uns über die Ladungen von Schokolade, Keksen, Büchern und Musik aus ihrem Kofferraum freuten. Auch Mariam war sehr glücklich über die Ankunft Elisabeths, die diesmal mehr als nur einen Ausflug zu uns machte – sie sollte auf uns aufpassen, da meine Mutter für mehrere Wochen nach Deutschland verreisen wollte. In ihrer Eigenschaft als Direktorin der Mädchenschule war sie nämlich gemeinsam mit anderen Kollegen von einem deutschen Ministerium eingeladen worden, das dortige Schulsystem kennenzulernen. Zwei Monate lang, eine spannende Sache nicht zuletzt deshalb, weil sie erstmals ohne ihren Mann verreiste.

Die Deutschen entpuppten sich als großartige Gastgeber: Bei der Rundreise nach Frankfurt, Berlin, Bonn und

Bremen wurden die Damen in den besten Hotels einquartiert und täglich durch die verschiedensten Schulen, vom Gymnasium bis zur Gehörlosenschule, geführt. Als den Afghaninnen erklärt wurde, dass Frauen in Deutschland ab einer gewissen Anzahl von Kindern wegen Überlastung eine Kur beantragen könnten, amüsierten sie sich köstlich. Die exotische Delegation sorgte überdies für einiges Aufsehen: In Berlin wurden sie vom Senat empfangen, die ARD lud sie in eine Fernsehsendung ein, wobei meiner Mutter immer eine Schlüsselrolle zukam, weil sie als Einzige Deutsch sprach und für alle dolmetschen musste – eine Tätigkeit, die sie allerdings durch die Reisen mit meinem Vater und die zahlreichen ausländischen Besucher bei uns gut beherrschte.

Sie genoss diese Deutschlandreise in vollen Zügen, liebte sie doch die Kultur dieses Landes ebenso, wie Elisabeth es tat. Zudem machte es sie glücklich, hier etwas wirklich Sinnvolles für die Entwicklung ihrer nunmehrigen Heimat Afghanistan zu tun. Schwer fiel ihr nur die Trennung von uns Kindern, die sie durch regelmäßige Sendungen nach Kunduz wettzumachen versuchte: Fast jede Woche kam dort ein Koffer an, den sie mit Kleidern, Leckereien und Geschenken aus dem fernen Deutschland gefüllt hatte.

Erstaunt war sie allerdings darüber, wie viel sich seit ihrem letzten Besuch hier verändert hatte, denn zunehmend wurde das Bürgertum herausgefordert von einer immer unruhiger werdenden Jugend, und die Studentenproteste erreichten ihren Höhepunkt. Der Umgangston war ein anderer geworden, man redete offen über freie Liebe und praktizierte sie. Sämtliche überkommenen Werte wurden infrage gestellt. Ein nicht untypischer Ausdruck dieses neuen Zeitgeists war das Musical *Hair*, in das man die afghanischen Damen schickte, um ihnen eine Freude zu machen. Doch die gut gemeinte Absicht bewirkte das Gegenteil, denn Mariams Kolleginnen verließen entsetzt das Theater. Es war, als hätten sie in einen tiefen Abgrund geblickt, und konnten es noch Stunden später nicht fassen: nackte Menschen auf der Bühne – in aller Öffentlichkeit, grell beleuchtet und scheinbar ohne jedes Schamgefühl! Nur meine Mutter teilte die allgemeine Empörung nicht – ihr hatte die Show gefallen!

Von so etwas hatte ich noch nichts mitbekommen, als ich etwa zwei Jahre zuvor mit meiner Großmutter Deutschland besuchte. Ich war vierzehn Jahre alt, als Elisabeth eines Tages aus Kabul anrief und aufgelöst erzählte, ihre eigene Mutter im fernen Deutschland sei gestorben – meine Urgroßmutter. Dieses Ereignis erschien mir als unfassbar fern, doch bald schon wurde diese Ferne sehr nah für mich, denn ich, die älteste Enkelin, sollte meine Großmutter, die zum Begräbnis nach Hamburg wollte, auf dieser Reise begleiten, damit ich endlich ihre Heimat und ihre Familie kennenlernte.

Bereits drei Tage später saßen wir im Flugzeug, das uns über Moskau nach Ostberlin bringen würde, von wo aus wir mit dem Zug weiterreisen wollten. Das war zwar nicht die einfachste, so kurzfristig aber die schnellstmögliche Verbindung. Wir flogen von Kabul mit einer Maschine der sowjetischen Aeroflot nach Moskau, von dort weiter mit der DDR-Linie Interflug. Während wir wartend am Gate saßen, fielen mir zwei sehr dicke Russinnen mit knallrot geschminkten Lippen auf, die zu meinem Erstaunen trotz der frühen Stunde aus großen Schüsseln Reis und eine Art deftiges Gulasch löffelten. Schließlich saßen wir in einer

Maschine russischer Bauart, die schrecklich lärmte und dröhnte, sodass ich froh war, endlich aussteigen zu können.

In Ostberlin erschien mir alles riesengroß, steinern und grau und lange nicht so geschäftig und belebt wie in Kabul: Hier gab es keine engen Basargassen, keine überfüllten Märkte und keine Ansammlungen von Menschen, Radfahrern und Kutschen, sondern nur viele trist und monoton gekleidete Passanten, die mit Bahnen und Bussen oder in komischen kleinen Autos unterwegs waren. Elisabeth, die schließlich einige Jahre in Berlin gelebt hatte, erkannte nichts mehr wieder und fragte sich, was aus dieser einst lebendigen Stadt geworden war.

Doch wir staunten nicht schlecht, als wir mit der S-Bahn im Westen ankamen: Hier war alles auf einen Schlag viel bunter, vielfältiger und leuchtender. Hier war nichts mehr von den Zerstörungen des Krieges zu sehen, die meiner Großmutter noch lebhaft im Gedächtnis hafteten. Es war das Jahr 1967, und überall standen neue Bauten, auf den Straßen drängten sich die Autos, und auf den Gehsteigen sah man bunte Menschenmengen, die irgendetwas zu erledigen hatten oder nur flanieren wollten, dazwischen Straßenmusikanten und Pflastermaler. Es war ein farbenfrohes Bild: Wir bestaunten die eleganten Geschäfte vor allem auf dem Kurfürstendamm, die unzähligen Cafés, allen voran das berühmte Kranzler.

Wir blieben nur wenige Stunden in Berlin, um so schnell wie möglich mit dem Zug nach Hamburg weiterzufahren, doch wir kamen zu spät – die Beerdigung war bereits vor zwei Tagen gewesen. Niemand hatte damit gerechnet, dass die Tochter aus dem fernen Afghanistan tatsächlich die weite Reise antreten würde. Trotz der Umstände verlebten wir eine schöne Zeit. Es war Hochsommer, und der Himmel strahlte blau über der Hansestadt. Renate, die Halbschwester meiner Großmutter, holte uns mit ihrem Mann Heinz, einem Psychologen, am Bahnhof ab. Sie war eine ausgesprochen humorvolle und lebenslustige Frau, die ein herzliches Verhältnis mit meiner Großmutter verband, und er ein wandelndes Lexikon und wusste zu jedwedem Thema etwas Interessantes und Geistreiches beizutragen. Allerdings hatte ich anfangs Probleme, meine deutschen Verwandten zu verstehen, denn mein Wortschatz war noch recht begrenzt.

Ich war von Hamburg sehr beeindruckt und fand die Stadt wunderschön. Natürlich besonders die Lage an Außen- und Binnenalster, den betriebsamen Hafen mit den Schiffen aus aller Welt. Auch die Villa, in der meine Großmutter ihre frühe Kindheit verbracht hatte, gefiel mir sehr. Überhaupt tat sie alles, um mir deutsches Leben nahezubringen. Dazu gehörte auch, dass mich Renates zwanzigjähriger Sohn in die Discoszene der Stadt einführte. Er hieß Andreas, war sehr nett und nahm mich gerne unter seine Fittiche, aber da war ein Umstand, der den ganzen Abend zu einer einzigen Peinlichkeit werden ließ. Meine Großmutter bestand nämlich darauf, dass ich meine traditionelle afghanische Kleidung anzog, die ich auf ihren Wunsch mit auf die Reise nehmen musste, falls ich bei irgendeinem offiziellen Ereignis mein Land repräsentieren musste – und so einen Anlass hielt sie nun für gekommen. Das Kleid, aus dem Geschäft meiner Großmutter, war aus schwerer Seide, vorne bunt bestickt, und zum bunten Rock gehörte zudem eine knallgrüne Hose mit passendem Schleier. Als ich in diesem Aufzug die Disco betrat, blieben die anderen Besucher mit offenem Mund stehen – so etwas wie mich hatten sie bestimmt noch nie gesehen, und schon gar nicht in diesem Rahmen. Ich selbst wäre am liebsten im Erdboden versunken und wünschte mir nichts sehnlicher, als auszusehen wie die anderen Jugendlichen auch, die sich um mich herum vergnügten. Natürlich sprach mich keiner von ihnen an – schließlich musste ich ihnen so exotisch vorkommen wie ein Wesen von einem anderen Stern.

Wenige Tage darauf fuhren wir mit dem Zug nach Worms, der Stadt, die Elisabeths eigentliche Heimat war. Allerdings gab es hier nur entfernte Verwandte, da meine Großmutter von ihres Vaters Seite das einzige Kind geblieben war, doch auch die besuchten wir selbstverständlich. Sie führten uns auf das berühmte »Backfischfest«, das größte Weinfest am Rhein, das von der Wormser Fischerzunft ins Leben gerufen worden war. Trotzdem gab es keineswegs, wie der Name vermuten lässt, nur Fisch, sondern jede erdenkliche Art von Würsten, Klößen und Gebratenem, sodass ich quasi im Schnelldurchgang die deftige deutsche Küche kennenlernte. Ebenso wie einige Sitten und Gebräuche, die mir als Afghanin äußerst merkwürdig vorkamen. Allen voran sorgte das Karolchen, eine geistig ein wenig verlangsamte Tante, dafür, dass ich mich wie alle anderen auf den langen Bänken bei meinen Sitznachbarn unterhakte und den Oberkörper mit ihnen im gleichen Rhythmus abwechselnd nach links und dann wieder nach rechts bewegte. Karolchen nannte das Schunkeln, und es hatte wohl etwas mit der Musik zu tun, die von einer fernen Bühne zu uns herüberdrang, aber in dem Geschrei und Gelächter rundum ziemlich unterging.

Elisabeth war glücklich, nach so langer Zeit wieder einmal ihre Heimatstadt zu besuchen, und stolz darauf, dass sich die Menschen immer noch an sie erinnerten. Entsprechend geriet sie in Fahrt, schilderte Afghanistan in den leuchtendsten Farben und äußerte sich so euphorisch über ihre zweite Heimat, wie ihr das vor Ort nie in den Sinn gekommen wäre. Was wiederum mich freute und mit Stolz erfüllte, denn Deutschland war für mich damals nichts anderes als ein Reiseziel, die Heimat meiner Großmutter und teilweise auch meiner Mutter. Nie hätte ich mir vorstellen können, dass sich das einmal ändern würde.

Für mich waren ihre ellenlangen Unterhaltungen über die Vergangenheit bisweilen langweilig. »Geh in den Keller«, schlug sie mir einmal vor, »da findet eine Disco statt.« Warum nicht, dachte ich, traute mich aber zuerst nicht so recht, so ganz allein. Als ich mich dann endlich überwunden hatte, war ich so aufgeregt, dass ich kaum Luft bekam: Es handelte sich vermutlich um eine Veranstaltung für Jugendliche, die für die Abenddiscos noch zu jung waren. Umso mehr verwunderte mich, was ich da in dem schummrigen Raum, allein auf einer Bank sitzend, beobachten konnte. Mädchen und Jungen auf engster Tuchfühlung, sowohl beim Sitzen als auch beim Tanzen, herumturtelnd und schmusend.

Ich musste an unsere Schule denken und die rigorosen Bemühungen meiner Mutter, jeglichen Kontakt zwischen den Geschlechtern zu unterbinden. Deutsche Eltern hingegen schienen sich rein gar nichts dabei zu denken, wenn ihre Töchter mit einem männlichen Wesen loszogen. Als dann noch ein junger Mann auf mich zukam und mich etwas fragte, das ich aber wegen der lauten Musik nicht verstand, wehrte ich sofort entschieden ab – mit einem Fremden zu tanzen, kam für mich auch dann nicht infrage, wenn meine Eltern nichts von der Sache mitbekamen. Erst im Gehen erkannte ich, dass der Bursche mich gar nicht zum Tanzen auffordern wollte, sondern zur Bestellung eines

Getränks – er war der Kellner. Was ich jedoch nicht ahnen konnte, denn bei uns waren Kellner entweder weiß oder schwarz livriert, während der hier einen Pullover und Jeans trug. So etwas hatte ich nie zuvor gesehen. Ein merkwürdiges Land, dachte ich einmal mehr – und begann in diesem Moment, das Wesen meiner Großmutter besser zu verstehen, die ja auch so ganz anders war als wir in Kunduz.

Koranschule und Christkind

Während unseres zweiwöchigen Aufenthalts in Deutschland schien meine Großmutter viel mehr in ihrem Element zu sein als in Afghanistan. Zwar machte sie auch dort nicht gerade einen betrübten Eindruck, doch umgeben von Verwandten und Freunden aus alten Zeiten blühte sie richtiggehend auf, und ich merkte mit einem Mal, wie wichtig es doch war, im eigenen Sprach- und Kulturraum zu leben. Am meisten fiel mir ihre Fremdheit und Andersartigkeit immer auf, wenn sie sich bei uns in Kunduz aufhielt und wir sie inmitten einer afghanischen Großfamilie erlebten. Das waren nicht nur Verständigungsschwierigkeiten, das hatte zu tun mit dem Denken und Fühlen, mit den unterschiedlichen Wertvorstellungen und Lebensweisen. Es waren Welten, die zwischen diesen zwei Polen meiner Herkunft lagen.

Während sie, wie ich es gerade erst erlebte hatte, am Rhein von Afghanistan und der Herzlichkeit der Menschen dort schwärmte, pries sie in Kunduz alles Deutsche in den höchsten Tönen – ob nun Musik oder Literatur, Essen oder Trinken, Pünktlichkeit oder Sauberkeit. Dass sie sich zeitlebens mit dem Dari schwertat, machte es auch nicht leichter für meine Großmutter. Sie selbst sagte stets, dass sie spreche wie ein Buch und lediglich nicht lesen und schreiben könne. Wir Kinder lachten dann immer, denn ihre Aussprache war derart deutsch, dass man schon genau hinhören musste, um zu erkennen, dass sie überhaupt Dari sprach. Vielleicht ging es meiner Großmutter wie vielen

Menschen, die als Auswanderer fern von ihrer eigentlichen Heimat leben und selbst nicht mehr so genau wissen, wohin sie gehören – ein Gefühl, dass mir inzwischen sehr vertraut ist.

Ein klein wenig lebten allerdings auch wir Kinder seit jeher in zwei Welten, obwohl wir uns der afghanischen Kultur damals wesentlich näher fühlten als der deutschen. Mit Ausnahme der wunderschönen christlichen Feste, die wir mit Begeisterung feierten – vor allem Weihnachten. Zwar sahen wir nicht den religiösen Hintergrund, doch der geschmückte, im Kerzenlicht leuchtende Baum mit den Geschenken darunter war ein wichtiger Bestandteil unserer Kindheit. Unsere deutsche Großmutter sorgte dafür, dass er mit Kugeln und Lametta genauso aussah wie die Bäume früher in Worms. Nur Tannen gab es in Afghanistan keine, und so mussten wir mit einer Kiefer vorlieb nehmen. Auch die köstlichen Vanillekipferl gehörten zur deutschen Weihnacht, und wir freuten uns schon das ganze Jahr darauf.

Für die europäischen Mitarbeiter des Spinzar-Konzerns, von denen es gar nicht wenige gab, packte meine Mutter kleine Weihnachtsgeschenke ein, die ich meist mit meinen Schwestern Sitara und Nadia in den Häusern des europäischen Viertels, in das uns unser Kutscher brachte, verteilte. Wir liebten es, die Freude der Beschenkten zu sehen, und spürten, wie bedeutend dieser Tag für sie war. Oft erhielten wir von ihnen Kekse und Schokolade, was wir gerne annahmen. Etwas unangenehm war es aber, wenn uns mit feierlicher Geste ein verpacktes Präsent überreicht wurde, das wir sogleich öffnen sollten. Da mussten wir dann demonstratives Entzücken zeigen, selbst wenn uns der Inhalt des Päckchens weniger gefiel. Das gab es in Afghanistan nicht: Hier wurden Aufmerksamkeiten unauffällig in eine Ecke gestellt und erst ausgepackt, nachdem die Geber das Haus verlassen hatten. Alles andere wäre sehr unhöflich gewesen.

Zwischen diesen Europäern wohnte der Japaner Hashimoto, der bei Spinzar in der Porzellanmanufaktur als Kunstmaler beschäftigt war, ein freundlicher Herr, der weder Frau noch Freunde hatte. Wir fragten unsere Mutter, warum sie für ihn kein Geschenk vorbereite, wo er doch ebenfalls Ausländer sei. »Aber der ist kein Christ, sondern Buddhist, und Buddhisten kennen kein Weihnachten.« Wir warfen ein, dass wir ebenfalls keine Christen seien und dennoch Weihnachten feierten. Erweicht von dieser Logik gab uns meine Mutter ebenfalls ein Geschenk für den Japaner mit, der es, ebenso überrascht wie gerührt, entgegennahm und uns stumm anlächelte.

Ein fester Bestandteil unseres Weihnachtsprogramms war der Besuch bei den Leebs, einem Ehepaar aus Österreich. Er wartete die Maschinen der Baumwollfabrik, während sie den Haushalt versorgte und ansonsten viel Zeit hatte. Irgendwann gewöhnten wir uns an, sie regelmäßig einmal die Woche zu besuchen, nicht nur zur Weihnachtszeit. Sie setzte uns selbst gebackene Torten und Kekse vor und in der Adventszeit riesige Teller voller Weihnachtsgebäck. Wir sangen gemeinsam Weihnachtslieder, bis Tante Leeb die Tränen in die Augen schossen, während ihr Mann uns auf der Ziehharmonika begleitete. Es waren unvergessliche Stunden. Mir ist neben unseren weihnachtlichen Gesängen vor allem ein Gassenhauer in Erinnerung geblieben: »Wenn in Capri die rote Sonne im Meer versinkt und vom Himmel die bleiche Sichel des Mondes blinkt, zieh'n die Fischer mit ihren Booten aufs Meer hinaus …« Sitara, die heute in Kalifornien lebt und kaum mehr

Deutsch spricht, hat anderes offenbar nachhaltiger beeindruckt, denn bei jedem Wiedersehen stimmt sie an: »Wasser ist zum Waschen da, falleri und fallera.«

Auch unsere Parallelfamilie, also meine Halbgeschwister, waren in das Feiern christlicher Feste eingebunden, sogar meine wesentlich älteren Brüder Zarghoon und Fraidoon. Als sie, damals Halbwüchsige, von meiner Mutter erfuhren, dass es weder Weihnachtsmann noch Nikolaus oder Osterhase gebe, waren sie zutiefst geknickt. Was sie jedoch nicht davon abhielt, weiter so zu tun als ob und vor allem bei den Kleineren jeden Zweifel an der Existenz dieser wunderbaren Gestalten auszuräumen. Vor allem Zarghoons fantasievolle Schilderungen seiner Begegnungen mit dem Weihnachtsmann werde ich nie vergessen. Er erzählte so lebendig und anschaulich, dass man die weißbärtige Gestalt im roten Mantel in seinem Schlitten förmlich vor sich sah – und am Ende sogar glaubte, ihn selbst getroffen zu haben. Und die Brüder selbst? Ob Zweifel oder nicht, in der Nacht zum Nikolausabend stellten sie jedes Jahr die größten Jagdstiefel vor die Tür, die sie auftreiben konnten und die von meiner Mutter stets liebevoll gefüllt wurden. Ebenso war Ostern ein großer Anlass für uns. Dann fuhren wir in die zu diesem Zeitpunkt blühende Steppe, die ganze Kinderschar mit Eltern und Verwandten, um bunt bemalte Ostereier zu suchen, die meine Mutter zuvor sorgfältig versteckt hatte. Wir hielten diese Tradition auch dann noch eine Weile bei, als niemand mehr an den Osterhasen glaubte.

Genauso intensiv feierten wir natürlich auch die islamischen Feste, vor allem das *Id-e-Ramazan*, das große Mahl des Fastenbrechens am Ende des Ramadan, und das *Id-e-*

Qurban, das Opferfest, Höhepunkt des *Hadsch*, der einwöchigen Pilgerfahrt nach Mekka. Bei diesen Anlässen war der Rahmen eher noch größer, weil alle sie feierten. Dann gingen sämtliche Enkelkinder zu unserer Großmutter Bibi, von der wir Süßigkeiten und Geld erhielten. Nicht nur wir waren an diesem Tag festlich herausgeputzt, sondern auch das Personal, das sogar neu eingekleidet wurde. Für uns Kinder bedeuteten die religiösen Feste – sowohl die christlichen als auch die islamischen – vor allem ein schönes Beisammensein mit der ganzen Familie, die sich vollzählig versammelte, und köstliche Festmahle.

Natürlich kannten wir auch die Hintergründe insbesondere der islamischen Feste, denn schließlich hatten wir nicht nur in der Schule Religionsunterricht, sondern zudem einen Hauslehrer – einen *talib*, was ursprünglich nicht anderes besagte, als dass es sich bei dem Mann um den Schüler einer Koranschule oder einen Studenten der Theologie handelte. Und unser junger Lehrer war ganz gewiss kein Eiferer. Sobald er nämlich unser geringes Interesse an der Materie bemerkte, legte er sich nicht mehr ins Zeug, sondern begleitete lieber bei jeder sich bietenden Gelegenheit meine großen Brüder auf die Jagd.

Kurioserweise erhielten wir Mädchen ausgerechnet in der Koranschule unsere erste sexuelle Aufklärung, auch wenn das alles andere als beabsichtigt war. Wie immer stöberten wir ganz ungeniert und mit Erlaubnis in der großen Bibliothek herum, als wir plötzlich auf ein Buch über Kamasutra stießen und es ausliehen, in dem Details des geschlechtlichen Miteinanders geschildert wurden, die uns nicht im Entferntesten in den Sinn gekommen wären. Mit knallroten Ohren überflogen wir die Seiten - jede von uns durfte das Buch nur einen Tag betrachten, von richtigem

Lesen konnte also kaum die Rede sein –, um es gleich an die nächste Freundin weiterzugeben. Spätestens nach zwei Wochen musste das Buch nämlich in die Bibliothek zurückgebracht werden.

Insgesamt handhabte man religiöse Vorschriften inzwischen lockerer. Von Jahr zu Jahr wurden die Röcke kürzer. Und während unsere Mutter bei der Durchsicht der letztjährigen Sommergarderobe vom Auslassen der Säume redete, weil wir ja gewachsen seien, war es für uns eher noch zu lang. Dass Miniröcke modern waren, wussten wir aus der amerikanischen *Vogue*, die Großmutter Elisabeth uns aus Kabul schickte, und ich hatte sie zudem auf meiner Deutschlandreise mit eigenen Augen gesehen. Und natürlich wollte keine von uns in Fragen der internationalen Mode den Mädchen in Europa oder anderswo nachstehen. Unsere Mutter hatte eigentlich nichts gegen solche Torheiten – immerhin gab sie sich selbst gerne modern, aber sie empfand es als unpassend, vor allem im Hinblick auf die Reaktionen der Menschen in Kunduz. Und tatsachlich: Wenn wir Schwestern mit unseren kurzen Röckchen in einem der Teehäuser auftauchten, um dort ein Eis zu essen, blieb manchen Männern der Mund offen stehen. Bis er von anderen ermahnt wurde: »Starr nicht so, das trägt man jetzt!« Dann schluckten die Gaffer und merkten es sich für die Zukunft. Immerhin wussten sie jetzt, was die Glocke im Reich der Mode geschlagen hatte.

Im Bann von Kino und Rock'n'Roll

Mit siebzehn waren wir sicher kaum anders als die Mädchen anderswo und schwärmten heftig für die Helden der Leinwand. Mir hatten es besonders der für mich damals ungeheuer exotisch anmutende Robert Redford und der blendend aussehende Omar Sharif angetan. Als wir hörten, dass der samtäugige Ägypter libanesischer Herkunft sich für mehrere Wochen in der Stadt aufhalten sollte, schmolzen wir dahin. Seine Filme *Lawrence von Arabien* und *Doktor Schiwago* hatten es sogar bis nach Kunduz ins Kino geschafft und uns zu Tränen gerührt. Wir fanden Omar Sharif einfach betörend schön – ganz im Gegensatz zu Jack Palance, der ebenfalls in der Stadt weilte. In den Steppen vor der Stadt sollte nämlich der Film *The Horsemen* gedreht werden, der im deutschen Sprachraum unter dem Titel *Die Steppenreiter* in die Kinos kam – eine Geschichte um afghanische Clans und Helden.

Omar Sharif war natürlich wieder einer der Guten. Und obwohl wir ihn mit seinen knapp vierzig Jahren für unsere Verhältnisse ziemlich alt fanden, himmelten wir ihn an und bildeten sogar eine Art Fanclub, wobei Sitara und ich beauftragt wurden, den Kontakt zu dem Star herzustellen. Darüber gab es keine Diskussionen – immerhin wohnte der nicht nur wie die gesamte Crew im Spinzar-Hotel, für das mein Vater verantwortlich war, sondern Sharif war auch bei uns zu Hause zum Dinner eingeladen, wo ihm mein Vater einen *chapan* überreichte, einen traditionellen afghanischen Mantel, der heute hierzulande als Kleidungsstück von Präsident Hamid Karzai bekannt ist. Ein Treffen von uns Mädchen mit dem Schauspieler kam ebenfalls zustande, und so saßen wir alle kichernd und verlegen in der Hotellobby um ihn herum und wussten nicht, was wir sagen sollten. Einige Freundinnen hatten sogar Bridge gelernt, weil Sharif als passionierter Spieler galt, doch damit kamen sie nicht zum Zug. Auf eine Partie mit Schulmädchen schien Doktor Schiwago sichtlich keine Lust zu haben. Immerhin bedachte er uns mit seinem sinnlichen Lächeln und verteilte großzügig Autogramme.

Die Liebe zum Film lag uns Kindern offenbar im Blut. Es war ein Erbe meines Vaters, der leidenschaftlich gerne mit seinen geliebten Hasselblad-Kameras Fotos schoss, die er in einer eigenen Dunkelkammer entwickelte. Er filmte auf 8- und 16-Millimeter-Streifen und schaffte Filme von Charly Chaplin sowie Laurel und Hardy herbei, um sie gemeinsam mit uns Kindern anzusehen. Ende der Fünfzigerjahre ließ er sogar ein richtiges Kino neben unserem Haus errichten, einen Zuschauersaal für hunderte Besucher mit Leinwand und vielen Sitzreihen – und ganz hinten einer Loge für die Mitglieder unserer Familie, die durch den Garten und einen Hintereingang direkt dorthin gelangen konnten. Die Aufführungen waren nämlich nur für Männer zugänglich, denn es galt als ungeschriebenes Gesetz in Kunduz – anders als in Kabul –, dass Frauen nichts in einem Kino zu suchen hatten. Schließlich war es nicht mit dem strengen Moralkodex vereinbar, wenn Männer und Frauen im Dunkeln beieinandersaßen. Deshalb auch ließ mein Vater in dem von ihm erbauten Kino eine Loge für die Familie einrichten, damit die Frauen und

Mädchen seines Haushalts uneingeschränkt diese Neuerung in Kunduz nutzen konnten – für uns das vermutlich größte aller Privilegien, die wir als Kinder genossen.

Zuerst wurden nur lehrreiche Filme gezeigt – etwa darüber, wie man schneller Baumwolle erntete oder die Verbreitung von Bakterien in der Nahrung verhinderte. Doch bald sank das allgemeine Interesse an solchen Themen, und so hielten bald Bollywood und Hollywood Einzug bei uns, mit Riesenerfolg. Weil aber kaum jemand Englisch oder Indisch verstand und es auch keine Untertitel gab, brüllte häufig ein hilfsbereiter Zuschauer die Übersetzungen der wichtigsten Dialoge in den Saal. Manchmal nahmen die Kommentare im Eifer des Gefechts komische Formen an, wenn beispielsweise übersetzt wurde, was ohnehin zu sehen war: »Jetzt kommt der Ehemann wieder ins Wohnzimmer«, hieß es etwa, oder: »Jetzt sieht sie ihn an, obwohl sie genau weiß, dass sie eigentlich gar nicht hinschauen dürfte!«

In diesem Kino saßen wir also und sahen uns indische, amerikanische, europäische und russische Filme an – wir sogen alle Streifen in uns auf, die der dafür zuständige Angestellte nach Kunduz schaffen konnte, denn anders kam man als Frau oder Mädchen damals nicht zum Filmeschauen. Wir hatten zwar inzwischen einen Fernseher, doch weil es noch kein afghanisches Fernsehprogramm gab, mussten wir uns mit ziemlich tristen tadschikischen Fernsehsendern zufriedengeben, die für uns Kinder allerdings kaum Interessantes boten: stundenlange Sendungen über den Aufbau des großartigen Sozialismus, endlose, langweilige Reportagen über die Erträge der letzten Ernte und uralte Revolutionsepen, von denen wir kaum etwas verstanden, da sie auf Russisch ausgestrahlt wurden.

Irgendwann störte es unsere Mutter jedoch, dass wir die einzigen weiblichen Wesen waren, die in den Genuss der Spielfilme kamen, und sann auf Abhilfe. Sie hatte schon größere Probleme als Schulleiterin gemeistert, und so fiel ihr auch jetzt etwas ein. Es begann mit speziellen Vorführungen für unsere Freundinnen und Schulkameradinnen, und nachdem dies hervorragend ankam, beschloss sie, jede Woche eine Vorstellung nur für Frauen zu organisieren. Diese Idee erregte ungeheures Aufsehen in Kunduz, und die Diskussionen, ob es so etwas geben könne oder nicht, schlugen hohe Wellen – aber mein Vater unterstützte sie, und letztlich beruhigten sich die Gemüter, weil die Frauen schließlich ohne Männer im Dunklen sitzen würden, also vollkommen sicher wären vor unsittlichen Nachstellungen. Schwieriger war es dagegen, die Scheu mancher Frauen vor dem Kino zu überwinden.

Meine Mutter lockte sie mit ihren lieben Kleinen, indem sie auf Plakaten Nachmittagsvorführungen von Kinderfilmen ankündigen ließ. Das klang harmlos und unverfänglich – dagegen würden die Väter kaum Einspruch erheben. Schließlich ging es jetzt nicht um Unterhaltung und Amüsement für die Frau, nein, die Kinder sollten ein paar vergnügte Stunden verbringen. Genauso geschah es dann auch: Die Mütter strömten scharenweise mit ihren Kindern ins Kino, füllten mühelos den ganzen Saal und hatten augenscheinlich den allergrößten Spaß an irgendeinem indischen Kinderfilm. Als später die ersten Bollywoodstreifen gezeigt wurden, lachten die Besucherinnen Tränen und schrien vor Begeisterung, unterhielten sich die ganze Zeit in den lautesten Tönen, was aber niemanden zu stören schien. Es war jedenfalls ein durchschlagender Erfolg, und schon nach kurzer Zeit erhoben sich keine Einwände mehr, sodass der Frauentag im Kino, der Freitag, zu einer festen Einrichtung im gesellschaftlichen Leben von Kunduz wurde.

Dieser Erfolg inspirierte meinen Vater, ein Theater zu errichten - direkt neben dem Kino. Dort erlebten wir großartige Abende – nicht zuletzt selbst inszenierte Stücke, bei denen meine Mutter Regie führte und unser japanischer Kunstmaler Hashimoto bezaubernde Kulissen schuf. Wir spielten Friedrich Hebbel oder Friedrich Schiller – selbstverständlich auf Persisch. Ich erinnere mich vor allem daran, dass ich in *Turandot, Prinzessin von China* den Kaiser darstellte. Mitten unter der Vorstellung, als ich gerade mein Gefolge feierlich ansprach, löste sich die Sicherheitsnadel meiner Hose. Was sollte ich tun? Einfach von der Bühne gehen? Die Sicherheitsnadel suchen? Hoffen, dass die Hose oben blieb? Schließlich kam mir der rettende Gedanke: »Ich muss zu einer wichtigen Besprechung«, improvisierte ich mit kaiserlicher Stimme und schritt schnell in Richtung Ausgang, einen verdutzten Hofstaat samt verwirrtem Souffleur zurücklassend. Es war die richtige Entscheidung - just in dem Moment, als ich außer Sicht war, rutschte meine Hose wenig majestätisch zu Boden.

Solche Schulaufführungen blieben allerdings die Ausnahme. Meist traten irgendwelche Tourneegruppen auf, deren Programme so bunt gemischt waren wie die Menschen, die sie darboten. Sketche von Laienschauspielern aus Kunduz wechselten mit usbekischen Tanzgruppen, tschechische Pantomimen mit tadschikischen Folkloregruppen, Komödien auf Dari mit russischen Opern, ein indischer Schlangenmensch mit einer ungarischen Gesangsgruppe. Außerdem gab es regelmäßig heimische Folklore: Lieder, die begleitet wurden von uralten Instrumenten, oder afghanische Tänze, damals eine eher ungewöhnliche Sache. Man tanzte, sang und musizierte zwar bei dörflichen Festen oder Hochzeiten, präsentierte die Folklore aber nicht bei öffentlichen Auftritten. Doch mein Vater hielt viel von alten Traditionen und trug auf diese Weise dazu bei, dass diese nicht in Vergessenheit gerieten oder gar verlorengingen. Im Theater bestand das Publikum kurioserweise von Anfang an aus Männern wie Frauen.

Es herrschte damals eine merkwürdige Atmosphäre in diesem widersprüchlichen Land. Es gab Dinge, die verboten waren und die man doch tat. So wurde bei Festen oder öffentlichen Veranstaltungen immer ganz selbstverständlich Alkohol getrunken, obwohl es strikt verboten war. Besser gesagt, es wurde nicht selbstverständlich getrunken, sondern man tarnte Bier mehr schlecht als recht in Kaffeetassen und Whisky in Teebechern, doch am Ende waren alle jedes Mal so betrunken, dass man über den Inhalt nicht lange grübeln musste. Andere Dinge wiederum waren nicht verboten, und man unterließ sie trotzdem, weil sie ungeschriebenes Gesetz waren wie etwa das Kinoverbot für Frauen in Kunduz oder einige Kleidervorschriften. Über Sexualität wurde zwar öffentlich nicht gesprochen, und doch beklatschte man eine Travestieshow, die regelmäßig in einem Teehaus stattfand. Aber so war es damals: Vieles gehörte sich nicht oder war gar war verboten, geschah aber trotzdem, weil das Land – nicht auf Befehl von oben, sondern getragen von seinen Bürgern – sich im Aufbruch befand. Auch schienen die Normen und Werte damals viel weniger für die Ewigkeit festgeschrieben und unveränderlich zu sein, als man das vermuten könnte.

Ein Problem stellte das Tanzen dar, denn Gesellschaftstänze, wie man sie in Europa oder in Amerika kannte, waren den Afghanen fremd, von Diskotheken ganz zu schweigen. Eigentlich schickte es sich überhaupt nicht, wenn Frauen und Männer in der Öffentlichkeit tanzten, und doch organisierten wir im Spinzar-Club jede Woche ein Treffen, bei dem wir Mädchen afghanische und indische Tänze übten. Weil wir aber auch Twist, Walzer und Foxtrott lernen wollten, sprachen wir einen russischen Ingenieur an, der für Spinzar arbeitete und uns schon bald allwöchentlich ein paar europäische Standardtänze beibrachte. So tanzten wir Woche für Woche mit dem netten Russen, und weil wir so wissbegierig waren, lernten wir auch Tango und Rock'n'Roll und was er sonst noch alles in seinem – zu unserer Freude sehr westlichen – Repertoire hatte. Wir tanzten zu Chubby Checker, Wanda Jackson, den Beatles, Elvis Presley oder zu den Rolling Stones – und wieder nahm niemand Anstoß an etwas, das es eigentlich gar nicht geben sollte.

Da es in der Öffentlichkeit kaum Orte gab, wo sich junge Mädchen und heranwachsende Männer treffen konnten, musste das Anbahnen von Beziehungen natürlich ganz anders vor sich gehen. Es erfolgte organisiert über die Eltern, und zwar nach einem festgelegten Ritual, dem *khast gari*: Möglichkeiten boten Hochzeiten, Festlichkeiten und sogar Trauerfeiern. Wenn ein Mann an einer Frau interessiert war, die er nicht kannte, zog er erst diskrete Erkundigungen über deren Familie ein: Entspricht sie dem eigenen sozialen Status? Ist sie ehrenhaft? Hat sie einen guten Namen? Wenn all diese Fragen positiv beantwortet waren, schickte der Mann ein paar Frauen aus seiner eigenen Familie zur Familie des Mädchens, entweder gleich zur Mutter oder zu einer Tante. Sobald bei denen drei oder vier Frauen vor der Tür standen, die sie nicht kannten, wussten sie ohnehin, um was es ging. Trotzdem begann man nicht mit direkten Verhandlungen, sondern die Gäste wurden höflich hereingebeten – man servierte Tee und plauderte über die Befindlichkeiten der Tochter, um die es ging, die aber während eines solchen Gesprächs zumeist nicht anwesend war. Dann erkundigten sich die Gastgeberinnen nach dem Wohlbefinden des jungen Mannes, man redete über dies und jenes, trank noch mehr Tee, und wenn – zumeist nach mehreren Besuchen – die Gäste beim Abschied Bonbons neben der Teetasse fanden, dann hieß das ganz ohne Worte so viel wie »Wir sind einverstanden, wir können die nächste Stufe der Anbahnung beschreiten«. Unliebsame Kandidaten wurden vergrault, indem man sich kühl und beschäftigt gab oder das Mädchen als »zu jung« bezeichnete.

Aber so langsam begann die neue Generation, auch in dieser Hinsicht die Fäden selbst in die Hand zu nehmen. In der Schule oder in den Universitäten tuschelten die Mädchen miteinander: Die eine sagte zu einer anderen: »Mein Bruder wäre doch der Richtige für dich«, und schon ging es los mit Mutmaßungen und Beschreibungen. Bis jemand anderer diesem Bruder über drei Ecken die Empfehlung gab, sich doch einmal über dieses oder jenes Mädchen Gedanken zu machen.

Als der erste junge Mann ganz traditionell bei meiner Mutter anklopfen ließ, überlegte die nicht lange, sondern reichte die Frage, ob ich den Betreffenden sehen wollte, gleich an mich weiter. Ich hatte damals aber völlig andere Dinge im Kopf und keinerlei Interesse, auch wenn es sich um einen sehr netten, gut aussehenden jungen Mann handelte. Dieser fühlte sich durch die Absage, die ihm meine Mutter korrekt und direkt übermittelte, ernsthaft brüskiert.

Dabei hatte Mariam alles versucht, um ihm die Idee auszutreiben - erzählte ihm, ich sei ungeeignet, da ich mit der Haushaltsführung nichts im Sinn hätte, nur ungern kochte und Gäste im Haus mir mehr als zuwider seien. Aber er ließ sich nicht besänftigen – sogar als ich ihn einige Jahrzehnte später in Europa traf, war er noch immer beleidigt.

Als Studentin in Prag

Mein sehnlichster Wunsch war es, Medizin zu studieren, und zwar im Ausland, denn ich wünschte mir nichts mehr, als die Welt zu sehen und Neues zu erleben. Ich wollte den alles beschützenden und auch alles umschließenden Dunstkreis meiner Familie verlassen, ich wollte aus dem Bereich der Allmacht meines Vaters treten, und das, so viel war klar, konnte ich nur außerhalb Afghanistans.

Mein Vater sträubte sich gegen diesen Plan. Er freute sich zwar darüber, dass ich studieren wollte, aber er konnte sich mit der Idee, dass dies außerhalb seines Wirkungskreises geschehen sollte, überhaupt nicht anfreunden. Meine Mutter redete mit Engelszungen auf ihn ein. Außerdem befürchtete sie, dass ich, wenn ich zu Hause bliebe, doch eher früher als später auf ein Heiratsangebot eingehen würde – und dass es dann mit dem Traum von einer Medizinerinnenkarriere genauso früh zu Ende sein könnte wie bei ihr selbst. Unterstützt wurden wir von meinen beiden Großmüttern, von Elisabeth und Bibi.

Doch bevor weiter diskutiert wurde, sollte ich die Ernsthaftigkeit meines Entschlusses unter Beweis stellen und nach meinem Bakkalaureat ein Praktikum im Spinzar-Krankenhaus in Kunduz antreten. Abgesehen davon, dass ich bei der ersten Operation nach nur wenigen Sekunden ohnmächtig wurde, bewährte ich mich recht gut, und die tschechischen Ärzte, die dort arbeiteten und mit denen mein Vater sehr zufrieden war, legten ein gutes Wort für mich ein. Aber erst, als Ghulam Sarwar sich mit dem tschechischen Handelsattaché in Kabul anfreundete und dieser ihm die Prager Karlsuniversität für seine Töchter wärmstens empfahl, erst dann ließ er sich erweichen, mir ein Studium in Prag zu gestatten. Vielleicht auch nur, weil er jetzt das Gefühl hatte, selbst die Entscheidung zu treffen. Er wählte Prag, obwohl die Tschechoslowakei ein kommunistischer Staat war, der seit der Niederschlagung des Prager Frühlings im Jahr 1968 fester denn je im Sowjetimperium verankert war. Mein Vater war alles andere als ein Kommunist – für ihn war bloß ausschlaggebend, dass es im sozialistischen Ausland keine revoltierenden und demonstrierenden Studenten gab wie im Westen, wo es an den Universitäten zumindest in seinen Augen drunter und drüber ging und ihm ein regulärer Studienablauf nicht gewährleistet schien.

Ich atmete auf, als ich von dieser Entscheidung erfuhr. Zwar war Prag nicht unbedingt erste Wahl für mich. Lieber wäre ich in die Vereinigten Staaten gegangen, an die New Yorker Columbia University beispielsweise, oder nach Deutschland – jedenfalls in ein modernes und weltoffenes westliches Land, wo ich auch die Sprache bereits einigermaßen beherrschte. Dass ich für das Studium in Prag extra Tschechisch lernen musste, von dem ich ganz im Gegensatz zu Deutsch und Englisch kein Wort verstand, dämmerte mir erst später. Und das war keine geringe Hürde, denn Tschechisch ist keine einfache Sprache, und noch dazu eine, die nur dort und sonst nirgendwo auf der Welt gesprochen wird. Doch ich war zu allem bereit, damit mein sehnlichster Wunsch Wirklichkeit werden konnte.

Das ganze Hin und Her wegen meines Studiums zog sich beinahe über ein Jahr hin. Dann trat ich im September

1971 die Reise nach Europa an – in Begleitung meiner Eltern, denn die wollten sich natürlich ein Bild davon machen, wo ihre Tochter künftig leben sollte. Trotz der schwerfälligen sozialistischen Bürokratie gab es zumindest keine größeren Probleme, und wir konnten alles regeln: die Anmietung eines Zimmers ebenso wie die Immatrikulation. Bevor ich jedoch mit dem richtigen Studium anfing, musste ich einen einjährigen Intensivkurs Tschechisch belegen. Den sollte ich in Marienbad absolvieren. Das hielt mein Vater für praktisch, weil er sich regelmäßig in Karlsbad zur Kur aufhielt und mich zumindest während dieser Zeit dann in seiner Nähe wüsste.

Wir machten uns also auf nach Marienbad, um dort alles zu arrangieren. Nachdem meine Eltern abgereist waren, musste ich – wie damals alle ausländischen Studenten – für eine Woche in Quarantäne. So kurios das heute klingen mag, so schön war diese Woche unter den jungen Menschen aus aller Welt: aus Äthiopien, Kenia, Peru, Vietnam und der Mongolei. Es war ein völlig neues Leben, das ich da kennenlernte. So saß ich an den ersten Tagen im Speisesaal und schaute den anderen bloß beim Essen zu. Ich kannte es nicht, dass man sich mit einem Tablett in eine Warteschlange einreihen musste. So etwas hatte ich bisher nur bei den Bittstellern in Kunduz gesehen. Doch nach ein paar Tagen überwand ich mich, griff zum Tablett und stellte mich brav an. Nun war mir endgültig klar, dass ich künftig ein anderes Leben führen würde, und es sollte nicht das letzte Mal sein, dass ich mich über etwas wunderte. Aber wenn man jung ist, gewöhnt man sich schnell und bereitwillig an Neues und Ungewohntes. So war es auch bei mir.

Als endlich mein Sprachkurs begann und ich mich durch eine Tschechischlektion nach der anderen biss, war ich allerdings manchmal ein bisschen verzweifelt. Ich fühlte mich einsam trotz der anderen jungen Leute im Internat und bekam Heimweh – Heimweh nach genau dieser übermächtigen Fürsorge, der ich doch eigentlich entfliehen wollte. Hier war niemand, der sich darum sorgte, wie es mir ging, niemand, der mir beim Essen Gesellschaft leistete und niemand, der sich um mich kümmerte, wenn ich krank war – Probleme, die wohl jeder hat, wenn er das elterliche Nest verlässt.

Jedenfalls habe ich immer sehnsüchtig auf Post von zu Hause gewartet, von meiner Mutter und den Geschwistern, von Großmutter Elisabeth und meinen Freundinnen. Die Möglichkeit, ohne weiteres internationale Ferngespräche zu führen, gab es in der Tschechoslowakei kaum. Und so war jeder Brief aus Kunduz oder Kabul eine Riesenfreude. Einmal, ich erinnere mich noch gut, trafen acht Briefe auf einen Schlag ein – auch das ein Vorteil einer so großen Familie. Allerdings hatte ich wenig Zeit, sie alle ausführlich zu beantworten, denn mein Stundenplan war dicht gedrängt. Das war notwendig, weil ich ansonsten nie so viel Tschechisch in so kurzer Zeit gelernt hätte, um die Aufnahmeprüfung für das Medizinstudium in Prag bestehen zu können. Außerdem fühlte ich mich in Marienbad wohler, sobald ich mich ein wenig verständlich machen konnte.

Die größte Herausforderung stellte für mich allerdings Latein dar, in Europa eine Voraussetzung für zahlreiche Studiengänge, auch für Medizin, das ich ebenfalls im Schnelldurchgang in Marienbad erlernen sollte. Wobei das Hauptproblem darin bestand, dass es kein lateinisch-persisches Wörterbuch gab – zumindest konnte ich keines auftreiben, und das bedeutete, dass ich schreckliche Umwege in Kauf nehmen musste, bis ich etwas übersetzt hatte. Als Erstes griff ich zu einem Latein-Tschechisch-Lexikon und danach, sofern ich das entsprechende Wort im Tschechischen nicht verstand, zu Tschechisch-Englisch. Und wenn mir selbst die englische Erklärung spanisch vorkam, schaute ich zu guter Letzt bei Englisch-Persisch nach. Auf diese Weise konnte es eine ganze Weile dauern, bis ich den Sinn von so schwierigen und langen Fachwörtern wie *Musculus sternocleidomastoideus* ganz und gar entschlüsseln konnte. Es war manchmal zum Verzweifeln.

Obwohl Marienbad nur ein kleines Städtchen ist, verlebte ich dort eine aufregende Zeit. Nach den ersten Anpassungsschwierigkeiten genoss ich es unbeschreiblich, tun und lassen zu können, was ich wollte. Niemand fragte mich, wo ich hinging, wen ich traf, was ich vorhatte. Ich versuchte mich in Arabisch, tanzte Sirtaki mit den Griechen, und am ersten Mai, der international als Tag der Arbeit begangen wird, stolzierte ich bei einer riesigen Parade mit einer afghanischen Flagge durch die Stadt. Eine willkommene Abwechslung stellte auch der Besuch meines Cousins Ghulam Nabi dar, ein Sohn von Loy Khan und mittlerweile Senator in Kabul. Ich erinnere mich noch gut daran, wie er aus dem großen Fenster auf die Wiese schaute, auf der sich Studentinnen in der Sonne aalten. »Sie sehen alle aus wie Engel«, sagte er träumerisch angesichts dieses für afghanische Verhältnisse ungewohnten Anblicks. Mittags lud er mich zum Essen ein, doch ich winkte ab, weil gerade Ramadan war, der Fastenmonat. Zu Hause hatte ich diese Regel weniger aus religiöser Überzeugung befolgt, sondern weil es immer ein Fest war, nach Sonnenuntergang das Fasten im Kreis der ganzen großen Familie mit einem üppigen Mahl zu beenden. Hier war das anders, doch mein Cousin winkte ab. »Nicht doch«, sagte er schmunzelnd, »als Reisende dürfen wir das Fasten doch nachholen.« Er musste mich nicht lange überreden, und schon waren wir unterwegs zu einem Restaurant. Vorsichtshalber bestellten wir Hähnchen, weil uns die deftige böhmische Küche zu schwer war und natürlich ungewohnt. Überhaupt greifen Orientalen im Ausland gerne auf Geflügel zurück, weil sie dann sicher sein können, dass kein Schweinefleisch bei der Zubereitung verwendet wurde. Denn selbst liberale Moslems, vor allem diejenigen, die im Orient aufgewachsen sind, trinken vielleicht Alkohol, aber sie essen sehr selten Schweinefleisch. Nicht unbedingt der religiösen Vorschriften wegen, sondern wegen des seit frühester Kindheit anerzogenen Ekels vor Schweinefleisch.

Der nächste Besuch aus der Heimat war mein Vater, der zum Kuren nach Karlsbad kam, wo ich ihn im *Pupp* besuchte, einem wundervollen Belle-Époque-Hotel, das damals allerdings *Grandhotel Moskva* hieß. Er berichtete mir von der Familie, von Neuigkeiten in Kunduz und von seiner offiziellen Reise nach Japan, wo er auch von Prinz Akihito empfangen worden war. Fasziniert erzählte er von den eigentümlichen Ritualen am japanischen Kaiserhof, die ihm noch exotischer vorkamen als alles, was er auf seinen vielen Reisen bisher erlebt hatte. Ich erlebte meinen Vater hier vielleicht zum ersten Mal wirklich ganz privat und genoss es sehr. Ich war stolz darauf, dass ich für ihn bereits vom Tschechischen ins Dari übersetzen konnte. Allerdings genierte ich mich, wenn er sagte: »Frag ihn einfach irgendwas«, und mich losschickte, im Restaurant einen allein speisenden Hotelgast anzusprechen, der ihm leidtat und den er nach afghanischer Sitte in eine lockere Konversation verwickeln wollte. Es war übrigens das letzte Mal, dass er zur Kur nach Karlsbad kam und mich jemand aus der Heimat besuchte. Zum Glück konnten wir das zu diesem Zeitpunkt noch nicht ahnen.

Der Sommer des Putsches

Die dramatischen Veränderungen setzten ein im Juli 1973, ausgerechnet zu dem Zeitpunkt, als die Familie wie jedes Jahr unbeschwerte Wochen in Paghman genießen wollte. Ich freute mich besonders darauf. Zum einen, weil ich seit zwei Jahren nicht zu Hause gewesen war und meine Familie endlich wiedersah, zum anderen, weil ich eine Pause von dem anstrengenden Studium gut gebrauchen konnte, denn die fremde Sprache bereitete mir in den Vorlesungen nach wie vor Probleme, sei es nun in Physik, Chemie, Physiologie oder Anatomie. Jedenfalls war ich heilfroh, für ein paar Wochen einmal nicht mehr tschechisch sprechen zu müssen, und ich freute mich darauf, von all den neuen Eindrücken erzählen zu können.

Meine lange Rückreise begann mit einer Zugfahrt nach Frankfurt, um am nächsten Morgen vom Rhein-Main-Flughafen aus nach Kabul zu fliegen. Als ich mich bei einem nahe gelegenen Hotel einquartieren wollte, fragte man mich an der Rezeption, wie viele Stunden ich denn bleiben wolle. Ich zählte sie zusammen, kam dabei auf etwa zehn und wunderte mich, dass in Deutschland Hotels nicht pro Nacht, sondern pro Stunde berechnet würden. Viel später erst begriff ich, dass ich mitten im Herzen des Frankfurter Rotlichtviertels übernachtet hatte.

Dann war ich endlich nach einem langen Flug zu Hause. Als ich in Kabul die Pass- und Zollkontrolle hinter mir hatte, sah ich meine Familie schon wartend hinter der Absperrung – bis auf meinen Vater waren meine engsten Angehörigen vollzählig erschienen. Als Erstes fiel ich meiner Mutter in die Arme, die sofort eine Veränderung bemerkte: Sie sah schon im ersten Moment, dass ich voller wirkte, denn ich wog um einiges mehr als bei meiner Abreise. »Hast du bei uns zu Hause all die Jahre nichts zu essen bekommen?«, fragte sie scherzend, doch ich wehrte lachend ab. Es verhielt sich nämlich ganz anders: »Mir schmeckt das Essen im Internat nicht«, erzählte ich, »aber ich muss es trotzdem essen, aus Höflichkeit. Zum Trost stopfe ich mich nachher mit Cashewnüssen und anderen Dingen voll, die ich wirklich mag ...«

Ich war zwar glücklich, zurück in meiner Heimat zu sein, aber war ich auch innerlich angekommen? Mittlerweile hatte ich mich daran gewöhnt, in zwei kulturellen Kategorien zu denken. Verstohlen musterte ich meine Familie, ob sie jetzt anders auf mich wirkte. Sie waren ebenfalls Beispiele für dieses Mit- oder Nebeneinander: Afghanen zwar und doch gleichzeitig mit eindeutig europäischem Einschlag. Mir wurde wieder einmal bewusst, dass wir alle in einem fein nuancierten Schattenreich lebten. Auf der Fahrt zu unserem Kabuler Haus schaute ich angestrengt aus dem Fenster, betrachtete gedankenverloren die bunt gemischte Szene. Im Grunde genommen war alles wie vor zwei Jahren: die gleiche flirrende Hitze, das gleiche Gedränge und Geschiebe auf den breiten Alleen, das Durcheinander von Autos, Radfahrern und Pferdekarren, das Nebeneinander von traditionell und modern gekleideten Menschen. Nichts schien sich verändert zu haben, und doch kam etwas mir anders vor. Aber was? Meine Betrachtungsweise war es, denn seit zwei Jahren waren meine Augen und Sinne an die Wahrnehmung europäischer Bilder gewöhnt. Jetzt fühlte ich mich, als sähe ich alles durch eine leicht verschwommene Glasscheibe, die sich während meiner zweijährigen Abwesenheit zwischen mich und mein Land geschoben hatte. Eine Entdeckung, die sich in den nächsten Tagen in Kabul bei Gesprächen mit alten Freundinnen bestätigte. Sie stellten Fragen wie: »Wie lebt man dort?« – »Was tragen die Mädchen?« – »Wie kurz sind die Röcke?« – »Wo geht man aus?« – »Was ist mit Jungs?« Andere Freundinnen hatten in Australien, in Malaysia und im Libanon studiert, und wir unterhielten uns lebhaft und tauschten Erfahrungen aus.

Während der Tage in Kabul besuchte ich auch meine Großmutter Elisabeth in ihrem Haus im Stadtteil Silo. Als ich zusammen mit einer Freundin im Bus dorthin saß, fiel mir plötzlich auf, wie freundlich die Leute miteinander sprachen. Kannten die sich etwa alle, dachte ich, doch dann wurden auch wir beiden Mädchen angesprochen und in ein Gespräch verwickelt. Erst als wir die Endhaltestelle erreichten und alle sich voneinander verabschiedeten, um in verschiedene Richtungen davonzugehen, wurde mir bewusst, dass niemand hier einen anderen gekannt hatte, sondern man war einfach ins Gespräch gekommen, weil das so üblich war. Das hatte ich ganz vergessen in den letzten beiden Jahren, die ich in der Tschechoslowakei lebte. Während wir zum Haus meiner Großmutter gingen, berichtete ich meiner Freundin davon, wie still es dagegen in der U-Bahn oder im Bus in Prag sei – sie konnte es kaum glauben. Hier war eben vieles anders.

Nach zwei turbulenten Tagen in Kabul ging es endlich in zwei Autos weiter nach Paghman, in unser Haus, wo ich schon so viele Sommer verbracht hatte. Erleichtert ließ ich mich in die Polster sinken: Ferien, nichts als Ferien mit Faulenzen, Baden und gemütlichem Beisammensein. Zwar waren nicht mehr alle dabei, denn die beiden ältesten Halbschwestern, Zarmina und Sitara, waren bereits verheiratet, Fraidoon, Vaters zweiter Sohn, studierte in Berlin und hatte keine Zeit. Aber meine drei jüngeren Schwestern Nadia, Sarina und Runa waren da, ebenso mein kleiner, damals erst fünf Jahre alter Bruder Nangialai und mein ältester Bruder Zarghoon.

Wir vertrieben uns die Zeit mit Tischtennisspiel, Schaukeln, Klettern auf den Felsen am Grundstück und dem Pflücken und Naschen köstlich erfrischender Erdbeeren, die der Gärtner in einem schattigen Winkel des Grundstücks angepflanzt hatte. Unsere Mutter ließ eines Nachmittags, unbeobachtet von allen, einen Liegestuhl auf einen Felsen in Höhe der obersten Etage des Hauses schaffen – auf eine Art Aussichtsterrasse, um hier vor neugierigen Blicken geschützt ihrer Leidenschaft fürs Sonnenbaden zu frönen, was sie nur selten tat. Denn in Afghanistan legten die Frauen eher Wert darauf, weiß und blass auszusehen, was nicht nur dem gängigen Schönheitsideal entsprach, sondern auch demonstrierte, dass man sich nicht mit schwerer Arbeit im Freien abmühen musste. Meine Mutter allerdings sollte für diese Sonnenanbetung an diesem Tag kräftig büßen. Sie schlief nämlich in der noch intensiven Nachmittagssonne ein und wachte erst gegen Abend wieder auf – allerdings mit einem so starken, riesige Blasen aufwerfenden Sonnenbrand, dass wir einen Arzt rufen mussten. Wir schickten nach Dr. Khaleq, dem Mann einer Cousine und Chefarzt des Spinzar-Krankenhauses in Kunduz, der sich gerade in Kabul aufhielt und sich sogleich auf den Weg machte.

Als sich die unbarmherzige afghanische Sonne abends endlich hinter der Bergkette des Hindukusch versteckte, kamen ein paar Gäste, die mit uns aßen und noch fast bis zum Morgen auf der Terrasse saßen, bevor sie sich zurückzogen. Am nächsten Tag dann trafen wir wieder alle zusammen im Garten bei schwarzem Tee, frisch gepresstem Fruchtsaft und noch ofenwarmem Gebäck. Meine Mutter erzählte von Prinz Philip, dem Ehemann der englischen Königin, der kurz zuvor Kunduz besucht und bei diesem Anlass meinen Vater gebeten hatte, einen Dromedarkampf für ihn zu veranstalten, eine nur sehr seltene und äußerst brutale Attraktion, wozu es dann auch auf Betreiben der britischen Presse in Gemeinschaft mit Tierschutzorganisationen allerdings nicht kam. Stattdessen war ein imposantes *Buzkashi*-Turnier veranstaltet worden, ein traditionelles, sehr wildes afghanisches Reiterspiel, möglicherweise die Urform des heutigen Polo. Nach einigen Tagen ließ der Herzog von Edinburgh zum Abschied ein schweres kleines Geschenkpäckchen abliefern. Gespannt öffnete Juma es vor den Augen meiner ebenfalls neugierigen Mutter und fand darin, in einer Mischung aus Enttäuschung und Amüsement, nichts anderes als eine Porträtaufnahme Prinz Philips. Es schien sich um eine britische Tradition zu handeln, denn als einige Zeit zuvor eine Cousine der Königin, Alexandra, mit ihrem Mann Angus Ogilvy in unserem Haus zu Besuch gewesen war, hinterließen sie ebenfalls ein Foto von sich.

Wir lachten sehr über diese Geschichte, kamen aber nicht mehr dazu, sie zu vertiefen, denn plötzlich kam Dr. Khaleq den Hügel hinaufgelaufen, sichtlich abgehetzt und aufgeregt. »Heute war Revolution in Kabul«, stieß er so atemlos hervor, als wäre er die ganze Strecke hinauf nach Paghman zu Fuß gegangen. »Mohammed Daoud Khan hat geputscht und sich selbst zum Präsidenten ausgerufen. Die Armee steht hinter ihm, Afghanistan ist jetzt Republik«, erklärte er auf die erregten Fragen von allen Seiten. »Der König ist in Italien«, sagte Dr. Khaleq noch, aber Mama winkte nur ab. »Das wissen wir doch«, sagte sie mit einer Handbewegung in Richtung des königlichen Grundstücks nebenan. Tatsächlich, das wurde uns erst jetzt richtig bewusst, war den ganzen Sommer über niemand dort gewesen.

Was aber war geschehen? Daoud Khan, Cousin und Schwager des Königs, den vor zehn Jahren als Ministerpräsident abgesetzt worden war, hatte eine Auslandsreise von Mohammed Sahir Schah benutzt, um sich mithilfe des Militärs an die Macht zu putschen und sich zum ersten Präsidenten der Republik Afghanistan ausrufen zu lassen. Daneben übernahm er zusätzlich die Ämter des Regierungschefs, des Verteidigungs- und des Außenministers. Der Konflikt entzündete sich an der sogenannten Durand-Linie, welche die Engländer 1893 willkürlich durch das paschtunische Stammesgebiet gezogen und dabei das afghanische Territorium um ein Drittel verkleinert hatten, laut Vertrag auf die Dauer von hundert Jahren. Doch bei der Auflösung des indischen Kolonialreichs nach dem Zweiten Weltkrieg schlugen die Briten diese Gebiete einfach dem neu gegründeten Staat Pakistan zu. Woraufhin die Afghanen die sofortige Rückgabe forderten, was die Pakistani jedoch kategorisch ablehnten. Dies ist ein bis heute ungelöster Streitpunkt. Während König Sahir Schah einen moderaten Kurs in dieser Frage steuerte, vor allem mit Rücksicht auf die Westmächte, setzte Daoud Khan sich zunehmend aggressiver für eine Rückführung der Gebiete ein, was letztlich Krieg bedeutete und eine starke politische und wirtschaftliche Isolation zur Folge hatte, die er als Regierungschef durch eine stärkere Anlehnung des neutralen Landes an die Sowjetunion auszugleichen suchte. Der Moment für seine Absetzung war gekommen.

Zehn Jahre wartete er, bis er zurückschlug. Auch meinen Vater sollte seine Rache treffen, weil er sich seinerzeit auf die Seite des Königs gestellt hatte. Dabei waren sie alle ursprünglich politische Freunde und Weggefährten gewesen: der König, Daoud Khan und mein Vater, und man hatte sich sogar zu gemeinsamen Volleyballspielen in der Steppe bei Kunduz getroffen. Doch nach Daouds Absetzung zerbrach diese Freundschaft. Es ging um politische wie um persönliche Differenzen, letztlich alles Banalitäten. Als ein Hotelangestellter Daoud den Zutritt zur Königssuite im Spinzar-Hotel in Kunduz verwehrte, weil diese immer für das Herrscherpaar reserviert blieb, machte das meinen Vater für Daoud zum Feind – obwohl er von der Sache gar nicht gewusst hatte.

Sahir Schah hatte Glück im Unglück, dass er sich gerade in Italien aufhielt, denn die afghanische Geschichte lehrte, dass man mit gestürzten Monarchen meist kurzen Prozess machte. Allerdings auch mit seinen Beratern und Anhängern, was meine Mutter sofort alarmiert ausrufen ließ: »Wir müssen Sarwar warnen, nicht zurückzukommen.« Mein Vater hielt sich gerade wegen geschäftlicher Dinge in Moskau auf, doch niemand in der Familie wusste, in welchem Hotel. Erschwerend kam hinzu, dass es in Paghman kein Telefon gab. Also unterblieb die Warnung. Sie wäre auch erfolglos gewesen, denn sobald er durchs Fernsehen von dem Putsch erfuhr, packte mein Vater seine Koffer und nahm die erste erreichbare Maschine zurück nach Kabul. Nie hätte er, pflegte er später zu sagen, seine Familie im Stich gelassen, sein Unternehmen, sein Land – in dieser Reihenfolge. Er war ganz der altmodische Patriarch, der sich für alles um ihn herum verantwortlich fühlte. Für ihn wäre es ein Zeichen von Verrat oder Feigheit gewesen, sich solch einer Situation nicht zu stellen.

Die Gemüter beruhigten sich ein wenig, als zunächst weiter nichts geschah, und wir blieben wie vorgesehen in Paghman. Am Ende der Ferien flog ich mit einem unguten Gefühl nach Prag zurück, während meine Mutter und die Geschwister nach Kunduz zurückkehrten. Nur mein Vater zog es vor, sich vorerst in Kabul einzurichten, weil er von hier aus die politische Entwicklung besser verfolgen konnte. Irgendwie schien er immer schon eine ungute Wendung befürchtet zu haben, seit Daoud Khan beim König in Ungnade gefallen war. Und auch eine mögliche Intervention der Russen. Falls wir einmal, was selten genug vorkam, mehrere Flugzeuge gleichzeitig am strahlend blauen Himmel erblickten, pflegte er zu scherzen: »Ob das schon die Russen sind?« Wirklich nur ein Scherz oder eine böse Ahnung? Ähnlich verhielt es sich, wenn er vom Straßentunnel am Salangpass sagte, da würden irgendwann russische Panzer durchrollen.

Jetzt lebten solche Befürchtungen neu auf, nicht nur bei meinem Vater, denn viele fragten sich, ob Daoud Khan erneut einen prosowjetischen Kurs steuern würde oder ob die Russen eventuell die Unruhen nutzten, die Region, die sie seit jeher als ihre Einflusssphäre betrachteten, in ihren Machtbereich einzugliedern. Nichts dergleichen geschah, denn die Russen blieben da, wo sie hingehörten – fürs Erste zumindest. Was Daoud Khan betraf, so stützte sich der zwar zunächst auf die kommunistische Partei, um dann jedoch einen prowestlicheren Kurs zu steuern, was ihm am Ende zum Verhängnis werden sollte.

Isolationshaft und Schauprozess

Mein Vater blieb nicht lange verschont vor Daoud Khans Schergen. Einige Wochen nachdem wir alle aus Paghman zurückreisten, wurde er in seinem eigenen Haus in Kabul unter Arrest gestellt. Aber nicht aus vorgeschobenen politischen Gründen etwa – nein, mit der absurden Anschuldigung, er habe Geld der Spinzar Company unterschlagen, deren Präsident er war, die der Familie aber nur zu einem Teil gehörte. Sobald diese Nachricht in Kunduz eintraf, machte sich meine Mutter sofort auf den Weg nach Kabul, doch helfen konnte sie ihrem Mann nicht. Sie fand das Haus von mehreren Sicherheitsleuten streng bewacht vor, und als sie verlangte, hineingelassen zu werden, klärten die Wächter sie darüber auf, dass sie zwar hinein-, dann aber nicht mehr hinausdürfe. Sie ging trotzdem und fand ihren Mann zu ihrem Entsetzen ganz allein vor - vom Personal durften nur der Koch und dessen Frau bei ihm sein. Kurz darauf kam mein Bruder Zarghoon hinzu, um die beiden zu unterstützen.

Einige Monate darauf erschienen bewaffnete Milizionäre, um meinen Vater abzuführen und in das Kabuler *Deh-Mazang*-Gefängnis zu bringen, in dem schon mein Großvater Omar leidvolle Jahre verbracht hatte. Diese Verhaftung verlief unter merkwürdigen Umständen: Als Erstes begannen die Beamten damit, das gesamte Haus zu durchsuchen, durchwühlten Schränke und Truhen, ohne anzugeben, was sie denn eigentlich suchten. Meine Mutter blieb ruhig, so gut sie das vermochte, und servierte den Polizisten Tee, den diese im Salon zu sich nahmen, ihre Maschinengewehre vor sich auf dem Esstisch abgelegt.

In dieser Zeit wurde eine ganze Reihe von Gegnern des neuen Regimes aus dem Weg geräumt, und zwei der Offiziere schienen genau zu wissen, was da geschah – dass nämlich Unschuldige ins Gefängnis geworfen wurde. Nur einer war besonders eifrig und wühlte noch im letzten Winkel des Hauses herum, während die anderen sich immer wieder entschuldigten. Dann fuhren sie mit meinem Vater weg, und zurück blieb eine schmerzliche Leere – im Haus und in der Familie.

Als ich im fernen Prag davon erfuhr, wäre ich am liebsten auf der Stelle heimgereist, doch meine Mutter versuchte mich in ihren Briefen zu beruhigen, spielte die Sache bewusst herunter: Das werde sich bald klären, die Situation sei unter Kontrolle. Keine Veranlassung also, das Studium zu vernachlässigen, aber es fiel mir sehr, sehr schwer, mich auf meine Bücher zu konzentrieren und während der Vorlesungen meine Gedanken nicht abschweifen zu lassen. Und ständig suchte ich die afghanische Botschaft auf, um Aufschluss über die neuesten Entwicklungen zu bekommen. Dort war man nach wie vor sehr freundlich zu mir, und der Botschafter wie auch seine Familie luden mich immer wieder zu sich nach Hause ein, beruhigten mich, wie sie nur konnten.

Ich erfuhr nicht die ganze Wahrheit. Ich hatte keine Ahnung, dass mein Vater in Isolationshaft saß, allein in seiner Zelle und ohne dass ihn jemand besuchen durfte. Dass ihm sogar Radio, Zeitungen und jeglicher Lesestoff verweigert wurden. Mein Vater verkleidete die Wände seiner Zelle mit Packpapier, um das Ungeziefer fernzuhalten, das reichlich den schmutzigen Raum bevölkerte. Mit seiner Trinkflasche fing er sogar Skorpione und Schlangen ein, die er dort vorfand. Zeitweise musste er in einem winzigen Verschlag hausen, in dem nicht einmal eine Pritsche Platz hatte – ja, der nicht einmal lang genug war, damit man sich auf dem Boden ausstrecken konnte. Kontakte zur Außenwelt gab es so gut wie keine. Zarghoon durfte ihm Essen ins Gefängnis bringen, ohne das er vermutlich verhungert wäre. Gelegentlich schaffte er es trotzdem, Nachrichten nach draußen zu schmuggeln, indem er etwa bekritzeltes Toilettenpapier in der zu waschenden Kleidung versteckte oder in dem benutzten Geschirr, das von meinem Bruder abgeholt wurde.

Unser Haus in Kabul wurde von Soldaten bewacht und jeder, der das Haus verließ, von Soldaten begleitet – ob man nun zur Schule oder zum Einkaufen ging. Wenn ich das gewusst hätte, wäre ich vermutlich wahnsinnig geworden in Prag oder hätte mein Studium hingeschmissen, um sofort nach Kabul zu reisen, auch wenn ich dort nichts hätte ausrichten können. Meine Großmutter Elisabeth fühlte sich, wenn sie das hörte, immer an die Zeit erinnert, als ihr Mann Omar in den Dreißigerjahren in dieser Situation gewesen war.

Als ich im Sommer 1975 wieder nach Afghanistan kam, fand ich eine völlig veränderte Situation vor. Da war keine Rede mehr von einem Aufenthalt in Paghman, selbst Kunduz lag in weiter Ferne, denn meine Mutter war mit den jüngeren Kindern nach Kabul gezogen, um Vater näher zu sein. Mein Bruder Zarghoon war mit Zahera verheiratet, die aus dem Priesterclan der Modschadidi stammt – Oberhaupt der afghanischen Sufi –, und wohnte mit ihr und den beiden Söhnen Homayoon und Yusuf ebenfalls in dem Haus im Viertel *Karte Char*. Es war zwar lange nicht so großzügig war wie das Anwesen in Kunduz, aber immerhin bot es Platz für die gesamte Familie.

Um meinen Vater stand es gar nicht gut. Als ob der Vorwurf der Unterschlagung nicht ausreichte, beschuldigte man ihn jetzt zudem, vorsätzlich einen Brand in den Lagerhallen von Spinzar gelegt zu haben. Vor dem Hintergrund, dass sich mein Vater zu dieser Zeit in Kabul unter Hausarrest befand, eine freilich fadenscheinige Anklage, zumal ihm ein großer Teil des Unternehmens selbst gehörte. Doch wer fragte schon nach solchen Dingen in einem Unrechtssystem. Die gezielte Verleumdungskampagne blieb auch für den Rest der Familie nicht ohne Folgen. Einige standen fest zu uns, aber andere, die sich früher zu unseren Freunden gezählt hatten, rückten jetzt von uns ab. Nicht aus Bosheit und echter Überzeugung, sondern weil sie schlicht Angst hatten, durch Kontakte mit den Nashers selbst in Misskredit zu geraten. Das spürten sogar meine Geschwister, die noch zur Schule gingen. Sie wurden ebenso wie meine Mutter sehr plötzlich aus ihrer heilen, behüteten und privilegierten Welt herausgerissen und mussten sich damit arrangieren, dass ihnen plötzlich ein rauer Wind ins Gesicht blies. Vor allem Mariam bewältigte diese Herausforderung damals bewundernswert und half den Kindern, sich in der neuen Situation zurechtzufinden.

Nach monatelanger Isolationshaft konnte ich meinen Vater nun endlich im Gefängnis besuchen, ging voller Angst über den Hof, vorbei an den vielen bewaffneten Wärtern, zu seiner Zelle. Da saß er in traditioneller afghanischer Kleidung, die er früher nur getragen hatte, wenn er zum Stammsitz der Familie nach Qara Bagh ritt. Mir kamen die Tränen, als ich ihn so in dem kleinen Raum sitzen sah, doch dann merkte ich, dass mein Vater zwar bedrückt, aber nicht verzweifelt oder gar gebrochen wirkte. Irgendwie hatte er es fertiggebracht, er selbst zu bleiben: der Patriarch, der Clanchef, der Khan der Kharoti, und das schienen auch die Soldaten, die ihn bewachten, so zu empfinden, denn zu meiner Verwunderung behandelten sie ihn mit untertänigem Respekt. Wie Bedienstete und nicht wie Bewacher. Ich sah, wie einer von ihnen ehrerbietig Aufträge entgegennahm, um sie dienstbeflissen sogleich auszuführen – als handle es sich um Botengänge, die er für seinen Chef erledigen würde.

Als ich meinen Vater zusammen mit einer meiner Schwestern zum zweiten Mal im Gefängnis besuchte, konnte ich nur staunen: Unser Vater begegnete uns so, wie er uns früher als Kinder in Kunduz nach dem Frühstück empfangen hatte – mit derselben Würde und Ernsthaftigkeit. Es war, als säße er nicht im schäbigen Besuchsraum eines Gefängnisses, sondern in seinem mit Ölbildern geschmückten Salon. Er sprach mit uns über seine Pläne für künftige Ehen, die er für uns Mädchen geschmiedet hatte. Wir hörten zwar höflich zu, versuchten aber das Gespräch in eine andere Richtung zu lenken. Wir waren schon zu tief in die westliche Lebensart eingetaucht, um noch etwas auf diese althergebrachten Sitten zu geben. Unsere Mutter hatte sich ohnehin bereits ins Zeug gelegt, ihren Mann von solchen Gedanken abzubringen. Was ihn jedoch nicht daran hinderte, weiter an seinen Plänen zu feilen – immerhin hatte er im Gefängnis so viel Zeit für solche Dinge wie nie zuvor.

Kurze Zeit darauf kam es zur Gerichtsverhandlung: nicht vor einem ordentlichen Gericht, sondern vor einem Militärtribunal. Die Anklage leistete ganze Arbeit und rief sogar einen Zeugen auf, der die unsinnigen Vorwürfe bestätigten. So behauptete unser alter Gutsverwalter Ramatullah, er habe meinen Vater beobachtet, als er das Lager in Brand steckte. Ich sehe ihn noch heute vor mir, wie ich ihn aus Kunduz kannte: einen stolzen Paschtunen mit einem sehr langen Schnurrbart, der in zwei weit geschwungenen, sorgfältig gezwirbelten Bögen über seine Wangenknochen stand. Immer war er in hohen Stiefeln unterwegs, trug einen dicken Turban, die Augen dramatisch mit einem *surma*, eine Art schwarzer Kajalstift, umrahmt. Wie konnte er sich für so etwas hergeben? Später erfuhren wir, dass seine Aussagen unter Folter erpresst worden war. Es heißt, man habe ihm die Fingernägel abgezogen und Zigaretten auf den blutenden Wunden ausgedrückt. Der Verräter wider Willen landete am Ende selbst im Gefängnis – als ein gebrochener Mann, der es nie verwinden konnte, seinen Herrn verraten zu haben.

Das Verfahren gegen meinen Vater wurde in der Öffentlichkeit hochgespielt: Zeitungen und Radio überschlugen sich mit Berichten, natürlich tendenziösen. Was hier in Szene gesetzt wurde, war keine Gerichtsverhandlung, sondern ein Schauprozess, um andere abzuschrecken. Als mein Vater die Anklagepunkte vernahm, ging er gar nicht auf Einzelheiten ein, gab nur die Erklärung ab, Richter und Ankläger wüssten schließlich am besten, dass nichts von alldem wahr sei. Er wurde zu nicht weniger als acht Jahren Gefängnis verurteilt.

Das verschärfte die Situation meiner Familie zusätzlich. Jetzt dämmerte allen endgültig, dass es vorbei war mit dem alten Leben und den Zeiten des Überflusses, zumal sämtliche Konten eingefroren worden waren Und so begann erstmals Geld zum Thema zu werden – ähnlich wie es

Jahrzehnte zuvor meinem Urgroßvater in Worms passierte. Keine Frage, dass etwas geschehen musste. Meine Mutter, die mit ihren vierzig Jahren jung genug war, einen Neubeginn zu wagen, zögerte nicht lange und nahm eine Anstellung in der Kabuler Niederlassung des deutschen Chemiekonzerns Hoechst an, wobei ihr ihre guten Sprachkenntnisse zugute kamen. Damit war fürs Erste der Lebensunterhalt für ihre Familie gesichert. Bobo wurde von ihren bereits erwachsenen Kindern unterstützt.

Meinem Vater blieb nichts anderes übrig, als sich in der Haft einzurichten. Als meine Mutter bei Naim Khan für meinen Vater vorsprach, gab dieser ihr zu verstehen, dass sein Bruder Daoud bereits darüber nachdenke, ob es mit dem Denkzettel für den alten Freund nicht langsam reiche. Zumindest gab es jetzt eine Erleichterung der Haftbedingungen, wozu die Unterbringung in einem Trakt für privilegierte Gefangene gehörte sowie eine Doppelzelle für ihn allein. Auch die Kontaktsperre wurde aufgehoben, und die Männer, bei denen es sich zumeist um ehemals hochgestellte Persönlichkeiten des öffentlichen Lebens handelte, durften sich treffen, redeten über Politik, spielten Schach, Karten und Volleyball. Er durfte auch Radio hören und Zeitung lesen. Außerdem war einmal in der Woche Besuch erlaubt, sodass unser Vater immer bestens informiert war.

Der Anfang vom Ende

Während all das geschah, saß ich die ganze Zeit in Prag und plagte mich mit Selbstvorwürfen, dass ich meinem Vater nicht beistehen, meine Mutter bei ihren Bemühungen nicht unterstützen konnte. Gleichzeitig war die veränderte Situation ein Ansporn für mich, mein Medizinstudium, das für mich einen ganz anderen Stellenwert bekommen hatte, energisch voranzutreiben. War ich bislang davon ausgegangen, eines Tages als Ärztin nach Afghanistan zurückzukehren, um mich in den weiten Steppen um unterversorgte Nomaden zu kümmern, so wurde mir klar, dass das Studium nunmehr eine Berufsausbildung war, die ich wohl für meine Lebensunterhalt brauchen würde. Auch die Vorstellung, wieder in meine Heimat zurückzukehren, rückte in immer weitere Ferne.

So bekam auch ich die Folgen der politischen Veränderungen in Afghanistan zu spüren: Der tschechische Handelsattaché in Kabul, ehemals ein Freund der Familie, lehnte es ab, mich zu empfangen, als er sich gerade auf Heimaturlaub in Prag aufhielt. Ich hatte vor, ihn nach seiner Meinung zu fragen, wie er die Situation zu Hause beurteilte. Jetzt wollte der Mann, der früher meinem Vater im Namen des tschechoslowakischen Volkes zahlreiche Orden umgehängt, Medaillen verliehen oder ihn in sein böhmisches Ferienhaus eingeladen hatte, nichts mehr mit Ghulam Sarwar Nasher zu tun haben. Und auch nicht mit dessen Tochter.

Aber so sehr mich die Umwälzungen in meiner Heimat beschäftigten, gab es noch ein anderes Leben. Schon vor einiger Zeit hatte ich mich in einen Kommilitonen verliebt, einen aus dem Libanon stammenden Armenier, der ebenfalls Medizin studierte. Als wir endlich unsere Examen in der Tasche hatten, heirateten wir – ohne Zustimmung meines Vaters, was mich sehr bedrückte, doch wäre eine Reise nach Afghanistan zu diesem Zeitpunkt bereits sehr schwierig gewesen. Vielleicht befürchtete ich tief in meinem Inneren zudem, dass mein Vater zu dieser Verbindung mit einem Nichtafghanen mir seinen Segen nicht erteilen würde.

Uns beiden stellte sich nun das Problem, wie es weitergehen sollte mit unserem gemeinsamen Leben. Unsere Aufenthaltserlaubnis für die Tschechoslowakei endete mit den Examina. Im Libanon war der seit Jahren schwelende Bürgerkrieg eskaliert und hatte zu einem syrisch-israelischen Waffengang geführt, der den ganzen Nahen Osten in Flammen zu setzen drohte. Und nach Afghanistan zurückzukehren, das konnte ebenfalls nicht ernstlich in Erwägung gezogen werden – zumindest nicht unter den gegenwärtigen Bedingungen. Sollten wir nach England gehen? Nach Frankreich? Nach Amerika? Wir einigten uns schließlich auf Deutschland, weil es dort für mich starke Anknüpfungspunkte gab, familiär wie auch kulturell und sprachlich. Noch bevor ich Prag 1978 verließ, begannen sich in meiner Heimat die Ereignisse zu überschlagen.

Viele meiner Landleute, deren Leben nicht unmittelbar durch die Machtübernahme Daoud Khans tangiert wurde, waren nach dem Staatsstreich von 1973 der Meinung gewesen, alles werde letztlich beim Alten bleiben, immerhin sei Daoud Khan Teil des alten Systems. Sie sollten sich irren.

Drei Jahre später gründete er seine eigene Nationale Revolutionäre Partei und versuchte diese als einzige politische Kraft in einem per Verfassung als Einparteienstaat festgeschriebenen Afghanistan zu etablieren, womit er selbst praktisch alle Macht in Händen hielt. Sein Regime bestand aus einer eigenartigen Mischung aus Diktatur, Sozialismus und Nationalismus: So ließ er sich nicht nur von seinen Getreuen zum Präsidenten wählen, sondern übernahm auch noch die Posten des Premiers sowie des Außen- und des Verteidigungsministers. Der Rest seines Kabinetts bestand aus Militärs, während der islamische Klerus und die alten Khans entmachtet wurden. Wer sich ihm entgegenstellte, den ließ er ausschalten. Man muss sich nur eine alte Porträtaufnahme von ihm anschauen, um seine hochmütige Unerbittlichkeit zu erkennen.

Den politischen Einfluss seiner kommunistischen Unterstützer der ersten Stunde beschränkte er zunehmend. Sowjetdelegationen, die aus Moskau anreisten, ließ er stundenlang warten oder empfing sie gar nicht. Was sich die damalige Supermacht allerdings nicht lange bieten ließ: Massiv begann sie, die in Bedrängnis geratenen afghanischen Kommunisten zu unterstützen, half bei der Organisation von gigantischen Massendemonstrationen in Kabul. Daoud Khan reagierte mit einer großen Verhaftungswelle, doch der Stein war ins Rollen gebracht und nicht mehr aufzuhalten Als sich dann auch noch Teile der afghanischen Armee gegen ihn stellten, war es um ihn geschehen. Am 27. April 1978 brach die sogenannte *Saur*-Revolution aus, benannt nach dem zweiten Monat des afghanischen Kalenders. Soldaten kämpften gegen Soldaten, die einen für, die anderen gegen die Kommunisten, regierungstreue Panzerverbände rollten zum Regierungssitz Daoud Khans.

Doch den Aufständischen gelang es noch am gleichen Tag, das Gebäude einzunehmen und Daoud Khan in ihre Gewalt zu bringen. Sie machten kurzen Prozess mit ihm: Der Diktator wurde schon am nächsten Tag erschossen, wobei die Exekutionskommandos grausamerweise vor seinen Augen zunächst seine gesamte Familie ermordeten. Wegen gesundheitlicher Probleme zurückgetreten, hieß es offiziell. Sein Nachfolger wurde Nur Mohammed Taraki, ein ehemaliger Journalist, der sich zum Ministerpräsidenten und Vorsitzenden eines neu gegründeten Revolutionsrats proklamieren ließ. Allerdings konnte auch er sich nicht lange seiner neuen Machtstellung erfreuen, denn ein Jahr später wurde er durch seinen einstigen Mitstreiter Hafizullah Amin aus dem Amt geputscht, zynischerweise ebenfalls »aus gesundheitlichen Gründen«.

Mein Vater erlebte die Bürgerkriegsunruhen in seinem Gefängnis fast hautnah mit – den Lärm der Straßenkämpfe, die Schusswechsel, die Detonation von Granaten – und schöpfte neue Hoffnung. Allerdings wurde er bitter enttäuscht, denn das Ende von Daoud Khan brachte ihm keineswegs die erhoffte Freiheit, ihm nicht und auch keinem anderen der politischen Häftlinge. Es sah fast so aus, als hätte man die Männer im *Deh-Mazang*-Gefängnis einfach vergessen. Als schließlich Hafizullah Amin an die Macht gelang, hofften wir erneut: Amin gehörte unserem Stamm, den Kharot, an, und sein Bruder Abdullah war lange Privatsekretär meines Vaters gewesen. Doch wieder geschah nichts. Alle Prinzipien und Werte, die einst die afghanische Stammesgesellschaft prägten und zusammenhielten, schienen nicht mehr zu gelten. Die Welt meines Vaters stürzte endgültig ein, und mit der alten Ordnung verfiel auch seine Gesundheit. Erst als er einen Herzinfarkt erlitt und ins Krankenhaus eingeliefert werden musste, hatte man an höchster Stelle ein Einsehen und verfügte seine Freilassung.

Meine Mutter und Zarghoon saßen gerade verzweifelt am Krankenbett meines Vaters, als der Leiter des Geheimdienstes ins Zimmer kam und ihm mitteilte, dass er ab sofort ein freier Mann sei. Meine Mutter konnte diese Nachricht kaum fassen, Tränen rollten über ihr Gesicht – endlich war der Moment da, auf den sie fünf Jahre lang gewartet hatte. Weil mein Vater zu geschwächt war, um alleine gehen zu können, mussten ihn zwei Sanitäter auf dem Weg zu dem Auto stützen, das ihn nach Hause bringen sollte. Seine Freilassung knüpfte der Geheimdienstoffizier allerdings an einige Bedingungen: Er dürfe nur wenig Besuche empfangen und das Haus möglichst wenig verlassen. Vermutlich wollte man in der sich zunehmend zuspitzenden Situation konspirativen Zusammenkünften politisch Andersdenkender von vornherein einen Riegel vorschieben.

Alle waren jedenfalls froh, Vater wieder bei sich zu haben, auch wenn sein Zustand nach wie vor sehr kritisch war und er sich kaum aus dem Haus bewegen konnte. Abdullah, sein ehemaliger Sekretär und nunmehriger Außenminister, besuchte meinen Vater regelmäßig und bat um Entschuldigung, seine Freilassung nicht früher erwirkt zu haben. Doch niemand könne mehr eine Entscheidung treffen ohne die Zustimmung von Posanov, dem sowjetischen Botschafter. Da wurde allen in der Familie klar, dass Afghanistan seine politische Handlungsfreiheit eingebüßt hatte und die Sowjets, auch wenn sie noch nicht im Land standen, bereits alle Fäden in der Hand hielten. Höchste Zeit also, entsprechende Vorkehrungen zu treffen.

So hinfällig er auch sein mochte – dank seines unbändigen Willens erholte sich mein Vater rasch, vor allem psychisch, und setzte alles daran, sein altes Leben wiederaufzunehmen – eine Hoffnung, die sich jedoch sehr bald schon als trügerisch herausstellte. Der Alltag in Afghanistan war längst nicht mehr mit dem vor seiner Inhaftierung zu vergleichen. Die Menschen waren ängstlich und misstrauisch geworden. Die Besucher, die trotz aller Warnungen zu meinem Vater kamen, flüsterten mehr, als dass sie sprachen, alle hatten Angst. In den letzten Wochen vor dem Einmarsch der Roten Armee wurden tagtäglich Männer von Uniformierten aus ihren Häusern gezerrt und ins Gefängnis geworfen – als mutmaßliche Staatsfeinde, Umstürzler, Terroristen. Schon der Schimmer eines Verdachts oder eine Denunziation reichte, um einen lästigen Widersacher aus dem Weg zu räumen. Die Verhaftungswelle machte auch vor unserer Familie nicht Halt, ein entfernter Verwandter wurde ohne Angabe von Gründen inhaftiert. Zarghoon konnte ihn wenige Wochen später im Gefängnis besuchen und berichtete erschüttert davon, dass es offenbar durch Folter und Demütigungen gelungen sei, diesen einst stolzen Mann innerhalb kürzester Zeit völlig zu brechen. Auch einen Onkel von Zarghoons Ehefrau, seines Zeichens Dekan der Kabuler Universität, hatte man bereits aus seiner Zelle geholt und dem Erschießungskommando übergeben, als ein Anruf von Hafizullah Amin persönlich eintraf, sodass man in letzter Minute die Exekution seines ehemaligen Professors abblies. Nur die wenigsten hatten ein derartiges Glück, und das willkürliche Blutvergießen nahm bald wahnsinnige Ausmaße an.

Entsprechend war die Stimmung, und auch in meiner Familie konnte trotz der Freilassung meines Vaters von Erleichterung keine Rede sein. Die Furcht, dass jeden Moment etwas Schreckliches geschehen konnte, war allgegenwärtig. Besonders nach Beginn der abendlichen Ausgangssperre um zweiundzwanzig Uhr lauschten alle panisch, ob draußen etwas Verdächtiges zu hören war, denn etwaige Schritte konnten nur von Soldaten oder Schergen des Geheimdienstes stammen, die unterwegs waren, um ihre Opfer abzuholen und in ein Gefängnis zu verschleppen. Zurück blieben verzweifelte Familienangehörige, die nicht wussten, ob sie die Männer jemals wiedersehen würden. Auch bei Tag konnte man sich nicht sicher fühlen in Anbetracht der vielen Schießereien auf der Straße. Selbst vor Schulen machten die gegnerischen Bürgerkriegsparteien nicht Halt. So musste mein kleiner Bruder einmal völlig verängstigt stundenlang in seinem Klassenzimmer ausharren, bis sich die Lage wieder beruhigte.

Es war Zeit, das Land zu verlassen. Allerdings wussten meine Eltern, dass sie alles zurücklassen mussten, denn eine reguläre Auswanderung war bereits verboten. Die neuen Machthaber wollten vor allem verhindern, dass Geschäftsleute, Intellektuelle und Akademiker Afghanistan verließen, denn das waren die Leute, die man am dringendsten brauchte. Also musste man sorgfältig planen. Meiner Familie war klar, dass sich nicht alle zugleich in ein Flugzeug setzen konnten, dass sie keinen Argwohn erregen durften, sondern das Land in kleinen Gruppen und zu verschiedenen Zeiten verlassen mussten.

Zuerst flog meine Großmutter Elisabeth, angeblich um deutsche Verwandte zu besuchen, und nahm – scheinbar zur Unterstützung – meinen jüngsten Bruder mit. Meine Großmutter konnte als gebürtige Deutsche am einfachsten ausreisen. Nangialai hingegen, damals elf Jahre alt, hätte sonst das größte Problem dargestellt, denn einen heranwachsenden männlichen Afghanen würde man nicht so ohne weiteres ziehen lassen.

Als Nächstes war mein Vater an der Reihe, der in Deutschland angeblich einen Arzt aufsuchen wollte. Er müsse an den Augen operiert werden, weil er an grauem Star leide. Die Operation war zwar nicht dringend, aber das erwähnte man den Behörden gegenüber natürlich nicht, sondern spielte die Sache eher hoch. Keine Übertreibung war es hingegen, dass er aufgrund seines schlechten gesundheitlichen Zustands eine Begleitperson benötigte: Sarina. Die ging mit schweißnassen Händen und rasendem Puls direkt zu Präsident Hafizullah Amin, der jeden Mittwoch einen Sprechtag für solche Fälle abhielt – er hatte die Ausreisegenehmigungen zur Chefsache gemacht. Wortreich trug ihm meine Schwester ihr Anliegen vor, und wortreich erteilte ihr der Präsident die Genehmigung – unter der vielfach beschworenen Voraussetzung, dass ihm nicht die ganze Familie nach Deutschland folgen dürfe, sondern er wieder nach Afghanistan zurückkehren müsse.

Erleichtert kehrte Sarina mit dieser frohen Botschaft nach Hause zurück, und tatsächlich konnten sie und mein Vater das Land problemlos verlassen. Was freilich bedeutete, dass meine Mutter und Runa keinen offiziellen Ausreiseantrag mehr stellen konnten. Also bereiteten sie ihre Flucht vor: Sie besorgten Tschaderis, stellten Kontakte zu Schleppern her und zahlten hohe Geldbeträge, um Plätze auf einem Lastwagen zu bekommen, der sie über den Hindukusch nach Pakistan bringen sollte. Die Organisation dieser Flucht nahm etliche Wochen in Anspruch, und je länger sie dauerte, desto unruhiger wurde meine Mutter, denn die Risiken ließen sich nur schwer abschätzen: Würden sie wirklich unerkannt über die Grenze kommen? Würden die

Schlepper nicht plötzlich noch mehr Geld verlangen? Würden sie die Reise vielleicht zu Fuß fortsetzen müssen, mitten im Gebirge, schlecht ausgerüstet, ohne Orientierung, auf die Hilfe unbekannter Fremder angewiesen, von Räubern und Grenzwächtern bedroht?

Während dieser Zeit des Bangens und Wartens kam meiner Mutter die Idee, Runa direkt zu Hafizullah zu schicken – unter falschem Namen, denn die damals Siebzehnjährige hatte er zum letzten Mal als kleines Kind gesehen. Zitternd sprach meine jüngste Schwester also mittwochs beim Präsidenten vor, der sie zu ihrem Entsetzen lange und nachdenklich anschaute: »Mein Kind, ich kenne dich von irgendwoher – kannst du mir helfen?« Runa senkte ihren Blick zu Boden und schüttelte nur stumm den Kopf. »Nein, ich kann mich nicht erinnern, dass wir uns schon gesehen hätten.« Hafizullah Amin sah auf ihre gefälschten Papiere, dann wieder auf Runa: »Wie heißt dein Vater?«, fragte er streng. »Mohammed Omar«, sagte Runa wie aus der Pistole geschossen, denn sie hatte mit ihrer Mutter vereinbart, ihren Großvater als Vater anzugeben. »Meine Mutter muss an der Gallenblase operiert werden, deshalb wollen wir nach Deutschland.« Der Präsident musterte sie noch einmal, betrachtete erneut das Papier vor ihm und gab dem Beamten im Raum schließlich die erlösende Anweisung, die Ausreisedokumente fertig zu machen. »Na gut, weil sie krank ist«, murmelte er, »ausnahmsweise. Aber dass ihr mir auch wieder zurückkommt!« »Natürlich«, stammelte Runa und trat zur Seite, um die Papiere in Empfang zu nehmen. Das Herz klopfte ihr bis zum Hals.

So fuhren meine Mutter und meine Schwester mit kleinem Gepäck zum Flughafen – und mit Papieren, die ihren wirklichen Namen nicht verrieten. Der große Name, der ihnen früher Türen und Tore im ganzen Land geöffnet hatte, war heute nichts mehr wert, nur ein Überbleibsel der alten Zeit. Doch einmal noch sollte er ihnen helfen, ein letztes Mal. Als meine Mutter wartend am Check-in-Schalter stand, sprach sie plötzlich ein Mann an: »Wollen Sie auch nach Deutschland?« Sie erschrak, denn sie erkannte in ihm einen ehemaligen Minister, dessen Sohn in der neuen Regierung saß – und sie wusste, dass dieser Mann wusste, wer sie und ihre Tochter in Wirklichkeit waren, nämlich Nashers. Leichenblass brachte sie stotternd hervor, der Zustand ihres Mannes, der sich in Deutschland in ärztlicher Behandlung befinde, habe sich so verschlechtert, dass sie zu ihm müsse. »Aha, gut«, sagte der Mann nur und gab den Beamten an der Zollkontrolle einen Wink: »Das Gepäck der Frau nicht durchsuchen!« Meine Mutter, die vor lauter Angst einer Ohnmacht nahe gewesen war, bedankte sich zitternd und eilte mit Runa zum Flugzeug.

Vorsichtig aufzuatmen wagte sie allerdings erst, als der Kapitän die Triebwerke anstellte und zum Start rollte: Dreißig Jahre in Afghanistan waren vorüber, und die stolze Familie Nasher gab es so nicht mehr. Wirklich entspannen konnte sie sich während der ersten Stunden nach dem Start jedoch nicht. Sie hatte nämlich gehört, dass schon Flugzeuge hatten umkehren müssen, wenn der berechtigte Verdacht bestand, dass sich Menschen an Bord befanden, die das Land nicht verlassen durften – doch ihre Maschine flog ohne irgendwelche Probleme weiter bis nach Frankfurt. Wie zum Trotz nahm meine Mutter die beiden neuen Pässe in die Hand und schrieb den richtigen Nachnamen hinein – in afghanische Dokumente wurden alle Daten handschriftlich eingetragen. »Nashir« trug sie in die vorgesehene

Rubrik ein. Weil im Persischen der Name ohne Vokale, also »Nshr«, geschrieben wird, kann man ihn ebenso »Nashir« wie »Nasher« buchstabieren, was in unserer Familie bis heute nicht einheitlich ist.

Nachdem sie dieses Zeichen gesetzt hatte, um dem Namen seine Geltung zu bewahren, lehnte sie sich endlich entspannt zurück. Und dachte über den Lebensabschnitt nach, der vor ihr, ihrem Mann und den Kindern lag und von dem sie nicht viel wusste – außer dass er aus dem Nichts beginnen würde.

Ein schwerer Neubeginn

Auch die anderen, die zu unserer unmittelbaren Familie gehörten, verließen das Land, sofern sie nicht schon fort waren wie Zarmina, die mit ihrem Mann in Saudi-Arabien lebte, Fraidoon, der in Westberlin studierte, und Nadia, die mit ihrem Mann in Niedersachsen wohnte. Auch Zarghoons Ehefrau befand sich mit den beiden Söhnen bereits in den USA, und so flog er – als »Begleitung« seiner Mutter Bobo – zuerst nach Deutschland und von dort zu seiner Familie in Übersee. Schwierig allerdings gestaltete sich die Sache für Sitara mit Mann und Sohn, da sie keinerlei Möglichkeit hatten, zu Papieren zu kommen, die ihnen eine Ausreise ermöglich hätten. So brachen sie, als Nomaden verkleidet, zu einer strapaziösen und abenteuerlichen Odyssee durch die Berge hinüber nach Pakistan auf, um von dort ebenfalls in die USA zu fliegen.

Ständig stand ich mir in dieser Zeit in der Ankunftshalle des Frankfurter Flughafens die Beine in den Bauch, weil das Flugzeug aus Kabul meistens Verspätung hatte. Einen nach dem anderen nahm ich in Empfang, und wie mir erging es vielen. Jedes Mal warteten mit mir andere Afghanen, deren Angehörige ihrer Heimat ebenfalls in letzter Minute den Rücken kehrten, und stets spürte ich diese Mischung aus Freude und Trauer – Freude, in einem sicheren Land Zuflucht gefunden zu haben, und Trauer über die Entwicklung in der Heimat, welche die meisten eigentlich gar nicht hatten verlassen wollen. Und wann immer ich mit einem der Wartenden sprach, kamen wir auf das zentrale Thema: Wie es in Afghanistan wohl weiterging und ob es noch Hoffnung auf eine bessere Zukunft gab, wenn dieser Wahnsinn dort einmal zu Ende sein sollte.

Als ich endlich meinen Vater zusammen mit meiner Schwester Sarina durch die Tür kommen sah, erschrak ich zutiefst: Mein Vater, mein stets starker und stolzer Vater, musste sich an Sarina festhalten. Er tappte mit langsamen und unsicheren Schritten auf die wartenden Menschen zu, war blass, nein totenbleich, abgemagert, ging gekrümmt und schien um Jahrzehnte gealtert. Wir fielen einander wortlos in die Arme. Sarina brach in Tränen aus und schluchzte hemmungslos – offenbar lösten sich bei ihr jetzt, da sie auf deutschem Boden stand, schlagartig alle Ängste und Anspannungen. Stumm saßen wir dann im Auto: ich am Steuer, mein Vater neben mir, Sarina hinten, und fuhren zwei Stunden bis ins nordhessische Korbach, wo mein Mann und ich inzwischen beide eine Anstellung in einem Krankenhaus gefunden hatten. Ich wagte meinen Vater kaum zu fragen, was er erlebt hatte an Hass und Ungerechtigkeit in Kabul, während er sich scheute, mich auf mein Leben mit meinem Mann anzusprechen, den er nicht einmal kannte. Für einen afghanischen Vater eine mehr als absonderliche Vorstellung, die eigene Tochter verheiratet zu wissen, ohne den Schwiegersohn je gesehen zu haben. Aber angesichts der radikalen Umwälzungen in unserer Heimat und all ihrer schrecklichen Konsequenzen schien das eher nebensächlich.

Anderes war zudem wirklich vordringlicher. Weil sich sein Gesundheitszustand verschlechterte, lieferte ich meinen Vater gleich am nächsten Tag in die Klinik ein. Sein Infarkt war in Kabul nicht richtig behandelt worden, und er litt jetzt unter Herzrhythmusstörungen, bekam schlecht Luft und hatte zu viel Wasser im Körper. Trotzdem gab er sich alle Mühe, seine Schwäche nicht zu zeigen. »Lass das«, beschied er mich, als ich ihm auf dem Weg zu seinem Zimmer dies und das erklären wollte. »Sag mir lieber, wo ich mich hinsetzen kann.« Er hasste nichts mehr, als von anderen Leuten abhängig zu erscheinen und sich Vorschriften machen zu lassen, auch nicht wenn seine Tochter als Ärztin mit ihm sprach.

Er war sehr glücklich, als endlich der Rest der Familie eintraf und unsere Familie fast wieder komplett war – allerdings aufgeteilt auf zwei Städte, die immerhin rund zweihundert Kilometer voneinander entfernt lagen, und auf zwei viel zu kleine Wohnungen: meine und die meiner Schwester Nadia.

Während wir beide uns bereits an die neuen Lebensumstände gewöhnt hatten, schienen die anderen sich bisweilen im wahrsten Sinne des Wortes von allen guten Geistern verlassen zu fühlen. Ich erinnere mich noch gut daran, wie ich einmal mit Sarina, Runa und meinen Eltern bis spät in die Nacht zusammensaß, um zu beratschlagen, wie es nun weitergehen sollte, und Sarina plötzlich aufgebracht aus der Küche zurückkam. »Da drinnen sieht es ja fürchterlich aus! Alles steht noch herum: die Töpfe und Teller und Schüsseln, einfach alles!« Ich stutzte, musste dann schallend lachen: »Sarina, da ist außer uns niemand. Ob du es glaubst oder nicht: Wir haben keine Bediensteten mehr.«

Weihnachten 1979 kam. Vorbei waren die großen Feste, wie wir sie früher gefeiert hatten – mit etwa dreißig Familienmitgliedern, die sich um die Tafel im weihnachtlichen Salon versammelten. Aber vorbei waren auch die Jahre, in denen unser Vater nicht bei uns sein konnte, weil er im Gefängnis saß und wir, so gut es eben ging, alleine zusammensaßen. Insofern genossen wir es, ihn endlich wieder bei uns zu haben. Allerdings waren wir traurig, weil so viele von unserer Familie fehlten, weil sie in alle Winde verstreut lebten. Da saßen wir in einer Mietwohnung: Vater, Mutter, Kinder, dazu noch die Männer von Nadia und mir, und dachten wehmütig an früher zurück oder sprachen von dem, was gerade in unserer Heimat geschah, die sie nur so ungern verlassen hatten.

Die Nachrichten waren Besorgnis erregend. Das Land stand vor einem Bürgerkrieg, die sowjetische Führung fürchtete eine Hinwendung Afghanistans zu den USA, welche die erstarkenden Guerillakämpfer, die Mudschaheddin, unterstützten – aus nur dem einen Grund, den sowjetischen Einfluss am Hindukusch zu bekämpfen. Afghanistan war wieder einmal zur begehrten Beute im »Great Game« geworden, das sich diesmal allerdings nicht wie früher zwischen Briten und Russen entspann, sondern zwischen Sowjets und Amerikanern, den beiden rivalisierenden Supermächten in der Ära des Kalten Krieges.

Dann überstürzten sich die Ereignisse: In der Nacht vom ersten auf den zweiten Weihnachtsfeiertag landeten Verbände der Roten Armee in Kabul, zwei Tage später folgten die Bodentruppen. Eine Spezialeinheit des KGB eroberte den Präsidentenpalast, und Soldaten in afghanischen Uniformen töteten Hafizullah Amin und dessen Sohn – der Rest seiner Familie, einschließlich seines Bruders Abdullah, starb an den Folgen einer Vergiftung. Dabei hatte der Präsident bis ganz zum Schluss geglaubt, die Sowjets seien zu seiner Unterstützung ins Land gekommen, aber er war zu einer Figur in dem großen Spiel geworden, die nicht mehr gebraucht wurde.

Von nun an ging alles Schlag auf Schlag: Zu Beginn des neuen Jahres standen bereits hunderttausend Rotarmisten im Land, die sich daranmachten, die Mudschaheddin in einem Guerillakrieg zu bekämpfen. Vergeblich, wie sich später herausstellen sollte, denn nach zehn Jahren zogen die Invasionstruppen unverrichteter Dinge ab und hinterließen ein Land, in dem ein größeres Chaos und Elend herrschte als je zuvor.

Seit diesem Weihnachtsfest stand endgültig fest, dass an eine Rückkehr nicht mehr zu denken war, mit der mein Vater bis dahin immer noch geliebäugelt hatte. Selbst der hartnäckigste Optimist musste das jetzt einsehen. Schweren Herzen fügte er sich ebenfalls in die Erkenntnis, dass nicht mehr er, sondern seine Frau künftig für die Familie sorgen würde. Meine Mutter, die in Kabul bereits bei Hoechst gearbeitet hatte, bekam eine Anstellung im Frankfurter Mutterhaus des Konzerns, fand ein Mietshaus, richtete es ein und erledigte sämtliche Behördengänge. Selbst das konnte mein Vater aufgrund der Sprachbarriere nicht selbst in die Hand nehmen.

Meine Großmutter Elisabeth lebte nun bei ihrer Tochter und bedauerte sehr, dass sie mit ihren über siebzig Jahren zu alt war, noch einmal beruflich etwas Neues anzufangen. Entsetzt kam sie einmal von einem Seniorennachmittag zurück, zu dem Mariam sie geschickt hatte. »Nur alte Leute waren dort. Und sie halten Händchen, basteln und singen Lieder, und wenn sie sich unterhalten, dann nur über ihre Kinder und Enkel«, beklagte sie sich mit angewidertem Gesichtsausdruck. »Da bleibe ich lieber zu Hause und fange an zu malen.« Was sie dann auch tat, wobei sie ihre Motive aus dem reichen Vorrat an Erlebnissen, Erinnerungen und gelebtem Schicksal bezog. Von nun an malte sie täglich und veranstaltete noch neunzigjährig kleine Ausstellungen. Im Alter von dreiundneunzig Jahren ist sie friedlich entschlafen.

Mit Ausnahme meines Vaters lebten sich also alle recht gut ein, wenngleich die Neuankömmlinge anfangs die afghanische Lebensweise vermissten: die große Familie, das quirlige Leben in den Städten, die Basare. Vor allem in kleinen deutschen Orten fiel auf, dass die Menschen sich mehr in ihre eigenen vier Wände zurückzogen, während die Straßen, von Autos abgesehen, wie leer gefegt wirkten. Auch Missverständnisse blieben nicht aus. So beschwerte sich Sarina eines Tages empört, von einer Radtour zurückkommend, die Leute seien unfreundlich – die hätten ihr einen Vogel gezeigt, obwohl sie doch auf einer ganz breiten Straße brav auf der rechten Seite gefahren sei. Für sie völlig rätselhaft, bis wir feststellten, dass sie mit ihrem Rad kilometerweit auf einer Autobahn gefahren war. Oder mein Vetter Hashmat, der nach seiner Ankunft in Deutschland mit einem Taxi etwa hundert Kilometer über die Autobahn zu uns fuhr und wissen wollte, was das für eine gigantische Metropole mit den vielen Zufahrtswegen sei. Wir schauten ihn verwundert an. »Wie hieß die Stadt denn?«, fragte ich ihn gespannt. »Auf den Schildern stand immer ›Ausfahrt‹«, antwortete er noch immer voller Bewunderung.

Auch dass manches, was in Afghanistan selbstverständlich ist, nicht auf Deutschland übertragen werden kann, musste erst gelernt werden. In ihrem ersten Sommer in Frankfurt wollte meine Familie zu einem Picknick an einen nahe gelegenen See fahren, doch das Auto sprang nicht an. »Fragen wir doch unseren Vermieter«, schlug eine meiner Schwestern vor und kam schon wenig später mit dem Sohn zurück, einem netten, freundlichen Bauernburschen. Der schaute meine Geschwister und meine Mutter zwar erstaunt an, holte aber bereitwillig seinen Wagen, um sie zu dem See zu kutschieren. Dort ließen sie es sich ein paar Stunden gut gehen, machten ein Picknick und luden natürlich auch den jungen Mann dazu ein, der ansonsten schüchtern dasaß und sich nicht so recht an den Gesprächen beteiligen wollte. Erst viel später wurde allen klar, dass es für deutsche Verhältnisse recht ungewöhnlich ist, einen Fremden – und das sind Vermieter letztlich – um einen solchen Gefallen zu bitten, und dann auch noch für einen ganzen Tag. In Afghanistan wäre das völlig normal gewesen.

Dennoch fühlte sich bald niemand mehr fremd. Elisabeth sah sich schließlich nicht nur als Deutsche, sie war auch eine, und Mariams deutsche Seite, die sie während ihrer Jahre in Afghanistan nie richtig ausleben konnte, kam jetzt immer stärker zum Vorschein. Und meine Geschwister waren jung genug, sich umzustellen. Nur mein Vater blieb bei dieser Anpassung auf der Strecke und kapselte sich zunehmend ab. Zu ungewohnt war ihm die deutsche Lebensart. Er, der sich in jungen Jahren stark zu allem Westlichen hingezogen fühlte, schien mit dem Alter immer mehr zu seinen Wurzeln zurückzukehren. Seine Kontakte beschränkten sich auf die engere und die weitere Familie sowie auf ein paar afghanische Freunde, und zur Erinnerung an frühere Zeiten kaufte er sich einen Chevrolet, wagte sich damit allerdings nicht in die Großstädte, weil ihm der Verkehr dort unheimlich war – hier nahm man im Verkehr nicht aufeinander, sondern nur auf die Verkehrsregeln Rücksicht. Er war es gewohnt, dass man sich zwar nicht unbedingt an die Regeln hielt, immer aber darauf achtete, die anderen bei ihren Regelverletzungen nicht zu stören. Außerdem hatte er Angst, sich auf den unzähligen

Autobahnkreuzen und Umfahrungsstraßen rund um die Stadt heillos zu verirren oder irgendwo zu parken, wo das aus ihm unerklärlichen Gründen nicht erlaubt war.

Zu seinem Rückzugsort und zum Teil sogar Hauptwohnsitz wurde London, wo unsere Familie noch ein Haus besaß und wo sich viele Exilanten aus Afghanistan niedergelassen hatten. Hier lebte er auf, traf sich zu politischen Diskussionen und beteiligte sich daran, Pläne für die Zeit zu schmieden, wenn alle wieder zurückkehren konnten. Mein Vetter Tooran, der zu dieser Zeit in Oxford studierte, wurde in London zu seinem ständigen Begleiter, fuhr ihn herum, übersetzte und erledigte seine Besorgungen. Er erinnert sich noch gut daran, wie mein Vater häufig mit ihm durch die Antiquitätenläden der Stadt zog, um unbedingt ein bestimmtes Stück aufzutreiben, das er sich in den Kopf gesetzt hatte – einmal beispielsweise einen braunen Spazierstock mit zylinderförmigem Knauf aus Elfenbein. Zur Verblüffung meines Cousins fand er fast jedes Mal das Gesuchte.

Bald begann er sich mit dem Gedanken zu beschäftigen, vielleicht Baumwollfabriken in Fernost oder in Afrika aufzubauen, und mietete in Frankfurt zu diesem Zweck ein Büro an. Er kam nicht mehr dazu, solche Vorhaben in die Tat umzusetzen, denn 1984 erlitt er während einer Reise im Stuttgarter Hauptbahnhof einen weiteren Herzinfarkt. Er stürzte zu Boden, zog sich einen Schädelbasisbruch zu und starb wenige Wochen später im Alter von nur zweiundsechzig Jahren.

Vielleicht hatte er eine Vorahnung gehabt, denn schon Monate zuvor war er häufiger aufs Sterben zu sprechen gekommen. Uns allen gefror immer das Blut in den Adern, wenn er uns diesbezügliche Anweisungen erteilte. Er wollte entweder in seiner Heimat beigesetzt werden, was jedoch aufgrund der Kriegswirren unmöglich war, oder im pakistanischen Bannu, wo Alam Khan, sein Vater begraben lag. Dort, meinte er, könne er wenigstens den Wind spüren, der aus dem nahen Afghanistan herüberwehe. Da dieser Ort jedoch überschwemmt und unerreichbar war, als er starb, überführte ihn sein Sohn Fraidoon ins pakistanische Peschawar, am Khaiberpass gelegen, der hinüberführt in sein geliebtes Vaterland. Vielleicht kann er ja auch an diesem Ort den afghanischen Wind fühlen.

Sehnsucht nach Afghanistan

Auch wenn es uns sehr schwerfiel und uns die Mitte fehlte, die unser Vater als traditioneller Patriarch immer dargestellt hatte, ging unser Leben weiter, zumal wir mittlerweile in der Heimat unserer Großmutter voll integriert waren. Nachdem ich einige Jahre als Oberärztin in Korbach gearbeitet hatte, eröffnete ich in einem kleinen Ort an der hessischen Bergstraße eine internistische Praxis und hatte nun zwei Kinder, die beide noch zu Lebzeiten meines Vaters geboren wurden.

Doch obwohl wir angekommen waren in unseren neuen Lebenskreisen, vermissten wir unsere alte, ferne Heimat sehr – ein Gefühl, das sich mit dem Tod unseres Vaters verstärkte, vielleicht weil er das traditionelle Element in unserer Familie verkörpert hatte. Und natürlich verfolgten wir mit Spannung, wie es dort weitergehen würde. Hoffnung kam auf, als 1988 die Sowjets mit dem Abzug ihrer Truppen begannen, aber das war nur der Auftakt zu einem mehr als zehnjährigen Bürgerkrieg vor allem zwischen den verschiedenen Gruppierungen der Mudschaheddin. Im Fernsehen mussten wir immer wieder mit Entsetzen verfolgen, dass vor allem Kabul durch diese Kämpfe zu weiten Teilen in eine Trümmerlandschaft verwandelt wurde. Was dann passierte, ist hinlänglich bekannt. Aus dem Ringen um die Herrschaft am Hindukusch gingen schließlich die Taliban als Sieger hervor und errichteten ein totalitäres, islamistisches Regime. Was von der Weltöffentlichkeit jedoch weitgehend teilnahmslos verfolgt wurde, bis 2001 Flugzeuge in die Türme des New Yorker World Trade Center rasten und ein Mann namens Osama bin Laden sich mit seiner Organisation al-Qaida, die hauptsächlich von Afghanistan aus operierte, zu dem Terroranschlag bekannte. Wenige Wochen darauf griffen die Amerikaner, unterstützt von NATO-Truppen, das Land an.

So sehr ich auch die barbarische Herrschaft der Taliban verabscheute, war ich doch erschrocken über das mangelnde Verständnis der westlichen Welt den Afghanen gegenüber. Was zu einem großen Teil daraus resultierte, dass man im Westen nichts wusste über Mentalität und Gebräuche – wie zum Beispiel über das eherne Gebot von der Unverletzlichkeit der Gastfreundschaft, was dazu führte, dass die Regierung in Kabul, wenngleich nicht in die Anschläge verwickelt, eine Auslieferung Osama bin Ladens verweigerte. Natürlich verdankt dieser Ehrenkodex seine Entstehung nicht dem Gedanken, auf diese Weise Verbrecher oder Terroristen zu schützen, doch muss man die Zusammenhänge kennen, um afghanisches Denken und Politik entschlüsseln zu können.

Wir konnten nichts anderes tun, als hilflos zuzuschauen, aber es brach uns das Herz: all die schrecklichen Bilder von Bomben und Zerstörungen, von Not und Elend, die dieser neue Krieg über das ohnehin schon geschundene Land brachte. Und verzweifelt fragten wir uns, ob es nicht vielleicht eine Lösung auf dem Verhandlungsweg gegeben hätte. Warum nur setzte die Welt auf Bomben und Panzer anstatt auf Gespräche und humanitäre Hilfe? Weshalb versuchte man nicht wenigstens, sich mit den Taliban zu arrangieren, anstatt sie durch eine Invasion in die Arme ihrer radikalsten Mitkämpfer zu treiben?

Immerhin atmeten wir erleichtert auf, als die Kriegshandlungen überraschend schnell beendet werden konnten, nachdem im November Kabul und im Dezember Kunduz und Kandahar fielen. Die Willkürherrschaft der Taliban schien erst einmal erledigt, das Volk konnte zu einem freieren Leben zurückkehren, durfte sich wieder freuen und feiern, durfte in Teehäusern sitzen und Musik hören. Die Menschen in den Straßen und Häusern drehten ihre Radiogeräte auf volle Lautstärke, und als erstes Lied im neuen Afghanistan ertönte *Kabul-jan* – geliebtes Kabul – von meinem Cousin Farhad Darya, der schon als Schuljunge in Kunduz gemeinsam mit meinem Bruder Zarghoon musizierte und mittlerweile zum berühmtesten afghanischen Sänger geworden war. Die Leute lachten, tanzten und sangen, freuten sich, dass ihnen endlich nach so langen Jahren ihre geliebte Musik wiedergegeben wurde. Und auch die erste Sitzung des afghanischen Senats wurde mit Musik eröffnet, ebenfalls mit einem Lied meines Cousins.

Wir glaubten deshalb an eine baldige Rückkehr zur Normalität, zumal schon im November anlässlich der Afghanistankonferenz auf dem Petersberg bei Bonn ein Interimspräsident eingesetzt wurde: Hamid Karzai. Der neue Mann an der Spitze des Staates hatte sich den Amerikanern und ihren Verbündeten aus mehreren Gründen empfohlen: Er stand westlichen Gedanken nahe, stammte aber zugleich aus einer alten afghanischen Familie. Vor allem hatte er, ganz wichtig in dieser Situation, im Bürgerkrieg keine Partei ergriffen, was ihn als geeigneten neutralen Vermittler erscheinen ließ, der das Land einen konnte.

Zwar normalisierte sich das Leben in Afghanistan weiter, in gewisser Weise zumindest, doch eines hatten die westlichen Invasionstruppen unterschätzt: die Guerillataktik der Taliban, denen vor allem in den unwegsamen Bergregionen nur schwer beizukommen war. So gab es eine offizielle Beendigung der Kampfhandlungen, doch ein Frieden war und ist das nicht. Und obwohl seitdem viele Jahre ins Land gegangen sind, vermögen einen die Nachrichten aus der Region nach wie vor nicht positiv zu stimmen, und immer wieder frage ich mich, ob mein Land jemals zur Ruhe kommen wird.

Die ständigen Zwischenfälle können mich jedoch nicht davon abhalten, nach Afghanistan zu reisen. Wenn ich nicht regelmäßig an den Hindukusch reise, vermisse ich etwas. Mir fehlen Gefühle und Stimmungen, die ich wohl nur im Licht der afghanischen Sonne erleben kann. Vor allem aber die entspannte Art der Menschen und wie sie das Leben sehen, fesselt mich immer wieder. Beispielsweise auf einem Flug mit der Ariana, deren Flotte immerhin durch so vertrauenerweckende Flugzeuge wie ausrangierte Maschinen der Air India aufgestockt wurde, kam es zu einem ungeplanten Zwischenstopp vor Kabul. Nachdem man die Passagiere aufs Rollfeld geführt und uns dort Tee serviert hatte, fragten wir, was denn nicht stimme mit dem Flugzeug. Ein Fenster sei undicht, erklärte der Pilot. Nach allgemeinem Geraune empfahl ein weißbärtiger Mann mit großem Turban, den Schaden mit Tesafilm zu beheben, den er dabeihatte und gleich anbot. Zum Glück fand man dann doch eine solidere Lösung, und wir konnten nach Kabul weiterfliegen

Zum ersten Mal entschloss ich mich 2003 zu einem Besuch. Seitdem war ich immer wieder dort, meist in Begleitung eines Bruders oder einer Schwester und einmal mit meinem Sohn. Besonders diese Reise ist mir in besonders deutlicher Erinnerung geblieben. Ich fragte mich damals, was für ihn, einen Vertreter der nächsten Generation, die Begegnung mit dem Land seiner Vorfahren wohl bedeuten und ob seine Sichtweise zugleich meine Perspektive verändern würde.

Jack war damals fünfundzwanzig Jahre alt, als es sich zum ersten Mal ergab, dass wir zusammen nach Kabul fliegen konnten – vorher war er immer dann, wenn ich mir frei nehmen konnte, mit seinem Studium in Oxford beschäftigt. Genau wie meine Tochter Isabel in Heidelberg ausgerechnet mitten in Prüfungsvorbereitungen stand, wenn ich diese Reise plante. Bei ihr kamen noch die Hochzeit und die rasch wachsende Kinderschar hinzu, aber sie ist perfekt darin, alles miteinander in Einklang zu bringen. So stellte es kein Problem für sie dar, gleichzeitig ein Kind zu stillen oder in seiner Wiege zu schaukeln und dabei konzentriert in medizinischen Wälzern zu lesen.

Jack wünschte sich diese gemeinsame Reise schon lange, denn sein Interesse an dem Land seiner Vorväter war seit eh und je sehr groß, da er mit Afghanistan die wundervollen Geschichten aus meiner Kindheit verband, meine farbigen, anschaulichen Schilderungen des ebenso behüteten wie weltoffenen Lebens zwischen Kunduz und Paghman. Er wollte aber auch nach Afghanistan, um auf den Spuren seiner Vorfahren zu wandeln: seines Großvaters Ghulam Sarwar, des Urgroßvaters Alam Khan und des legendären Ahnen Sher Khan. Und er hoffte, trotz Krieg und Zerstörung noch etwas vorzufinden, was an deren Geschichten erinnerte. Mein Sohn ging sehr konsequent vor bei seinen Reisevorbereitungen, sprach jetzt beständig Dari mit mir, was ich in seiner Kindheit aus Bequemlichkeit häufig unterließ, sodass die diesbezüglichen Sprachkenntnisse meiner Kinder zu wünschen übrig ließen. Ferner las er historische Bücher und legte sich seine traditionelle afghanische Kleidung – das *peran-tumban* – zurecht.

Wir flogen mit Zwischenstopp über Dubai, wo wir in eine Maschine der Ariana umstiegen und freuten uns darauf, dass es jetzt afghanisch zugehen würde. Was auch geschah: »Ich will den Platz am Fenster.« – »Meine Tante muss am Notausgang sitzen, weil sie so groß ist.« – »Ich bin alt, ich will in die Business Class.« Niemand schien sich außer uns darum zu scheren, welche Plätze auf seiner Bordkarte ausgewiesen waren – und auch nicht um das Verbot, während des Fluges zu telefonieren. Im Gegenteil: Kaum saßen alle, ging die Telefoniererei erst richtig los. So funktionierte es also auch, dachten wir amüsiert. Als die Bordmahlzeit serviert wurde, freuten wir uns schon sehr auf afghanische Köstlichkeiten und trauten unseren Augen nicht, nachdem wir die Deckel von den Tabletts genommen hatten. Ariana servierte auf dem Flug von Dubai nach Kabul doch tatsächlich bayerische Weißwürste mit Brezen und süßem Senf! Und sobald abgeräumt war, ging der Steward durch die Reihen und legte jedem eine Apfelsine in den Schoß – der Nachtisch war serviert.

Auf diesen kurzweiligen Flug folgte für Jack jedoch ein Schock, als wir unter der sengenden afghanischen Sonne aus der Maschine kletterten. Zwar war er durch mich vorgewarnt, aber so desolat hatte er sich die Verhältnisse wohl nicht vorgestellt. Schon das Terminal glich mehr einer Ruine als einem Flughafen, aber immerhin funktionierte das Gepäckband. Trotzdem standen und standen wir, ohne dass ein einziger Koffer kam. Inspiriert durch das Erlebnis afghanischer Nonchalance während des Fluges, stieg Jack einfach auf das Förderband und kletterte durch die Luke in den Hangar, wo er einen alten Mann mit weißem Bart sah, der die Koffer aller Reisenden aus unserer Maschine nach und nach auf einem Supermarkteinkaufswagen in die Ankunftshalle karrte. Mein Sohn ging ihm zur Hand, damit es schneller ging, und der Alte freute sich redlich.

Dann fuhren wir mit einem Taxi in die Stadt. Im Vergleich zu meinem ersten Besuch war bereits mehr wiederaufgebaut worden, allerdings zumeist grellbunte, hässliche Betonwürfel, die an eilig hingeworfene Zweckbauten oder an pakistanische Bonbonarchitektur erinnerten. Auf den Straßen stauten sich alte, verbeulte Autos, deren Dieselmotoren einen grauenhaften Gestank verbreiteten, verstärkt durch Unmengen von Generatoren, die in der Stadt brummten. Wer es sich leisten konnte, besaß eine solche Maschine, um unabhängig zu sein von der unzulänglichen Stromversorgung, die beständig zusammenbrach.

In der Stadt stellte Jack zu seinem Erstaunen fest, dass er statt in Traditionskleidung – weite blaue Hose mit langem Hemd – genauso gut in Frack und Zylinder durch die Straßen hätte spazieren können, denn so oder so wurde er als Fremder erkannt. Ich selbst fiel weniger wegen meiner westlichen Kleidung auf, die inzwischen keine Ausnahme mehr darstellte, sondern durch die Art, wie ich ziellos herumschlenderte, mal hierhin, mal dorthin schaute, interessiert die anderen Passanten beobachtete und mit meinem Sohn plauderte. Die im Land lebenden Frauen bewegten sich demutsvoller und zielstrebiger, erklärte mein Cousin Torab, der uns begleitete. Merkwürdig, dachte ich, das hatte ich früher nicht bemerkt, obwohl es vermutlich nie anders war.

Dass überall Dari gesprochen wurde, berührte Jack auf sonderbare Weise: Er hatte das Gefühl, von Familie umgeben zu sein, denn in seiner deutschen Welt sprach er Dari fast ausschließlich mit seinen Verwandten. Obwohl er mit der Sprache gar nicht schlecht zurechtkam, versuchte jeder mit ihm in mangelhaftem Englisch zu radebrechen. Bettelnde Kinder folgten ihm auf Schritt und Tritt: »Mister, Mister«, ertönte es von allen Seiten, »give me dollar!« Kabul schien voller Waisen, deren Eltern ein Opfer des Krieges geworden waren. Wir sahen bettelnde Witwen in Tschaderis, Männer auf Krücken, die im Krieg Gliedmaßen verloren hatten, und einen jungen Mann, der mit seinem Rumpf – die Beine waren amputiert – auf einem Skateboard saß und zwischen den Autos herumfuhr, um zu betteln.

Die einzigen Ausländer, die man sehen konnte, waren schwer bewaffnete Soldaten in ihren bedrohlich aussehenden Tarnuniformen oder Mitarbeiter von internationalen Hilfsorganisationen, die in ihren weißen Geländewagen mit tiefschwarz getönten Scheiben durch die Stadt rasten, oft von Leibwächtern begleitet. Wir sahen deutsche Soldaten, die neben uns in einem Stau steckten, und freuten uns in dem Moment, etwas Vertrautes entdeckt zu haben – ähnlich ergeht es mir in Deutschland, wenn ich auf Afghanen treffe. Doch als ich das Fenster unseres Taxis herunterkurbelte und den Soldaten einen Gruß zurief, sahen die gleich in eine andere Richtung, als hätten sie mich nicht wahrgenommen. Später erfuhr ich von meinen Verwandten in Kundus, wo die meisten Deutschen stationiert waren, dass sie völlig von der einheimischen Bevölkerung abgeschottet lebten. Das sei anfangs anders gewesen, meinten sie. Außerdem seien gerade die Deutschen eigentlich sehr beliebt, sodass amerikanische Truppen aus Sicherheitsgründen angeblich zuweilen mit der deutschen Flagge herumfahren würden.

Wir besuchten meine Cousine Soraya und ihre Familie. Sie wohnten zwar in einem halbwegs intakten Haus, aber unter entsetzlich beengten Verhältnissen. Im Krieg waren sie nach Pakistan geflüchtet, und um im pakistanischen Exil überleben zu können, hatten sie ihr palastartiges Haus in Kabul verkauft, das einst als italienische Botschaft gedient hatte. Damals bekam man nur lächerliche Beträge für ein Haus in Kabul: zehntausend Dollar, weniger als das, was die Leute direkt nach dem Krieg von einer ausländischen Hilfsorganisation als Monatsmiete für ein solches Haus verlangen konnten. Es ist schwer zu glauben, aber in den Jahren nach dem Sturz der Taliban bekam man in ganz Kabul kaum ein Haus unter einer Million Dollar. Die horrenden Preise rührten daher, dass dem wenigen intakten Wohnraum scheinbar unerschöpfliche Budgets der Hilfsorganisationen gegenüberstanden. Afghanen, die noch ein Haus hatten, vermieteten es, während sie selbst bevorzugt nach Dubai zogen.

Am Abend wollten wir alle Schwierigkeiten, Katastrophen und Sorgen vergessen, saßen dicht gedrängt im Wohnzimmer beisammen und erzählten einander von unseren Leben in den letzten beiden Jahrzehnten. Unausweichlich kamen wir dabei wieder auf die Politik, den Krieg und seine Folgen zu sprechen. Meine Verwandten erzählten von den Bomben, dem Terror der Taliban, der Flucht nach Pakistan und von dem schweren Leben in der Fremde. Das Zimmer füllte sich mehr und mehr, weitere Verwandte, Freunde und Bekannte kamen hinzu. Bald gab es keinen Platz mehr, die Menschen kauerten auf dem Boden, standen an den Wänden. Die Diskussion wurde immer hitziger und politischer. »Das ganze Elend kommt durch euch Kommunisten, ihr wollt den Kommunismus in Afghanistan haben, davon kam unser Elend«, sagte einer. »Nachdem wir Kommunisten weg waren, kamt ihr Mudschaheddin, und alles wurde noch viel schlimmer. Während eurer Herrschaft wurden mehr Häuser zerstört als während der ganzen Russenzeit!« Daraufhin meldete sich ein Talib zu Wort: »Ihr alle habt unser Land zerstört. Wir wollten nichts als Sicherheit und Ruhe, aber ihr habt uns an die Amerikaner ausgeliefert!«

Es wurde immer lauter, die Stimmen erregter, Arme fuchtelten während des Sprechens durch die rauchgeschwängerte Luft, und ich fürchtete schon, dass ein handfester Streit ausbrechen würde, als plötzlich die Stimmung umschlug: Frauen brachten Tee, zwischen den Schreiduellen wurden Witze gemacht, und als die Frauen noch Mandeln und Rosinen reichten, saßen bald alle friedlich beisammen, scherzten und klopften sich gegenseitig auf die Schultern und versicherten einander ihrer Freundschaft und Liebe. Das war der Moment, in dem ich dachte, es gäbe doch noch Hoffnung für mein Land und eine Möglichkeit, alle verfeindeten Gruppen an einen Tisch zu bringen und eine neue, unbelastete Zukunft für Afghanistan zu beginnen …

Am nächsten Morgen brachen wir auf nach Kunduz, über den berühmten Salangpass. Jack wollte Fotos von der grandiosen Landschaft machen, doch unser Fahrer riss ihn zurück. Keinen Schritt neben die Straße, warnte er, denn hier oben sei alles vermint. Auf der Fahrt stellte ich fest, dass sich sogar die Landschaft verändert hatte, nicht in den Gebirgsregionen selbst, wohl aber weiter unten. Wo einst Baumwolle, Getreide und Obst angebaut wurden oder ein Wald stand, erstreckten sich jetzt öde Flächen, vertrocknetes Brachland. Die ehemals nachhaltige Bewirtschaftung hatten die Bewohner längst aufgegeben, die Wälder waren abgeholzt worden, und die einzig florierende Sparte der Landwirtschaft schien der Mohnanbau zu sein. Auf dem Weg sahen wir immer wieder Männer, die, sobald sie unseren Wagen erblickten, ihre Arme gen Himmel reckten, nach oben schauten und etwas murmelten. Ich erklärte meinem Sohn, sie beteten nach alter Sitte dafür, dass wir eine gute Reise haben mögen und dass der Wind für uns stets von hinten wehe.

Nach mehreren Stunden erreichten wir schließlich meine Heimatstadt. Unser ganzer Häuserkomplex, der lange Zeit als Hauptquartier der Sowjets gedient hatte, war bei ihrem Abzug zerstört worden. Mit Ausnahme von Bobos Haus, in dem sich jetzt mein Cousin Torab mit Frau und drei Kindern eingerichtet hatte. Durch unseren einstigen Obstgarten führte eine Straße, dort standen inzwischen eine Schule, eine Moschee und Marktstände. Auf einem anderen Teil hatte eine Familie – ehemalige Bedienstete – einfach ein Haus errichtet. Das alte Theater existierte noch, diente aber jetzt als Billardsaal. Ich erfuhr, dass sich während der Talibanzeit dort eine Arztpraxis befand, denn Theater, Kino oder Musik waren damals streng verboten. Das Kino hingegen hatte seine alte Funktion wiederaufnehmen können, auch wenn es ziemlich trostlos und heruntergekommen aussah. Es fiel meinem Sohn schwer, eine Verbindung zwischen diesen traurigen Relikten und meinen Erzählungen herzustellen.

Nicht anders erging es ihm, als wir zu der Baumwollfabrik fuhren. Wo früher tausende von Menschen beschäftigt gewesen waren, arbeiteten nun höchstens einige dutzend, von einem Aufseher mit Maschinenpistole bewacht. Der Wachmann war erst sehr mürrisch und wollte niemanden hereinlassen, aber als er unseren Namen hörte, ging er sofort los, um den Chef zu holen. Dieser zeigte Jack das gesamte Areal, begleitet von einer Gruppe von Männern, die zunehmend größer wurde. Sie gingen durch die ehedem so betriebsamen Hallen und schließlich in das Büro des Direktors, einst das Büro von Jacks Großvater, wo man ihn mit großen Gesten auf dessen Sessel setzte. Vielleicht hofften sie, dass er, dass unsere Familie zurückkehrte und an die alte Tradition anknüpfte, um energisch den Wiederaufbau voranzutreiben, wie es vor einigen Jahrzehnten Sher Khan und nach ihm mein Vater getan hatten. In Kunduz immerhin war der Name Nasher noch ein Begriff, wenngleich ein fast schon historischer aus einer längst vergangenen Zeit.

Um uns auf andere Gedanken zu bringen, fuhren wir nach einigen Tagen mit einer Kutsche aus der Stadt heraus. Jack hörte auf das Getrappel der Hufe und ließ seinen Blick über den weiten blauen Himmel schweifen. Da oben sehe es genauso aus wie überall, vielleicht sogar schöner, meinte er. Doch wenn man den Kopf senke und den Blick auf die zerschossenen Häuser und das Elend der Menschen richte, dann wisse man, dass dies hier nicht der Himmel sei, sondern einer der härtesten Flecken auf Erden. »Wie kannst du nur so gelassen sein, Mama?«, fragte er mich immer wieder. »Wie hältst du all das nur aus?« Ich wusste keine Antwort. Vielleicht war es so, weil es mein Land ist. Stumm blickte ich auf die Ruinen, traurig darüber, dass meinen Sohn all das so sehr mitnahm, und auch, weil dieses Land so wenig einladend auf einen Fremden wirkte – auf alle, die nichts wussten oder erlebt hatten von einer Zeit, die mir im Rückblick paradiesisch schön vorkommt.

Auch das Leben der Nomaden in der Steppe sah anders aus als früher. Es gab sie noch, wenngleich in kleinerer Zahl. Die ehemals stolzen und wohlhabenden Händler fristeten inzwischen ein mühsames, kärgliches Dasein, weil durch den Krieg ihre alten Handelswege abgeschnitten und ihre

Herden durch Tretminen drastisch reduziert worden waren. Sie tischten uns auf, was sie hatten: Brot und Joghurt, mehr nicht, doch zum Glück hatten wir vorgesorgt und große Töpfe mit Speisen mitgebracht, sodass es dann doch ein kleines Festmahl wurde.

Wenn Jack zuvor gelegentlich ernsthaft mit dem Gedanken gespielt hatte, nach seinem Studium für ein oder zwei Jahre in Afghanistan zu leben, um dort etwas für den Wiederaufbau des Landes zu tun, für die Wiederankurbelung der Wirtschaft und um an alte Traditionen der Familie anzuknüpfen, so zerrannen diese Gedanken während unseres Aufenthalts so schnell wie zwei Handvoll des Steppensands. Jack fühlte sich mit jedem Tag in Afghanistan ein Stück deutscher und ein Stück weniger afghanisch, fand zudem die Armut immer bedrückender und ebenso den Fatalismus, mit dem sich viele Afghanen in ihr Schicksal fügten. Auch erschienen ihm die Menschen viel ernster, wortkarger und auch misstrauischer als die Afghanen, die in der Diaspora leben. Alles, was er hier erlebte, konnte er nicht annähernd zur Deckung bringen mit den Geschichten, die er in Europa von afghanischen Exilanten gehört hatte. Für ihn, der ein hohes Ideal gegen eine brutale Realität eingetauscht hatte, war Afghanistan künftig nur noch das Land seiner Mutter, nicht aber mehr das seiner Träume.

Zurück in Kabul gingen wir neben dem Darulamanpalast an einem wunderschönen, jedoch arg ramponierten Gebäude vorbei, das ich im ersten Moment gar nicht wiedererkannte: die Fassade abgeplatzt und mit Einschusslöchern übersäht, das Dach notdürftig repariert, in vielen der hohen Fensterhöhlen nichts als Leere und Trümmer und Scherben. Die ehemals prächtige Pforte wurde von einem Mann in schäbiger Uniform bewacht, statt dem geschnitzten Eingangstor schützte ein Wellblechverschlag mit kleinem Durchgang das Innere des Gebäudes. Das war das ehemalige Archäologische Nationalmuseum, wurde mir mit einem Schlag bewusst. Ich freute mich über die Entdeckung, weil das Museum einer der Lieblingsorte meines Vaters gewesen war, der zu den umfangreichen Sammlungen einiges beigetragen hatte, und zugleich war ich entsetzt, in welch grauenhaftem Zustand sich das Gebäude befand.

»Das Museum hat schon 1993 erste Bombentreffer abbekommen, die das Dach zerstörten sowie die Treppen und natürlich viele Exponate«, sagte der Museumsführer mit lauter Stimme – und obwohl er das alles sicher schon unzählige Male erzählt hatte, schien es ihn immer noch sehr zu bewegen. »Danach plünderten Räuber die Sammlungen. Wir haben alles versucht – provisorische Türen, Gitter vor den Fenstern, doch das half nichts, und schließlich war vielleicht nur noch ein Zehntel der Kunstschätze übrig. Doch es sollte noch schlimmer kommen«, fuhr der Mann fort, »denn 2001 befahl Mullah Omar, einer der Anführer der Taliban, sämtliche Objekte aus vorislamischer Zeit zu zerstören, vor allem die Gesichter, die man im Islam nicht mehr darstellen sollte …«

»Doch alles haben die Taliban nicht erwischt«, fügte er listig lächelnd hinzu, bevor er den Teil seiner Geschichte präsentierte, auf den er besonders stolz war. »Ein paar von unseren Leuten haben nämlich Statuen und andere Stücke bei sich zu Hause und an anderen Orten versteckt, unter Lebensgefahr! Und das sind die Kunstwerke, die ihr heute hier sehen könnt!«

Daraufhin winkte uns der Führer in den Nebenraum, um uns Fundstücke aus Ai Khanoum zu zeigen, der hellenistischen Ausgrabungsstätte in der Nähe von Kunduz. Stumm gingen wir zwischen den Vitrinen hin und her. Jack war fasziniert, und ich konnte meine Blicke überhaupt nicht mehr von den Fibeln und Masken und Statuen losreißen. Je länger wir uns hier aufhielten, desto deutlicher erstand das alte Ai Khanoum vor meinem inneren Auge wieder. Die unter der gleißenden Sonne glühenden Steine, die terrassenförmig aufgebaute Oberstadt, das gut erhaltene griechische Amphitheater, das Bildnis der persischen Muttergöttin Kybele, die reich geschmückten Kapitelle abgebrochener Säulen, die damals noch überall verstreut liegenden Scherben, Mauerteile und Brüstungen.

Ich sah vor mir, wie ich zusammen mit meiner Schwester Nadia und dem japanischen Thronfolger, dem heutigen Kaiser Akihito, und mit seiner Frau Michiko im Hubschrauber von Kunduz bis zur Ausgrabungsstätte Ai Khanoum flog. Ich musste daran denken, wie unsere Mutter stundenlang konzentriert übersetzen musste, bis sie schon kaum mehr konnte vor Anstrengung und dem ständigen Suchen nach den richtigen Ausdrücken. Wir dagegen waren voll und ganz bei der Sache – und unser Vater genoss es, den japanischen Gästen voller Stolz die einzige griechische Stadt in Zentralasien zeigen zu können, die je richtig ausgegraben wurde. Eine Fundstelle, die Orten wie Troja oder Delphi ebenbürtig ist und unserem Vater deshalb als etwas ganz Besonderes erschien, weil sich hier sowohl Zeugnisse persischer als auch griechischer Kulte, Mythen und Kulturen fanden und weil an diesem Ort die Welten des Orients und des Okzidents aufeinandertrafen und sich friedlich vereinigten. Genau wie sich unterhalb des von Ruinen bestandenen Hügels, auf dem wir standen, die Fluten des Flusses Kokscha mit denen des Oxus, heute Amadurya, mischten, des Grenzflusses zwischen Afghanistan und

Russland. Die Erinnerung an diesen Besuch ist für mich heute noch eine der größten und schönsten, die ich an mein altes Afghanistan in mir trage. Sie ist für mich ein lebendiges Andenken an eine Epoche, in der sich in meinem Heimatland so viele Kulturen, Religionen und Stile zu einem großen und auch wunderschönen Ganzen vermischen konnten, wie wir es vermutlich nie mehr wieder erleben werden – auch wenn wir unsere Hoffnung darauf nie sterben lassen sollten.

Epilog: Hier und heute

Und ich? Bin ich eine Afghanin? Bin ich eine Deutsche? Ich weiß es nicht. Wenn ich darüber nachdenke, fällt mir auf, dass ich mich in dieser Frage immer über andere definiert habe. Für meinen Vater war selbst im deutschen Exil immer klar, dass er Afghane war und nichts anderes. Meine Mutter bezeichnete sich, zumindest früher, als Afghanin, doch liegt bei ihr der Fall anders – je länger sie in Deutschland lebte, desto mehr deutsche Seiten entdeckte sie an sich. Spätestens an diesem Punkt spricht meine Mutter meist über ihr Leben zwischen zwei Kulturen. Das könne ein Vorteil sein, erklärte sie mir einmal, aber auch ein Nachteil, denn dieses Dazwischen fördere das Gefühl der Entwurzelung, das sie häufig gespürt habe. Wobei diese reflektierende Art, mit solchen Fragen umzugehen, vermutlich eine ziemlich deutsche Angelegenheit ist.

Meine Kinder hingegen sehen sich vorwiegend als Deutsche. Für meinen Sohn Jack, inzwischen Wirtschaftsprofessor in München, ist Afghanistan seit unserer Reise vor ein paar Jahren ferner denn je. Meine Tochter Isabel, Ärztin und zurzeit vorwiegend Mutter, lebt mit ihrem deutschen Mann und bald vier Kindern nach einem längeren Aufenthalt in den USA wieder an der hessischen Bergstraße.

Meine Schwester Nadia reist einmal im Jahr für mehrere Wochen in unsere Heimat, um mit ihrem Afghanischen Frauenverein den Menschen dort zu helfen, wo immer sie kann und wofür sie vor einigen Jahren das Bundesverdienstkreuz erhielt. Auf eine ihrer Reisen nahm sie den Schriftsteller Roger Willemsen mit, der daraufhin das Buch *Afghanische Reise* verfasste, eine sensible Momentaufnahme unseres Landes. Ihr Sohn Arian ist so alt wie Jack – die beiden sind seit frühester Kindheit die besten Freunde.

Meine Schwester Sarina arbeitet als Physiotherapeutin in Süddeutschland und engagiert sich daneben für Nadias Verein. Runa ist Ethnologin und arbeitet im Migrationsbereich, ist aktiv bei der Deutsch-Afghanischen Initiative und lebt ebenfalls in Süddeutschland; seit einiger Zeit wohnt meine Mutter Mariam bei ihr. Mein jüngster Bruder Nangialai ist Konzertgitarrist und lehrt an einer Universität. Er hat mit seiner deutschen Frau vier Kinder und ist heute im Ruhrgebiet zu Hause.

Von meinen Halbgeschwistern ist nur Fraidoon, der Zweitälteste, in Deutschland geblieben, da er seinerzeit in Berlin studierte. Er lebt mit seiner deutschen Frau und zwei Söhnen in Frankfurt, wo er als Übersetzer arbeitet, und ist jetzt das offizielle Familienoberhaupt. In dieser Eigenschaft reist er häufig nach Afghanistan, manchmal für viele Monate. Zarghoon verstarb nach schwerer Krankheit vor einigen Jahren in Kalifornien, wo seine Witwe und seine beiden Söhne nach wie vor leben. Er wurde zweiundsechzig wie sein Vater Ghulam Sarwar und wie sein Großonkel Sher Khan. Auch Zarmina und Sitara wohnen inzwischen ebenso wie ihre Söhne in den USA.

Auch viele meiner alten Schulfreundinnen wurden in alle Winde verstreut. Trotzdem halten wir engen Kontakt, haben wir doch das Gefühl, so etwas wie die letzte Generation eines freien Afghanistan zu sein. So schreibe und telefoniere ich mit meinen ehemaligen Banknachbarinnen in aller Welt. Vor einigen Jahren organisierten wir ein kleines

Klassentreffen in Kabul und staunten darüber, welch unterschiedliche Wege wir gegangen sind: Eine war Professorin in Beirut, die andere führte ein afghanisches Restaurant in Washington D.C., wieder eine andere wurde zur ersten Verfassungsrichterin des neuen Afghanistan. Von ihr erfahre ich immer das Neueste über Korruption, Ungerechtigkeit und Terror, aber auch über positive Entwicklungen.

Wer bin ich also? Ich bin Afghanin, ja, aber abgesehen davon, dass die wichtigsten Menschen meiner Familie im Westen leben, hat sich auch die Mentalität in meinem ehemaligen Land ebenso verändert wie meine eigene. Das ging nicht allen aus meiner Generation so: Mein Bruder Zarghoon konnte sich in Amerika nie richtig einleben. Immer war er mit seinen Gedanken in Afghanistan. Neben seinem Bett bewahrte er ein Kästchen mit Sand aus der Steppe Dasht-e Awdan bei Kunduz auf. Es konnte auch passieren, dass er irgendwo auf der Straße, auf einer Wiese oder in einem Haus stehen blieb und schnupperte, als würde er eine Witterung aufnehmen, um dann mit leuchtenden Augen zu sagen: »Hier riecht es wie in Paghman!«. Er kaufte sich das gleiche Auto, das er damals als junger Mann in Kunduz fuhr, einen alten Chevrolet, und ließ sich das Kennzeichen »Kunduz 1« geben.

Ich werde immer wieder gefragt, was ich eigentlich denke über den deutschen Einsatz in Afghanistan, über die Taliban, über die Chance auf einen Frieden im Land. Das sind Fragen, auf die zu antworten mir alles andere als leicht fällt – ich weiß keine Patentlösung, zumindest aber kenne ich die Seele meines Volkes.

Ich antworte dann, dass ich der Ansicht bin, Afghanistan müsse schrittweise sich selbst überlassen werden – nicht überhastet also, damit es nicht in einem plötzlich auftretenden Machtvakuum im Chaos versinkt. Doch selbstverständlich wollen meine Landsleute auf Dauer nicht von fremden Mächten dominiert und ebenso wenig von neunmalklugen Exilafghanen dirigiert werden, die nach der russischen Besatzung oder nach der Talibanzeit aus dem Ausland zurückgekehrt sind. Männern, die all die Jahrzehnte des Krieges und der Not nicht mitbekommen haben und nun genau zu wissen behaupten, was das Beste für Afghanistan sei und was nicht. Wie die meisten anderen Völker auch wollen die Afghanen von Menschen aus ihrer Mitte regiert werden. Ein einfacher Gedanke scheinbar, doch gar nicht so leicht umzusetzen in der gegenwärtigen Situation.

Manche wundern sich darüber, dass viele Afghanen der NATO und dem Westen gegenüber so negativ eingestellt sind. Der Grund liegt in der Geschichte des Landes: Als die Kommunisten mit Gewalt versuchten, die afghanische Kultur auszumerzen, rückte die Bevölkerung in Richtung des Traditionalismus und leider auch zum religiösen Fundamentalismus. Sie sahen in den anderen eine Bedrohung und eine Gefährdung ihrer eigenen Werte, die durch etwas ihnen Fremdes ersetzt werden sollten. Und gegen solche Versuche wehren sich Afghanen traditionell mehr als andere Völker und sind sehr stolz darauf, dass sie nie dauerhaft beherrscht wurden. Nicht von den Zaren, nicht von den Engländern und auch nicht von den Sowjets, der einstigen Supermacht, die das Land 1989 nach dem demütigenden Scheitern ihrer Invasion wieder verließ.

Aber auch der jetzige Präsident Hamid Karzai wird es schwer haben, Ordnung in das zersplitterte Land zu bringen. Spöttisch heißt es, er sei der Bürgermeister von Kabul und habe außerhalb der Stadt nichts zu sagen. Was jedoch nichts Neues ist, denn damals wie heute war die Rolle des

Staatsapparats eher auf eine Mittlerfunktion beschränkt – das Sagen hatten immer die Khane in ihren jeweiligen Regionen. Eine Tradition, die man bei einer Neuordnung unter dem Schutz der Vereinten Nationen berücksichtigen sollte, denn historisch gewachsene Strukturen können wesentlich zur Stabilität beitragen.

Ich bin keine Politikerin und kann keinen großen Plan für die Zukunft meines Landes entwerfen, für die Lösung all der Probleme. Ich weiß nur, dass es wichtig ist, Zeichen zu setzen. Man muss den Menschen, die man befreien möchte, Vertrauen schenken, damit sie sich selbst vertrauen. Damit sie neu aufbauen können, wovon ich mit vielen anderen immer wieder träume: dass das Land meines Vaters und das Land meiner Mutter auch wieder das Land ihrer Töchter und Söhne werden kann.

Dank

Lukas Lessing hat in vielen Gesprächen zahlreiche fast vergessene Geschichten unserer Familie lebendig gemacht – dafür meinen herzlichen Dank. Ebenfalls sehr verbunden bin ich Ulrike Nikel, die unsere oft weitläufigen Erzählungen straffte. Ferner danke ich meiner Familie, die zunächst nur zögerlich diesem Buch zustimmte, mich dann aber doch nach Kräften unterstützte. Abgesehen von meiner Mutter, ohne die es dieses Buch nicht gäbe, gilt mein Dank besonders meiner Schwester Runa und meinem Bruder Nangialai, die in endlosen Sitzungen mitwirkten. Auch danke ich meiner Schwester Nadia. Meinem Bruder Fraidoon, meinen Schwestern Sitara und Sarina danke ich für ihre moralische Unterstützung, ebenso wie meiner Tochter Isabel. Ohne meinen Sohn Jack hätte es dieses Buch nicht gegeben, denn er brachte den Stein ins Rollen und half mir bei jedem Schritt. Danke.

Diana Nasher, Bergstraße, im März 2011

Historische Zeittafel

Schon seit alters her war die Region am Hindukusch als Durchgangsland zwischen Zentralasien und Indien hart umkämpft. Im 2. Jahrtausend v. Chr. von iranischen Stämmen besiedelt, wurde sie im 6. Jahrhundert v. Chr. durch Perserkönig Kyros II. erobert und in dessen Reich eingegliedert. 327 v. Chr. fiel sie für kurze Zeit an Alexander den Großen, um nach dessen frühem Tod Teil des Seleukidenreichs und des griechisch-baktrischen Reiches zu werden. Auf die griechisch dominierten Staatenbildungen folgten im 2. und 3. Jahrhundert verschiedene Nomadenvölker aus Zentralasien, darunter die Kuschan, deren Reich erst 642 unter dem Ansturm der Araber zusammenbrach. Sie brachten dem Land, in dem bislang der Buddhismus verbreitet war, den Islam, der sich fortan langsam als herrschende Religion durchsetzte, denn in der Folgezeit stand die Region unter der Herrschaft verschiedener lokaler Statthalterdynastien des Kalifenreichs in Damaskus. 962 etwa rissen die Ghaznawiden die Macht an sich und dehnten ihren Machtbereich bis ins Industal aus. Auf sie folgten die türkischstämmigen Seldschuken und Anfang des 13. Jahrhunderts Dschingis Khan mit seinen mongolischen Reiterhorden, später dann rivalisierten das indische Mogulreich und die persischen Safawiden um die Kontrolle am Hindukusch. Im 18. Jahrhundert erlangten die Perser vorübergehend die Gewalt über das gesamte Gebiet von Kabul bis Kandahar und Herat, bis es nach der Ermordung des Schahs in Teheran zu einem Aufstand der paschtunischen Durrani gegen die Fremdherrschaft kam, der als Geburtsstunde für ein eigenständiges Afghanistan gilt.

1747	Ahmed Schah Durrani proklamiert sich zum König von Afghanistan.
1828–1863	Dost Mohammed, Begründer der Barakzai-Dynastie. Zwar kann er die Durrani stürzen, nicht jedoch alle Landesteile unter Kontrolle bringen und nimmt daher den Titel eines Emirs von Kabul an.
1835	Eine Annäherung an das Zarenreich begründet die russisch-britische Rivalität in der Region (Great Game), die künftig die Geschicke des jungen Staates prägen wird.

1839–1842 Erster Anglo-Afghanischer Krieg. Beginnt mit der Besetzung von Kabul und Kandahar und endet mit einer Niederlage der britischen Kolonialarmee, die jedoch, bevor sie sich endgültig zurückzieht, das Land verwüstet.

1878–1880 Zweiter Anglo-Afghanischer Krieg. Im Friedensvertrag von Gandamak muss Afghanistan den Briten nicht nur das Recht zugestehen, in Kabul sowie in anderen Städten Residenzen einzurichten, sondern das Land auch außenpolitisch zu vertreten.

1880–1901 Abdur Rahman Khan, der »eiserne Emir«. Er beschränkt mit einer straff organisierten Armee und durch den Aufbau einer starken Zentralgewalt die Macht der Stammesfürsten.

1886 Festlegung der russisch-afghanischen Grenze durch eine britisch-russische Kommission.

1893 Durand-Linie: Grenzziehung zwischen Afghanistan und dem damals britischen Indien, die vor allem nach militärischen und nicht nach ethnischen Gesichtspunkten erfolgt. Sie führt ca. 2500 km mitten durch das Stammesgebiet der Paschtunen, der größten afghanischen Bevölkerungsgruppe und sorgt bis heute für ungelöste Konflikte in der Region. Außerdem verliert Afghanistan dadurch etwa ein Drittel seines Territoriums. Die Regelung wird bei Abschluss des Vertrags auf hundert Jahre beschränkt.

1901–1919 Emir Habibullah Khan unternimmt Versuche, das Land zu modernisieren, reformiert auch das Rechtswesen (Abschaffung besonders grausamer Strafen).

1905 Eröffnung einer offiziellen diplomatischen Vertretung der Briten in Kabul, gleichzeitige Zurückdrängung des russischen Einflusses, der nach dem verlorenen Krieg gegen Japan im ganzen asiatischen Raum schwindet.

1914–1918 Erster Weltkrieg. Afghanistan bleibt neutral.

1919 Dritter Anglo-Afghanischer Krieg. Im Vertrag von Rawalpindi wird Afghanistan volle Unabhängigkeit zugestanden.

1919–1929 Amanullah Khan, bis 1926 Emir, dann König. Obwohl nur der dritte Sohn Habibullahs setzt er sich bei der Thronfolge gegen den Erstgeborenen durch. Amanullah macht durch ein weit reichendes Reformprogramm auf sozialem und politischem Gebiet von sich reden, scheitert jedoch am Widerstand der konservativen Kräfte, die sich vor allem an der Abkehr von den traditionellen Bekleidungsvorschriften sowie den Steuergesetzen und den Gesetzen für eine verbesserte Stellung der Frau stoßen.

1929 Amanullah Khan, der Reformkönig, wird gestürzt durch Amir Habibullah Kalakani, wegen seiner einfachen Herkunft der »Sohn des Wasserträgers« genannt. Dieser wird jedoch noch im gleichen Jahr ermordet.

1929–1933 Mohammed Nadir Schah aus dem Stamm der Mohammedzai, die zu den Durrani gehören und deren Stammesgebiet in der Umgebung von Kandahar liegt. Ein entfernter Verwandter Amanullahs und zeitweilig dessen Kriegsminister, versucht er vorsichtig und mit Rücksicht auf die konservativen Kräfte an das Reformwerk seines Vorgängers anzuknüpfen, wird aber bereits 1933 von einem Schüler ermordet.

1937 Afghanistan schließt mit dem Iran, Irak und der Türkei einen gegen die Sowjetunion gerichteten Nichtangriffspakt (Vertrag von Saadabad). Offiziere der deutschen Wehrmacht modernisieren die Armee und Polizei des weiterhin neutralen Landes.

1933–1973 Mohammed Zahir Schah. Obwohl gleich nach der Ermordung seines Vaters inthronisiert, werden die Regierungsgeschäfte zunächst von seinem Onkel Hashim Khan, der das Amt des Ministerpräsidenten einnahm, geführt. Er war verantwortlich für die Verfolgung liberal gesinnter Kräfte im Land.

1946 Afghanistan wird Mitglied der Vereinten Nationen.

1947 Auflösung des indischen Kolonialreichs durch die Briten. Die von der Durand-Linie abgetrennten paschtunischen Stammesgebiete werden dem neu gebildeten Staat Pakistan zugeschlagen, der eine zwei Jahre später offiziell formulierte afghanische Forderung nach sofortiger Rückgabe ablehnt.

1960 Beginn von Reformen im Land durch König Sahir Schah: Mädchen dürfen vermehrt Schulen und Universitäten besuchen und in Berufe, die bislang hauptsächlich Männern vorbehalten waren. Zunehmende Abkehr von der weitgehend traditionellen Kleidung.

1961 Als Reaktion auf den unnachgiebigen Kurs von Ministerpräsident Daoud Khan hinsichtlich einer Rückgabe der durch die Durand-Linie abgetrennten paschtunischen Gebiete schließt Pakistan im Einvernehmen mit der Schutzmacht Großbritannien die Grenzen, was zu einer schweren Wirtschaftskrise und einer Wiederannäherung an die Sowjetunion führt. Ein Jahr später schickt er Truppen ins Nachbarland, was schließlich zu seiner Absetzung durch den König führt (1963).

1964 König Zahir Schah wandelt im Zuge seiner politischen Reformen Afghanistan in eine konstitutionelle Monarchie um. Unbeschränkte Zulassung von Parteien. Er bewahrte die Unabhängigkeit gegen die Weltmächte.

1965 Erste freie Wahlen und erstmals Berufung einer Frau ins Kabinett.

1973 Sturz des Königs Zahir Schah durch seinen ehemaligen Ministerpräsidenten Daoud Khan, der sich selbst zum ersten Präsidenten der Republik ausruft und sich anfangs auf die kommunistische Partei stützt.

1976/77 Daoud Khan gründet eine eigene Partei mit dem Ziel, Afghanistan zum Einparteienstaat umzuwandeln.

1978 Militärputsch in Afghanistan und Ermordung Daoud Khans. Neuer Präsident wird Nur Mohammed Taraki, der jedoch noch im gleichen Jahr ebenfalls ermordet und durch Hafizullah Amin ersetzt wird.

1979 Erneuter Putsch in Afghanistan, der mit Absetzung und Ermordung des Präsidenten sowie mit dem Einmarsch der Roten Armee endet, weil die Sowjets ihren Einfluss am Hindukusch gefährdet sehen. Die Mudschaheddin beginnen mit Unterstützung der USA den Kampf gegen die Invasoren (so genannter Stellvertreterkrieg).

1986 Mohammed Nadschibulah wird 4. Präsident der Demokratischen Volksrepublik Afghanistans.

1989 Abzug der letzten sowjetischen Truppen aus Afghanistan, jedoch weiterhin Unterstützung der Regierung von Mohammed Nadschibullah bis zum Zusammenbruch des Sowjetimperiums. Die Afghanen haben ca.1,5 Million zivile Opfer zu beklagen. Von den 100 000 gut ausgerüsteten sowjetischen Soldaten starben ca. 15 000.

1992 Die Mudschaheddin, die mit Unterstützung des Westens jahrelang gegen die Kommunisten gekämpft haben, übernehmen die Macht in Afghanistan. Da sie sich uneinig sind, kommt es zu einem Bürgerkrieg zwischen den einzelnen Gruppierungen.

1995 Die Taliban übernehmen die Macht in Kabul und errichten einen fundamentalistischen Unterdrückungsstaat.

2001 Am 7. Oktober beginnt die US-Invasion (Enduring Freedom) als Reaktion auf die Al-Qaida-Terroranschläge vom 11. September. Es kommt zum Sturz der Taliban-Regierung und zur Stationierung von NATO Truppen. Das erklärte Ziel, Osama bin Laden und seine Organisation auszuschalten, ist allerdings bis heute nicht erreicht.

2002 Rückkehr des Exkönigs Sahir Schah nach Afghanistan, der sich als Vermittler zur Verfügung stellt und 2002 die *Loya Dschirga*, die große Ratsversammlung, eröffnet. Afghanistankonferenz auf dem Petersberg bei Bonn ernennt Hamid Karzai zum Übergangspräsidenten.

2004 Übergangspräsident Hamid Karzai wird bei Wahlen mit großer Mehrheit in seinem Amt bestätigt.

2007 Tod des letzten afghanischen Königs Sahir Schah in seiner Kabuler Residenz.

2009 Hamid Karzai wird erneut wiedergewählt, allerdings gilt sein Sieg als umstritten. Er kündigt eine Politik der nationalen Einheit und des Ausgleichs an.

Familienchronik

1875 Sher Mohammed Khan wird geboren, Stammesführer der paschtunischen Kharot und späterer Gouverneur von Qataghan-Badakhshan.

1906 Elisabeth Wolff wird in Worms geboren.

1920 Alam Khan und Bibi heiraten in Maimana.

1922 Sohn Ghulam Sarwar wird geboren.

1925 Elisabeth trifft in Worms den afghanischen Studenten Mohammed Omar aus Herat.

1928 Mohammed Alam Khan, Vater von Ghulam Sarwar, stirbt auf einer Karawanenreise im damals indischen Bannu während einer Choleraepidemie.

1930 Sher Khan heiratet Bibi, die Witwe seines Bruders Mohammed Alam Khan. Im gleichen Jahr wird er zum Gouverneur der Nordprovinz Qatagan-Badakhshan ernannt.

1932 Elisabeth und Mohammed Omar heiraten in Bombay und reisen gemeinsam weiter nach Kabul.

1933 Geburt von Mariam, Tochter von Elisabeth und Mohammed Omar in Kabul. Verhaftung Omars und Hausarrest für Elisabeth und ihr Neugeborenes.

1937 Sher Khan stirbt unter mysteriösen Umständen.

1938 Freilassung von Elisabeth und Mariam und Rückkehr nach Deutschland. Mohammed Omar bleibt weiterhin in Haft.

1939–1945 Elisabeth und Mariam verbringen die Kriegsjahre überwiegend in Berlin. Im April 1945 kommen Mutter und Tochter in ein amerikanisches Lager für »Displaced Persons« im bayerischen Mittenwald, wo sie den Österreicher Karl Dlouhy (Charly) kennenlernen.

1947 Haftentlassung von Omar, Rückkehr von Elisabeth und Mariam über Teheran nach Afghanistan. Das Wiedersehen wird zur Katastrophe und führt zur Scheidung von Elisabeth und Mohammed Omar.

1948	Mariam heiratet Ghulam Sarwar Nasher, und geht mit ihm nach Kunduz in den Norden Afghanistans.
1949	Elisabeth heiratet Karl ›Charly‹ Dlouhy in Kabul.
1953	Geburt von Mariam und Ghulam Sarwars erste Tochter Diana in Kunduz. Ghulam Sarwar wird Präsident der Combined Cotton Company in Kunduz, deren Anteilseigner die Familie ist, und beginnt mit dem Ausbau des Unternehmens unter dem Namen »Spinzar«.
1960	Mariam wird Direktorin der Mädchenschule von Kunduz.
1962	Elisabeths Mann Charly stirbt in Kabul, sie eröffnet eine Boutique im Kabuler Spinzar-Hotel.
1971	Diana geht zum Medizinstudium in die Tschechoslowakei, erst nach Marienbad, dann nach Prag.
1974	Ghulam Sarwar Nasher wird nach dem Putsch zu acht Jahren Gefängnis verurteilt.
1978	Diana heiratet nach Beendigung ihres Studiums einen Kommilitonen, siedelt mit ihm nach Deutschland über und nimmt ihre Arbeit als Ärztin auf.
1979	Geburt von Dianas Sohn Jack Ghulam Omar. Vater Ghulam Sarwar wird aus der Haft entlassen; die gesamte Familie einschließlich Großmutter Elisabeth reist nach Deutschland aus.
1981	Geburt von Dianas Tochter Isabel Shaherzad.
1984	Ghulam Sarwar stirbt in Bad Homburg.
1999	Elisabeth Dlouhy-Wolff stirbt in Freiburg, wo sie die letzten Jahre bei der Familie ihrer Tochter Mariam lebte.
2003	Erste Reisen von Diana Nasher nach Afghanistan seit Beendigung der Kämpfe.

USBEKISTAN
TADSCHIKISTAN
Aschgabat
Amudarja
Duschanbe
TURKMENISTAN
CHINA
Sher Khan Bandar
Steppe
Dasht-e-Awdan
Kunduz
Baglan
Maimana
Hindukusch
Panschirtal
Salang-Pass
Karakorum
Herat
Kabul
Jalalabad
Khyber-Pass
Paghman
Kabulfluss
Islamabad
Peschawar
IRAN
AFGHANISTAN
Ghazni
Indus
Gomal-Pass
Lahore
Kandahar
INDIEN
PAKISTAN
0
100
200
300
400
500 km
Dehli

Bildnachweis

Bildinnenteil S. 3 unten, S. 4 unten, S. 5, S. 6 unten, S. 15 oben: © Ullstein Bild

Bildinnenteil S. 15 oben: © Bildagentur Huber

Sämtliche anderen Abbildungen stammen aus dem Privatarchiv der Familie Diana Nasher. Wir danken für die freundliche Abdruckgenehmigung.

Karte: © GeoKarta, Altensteig-Wart